KWIATY POLSKIE NA WYGNANIU

WIESŁAW ADAMCZYK
BARBARA DOMINICZAK
EWA LEDÓCHOWICZ

KWIATY POLSKIE NA WYGNANIU

REBIS
DOM WYDAWNICZY REBIS

Redaktor prowadzący
Ewa Ledóchowicz

Redaktor
Małgorzata Chwałek

Projekt i opracowanie graficzne okładki
Zbigniew Mielnik

Fotografia na okładce
© Roger Viollet/Getty Images

Wydanie I
Poznań 2015

ISBN 978-83-7818-682-3

Dom Wydawniczy REBIS Sp. z o.o.
ul. Żmigrodzka 41/49, 60-171 Poznań
tel. 61-867-47-08, 61-867-81-40, fax 61-867-37-74
e-mail: rebis@rebis.com.pl
www.rebis.com.pl

Łamanie: Sławomir Folkman / www.kaladan.pl

Spis treści

Rozdział 1. Wiesław (Wesley) H. Adamczyk, czyli tytułem wstępu 7
Rozdział 2. Zofia Adamczyk (Zofia Kaminski) 25
Rozdział 3. Stanisława Synowiec (Stella Tobis) 69
Rozdział 4. Barbara Kulikowska (Barbara Duda) 99
Rozdział 5. Przemysław Inglot (Peter Inglot) 123
Rozdział 6. Ewa Czarnecka (Ewa Rokossowski) 137
Rozdział 7. Danuta Lorenc (Danuta Plussa) 159
Rozdział 8. Krystyna Polak (Krystyna Ziemło) 179
Rozdział 9. Iwona Gronkowska (Iwona Rzeczkowski) 205
Rozdział 10. Wanda Barbara Kociuba (Barbara W. Bik) 229
Rozdział 11. Janina Rębisz (Janina Osipowska) 265
Rozdział 12. Krzysztof Flizak (Christopher Flizak) 291

Rozdział 1

Wiesław (Wesley) H. Adamczyk, czyli tytułem wstępu

Rok 2004, Warszawa, upalne lato, obchody 60. rocznicy Powstania Warszawskiego. Muzeum Powstania Warszawskiego otworzyło podwoje, w stolicy odbywały się koncerty, przedstawienia teatralne, wydarzenia uliczne, konferencje, projekcje, spotkania... Przybyło wielu gości, z innych rejonów Polski i z zagranicy. Przyjechała zaproszona przez rząd delegacja rodzin oficerów pomordowanych w Katyniu.

Gość z Chicago czekał na mnie w hallu warszawskiego hotelu: gustowna ciemna marynarka, czarny jedwabny fular, popielate spodnie i niesforne siwe włosy ściągnięte w kitkę. Nie znaliśmy się, ale natychmiast się rozpoznaliśmy. Wesley Adamczyk, Wiesław. Żadnych zdawkowych wstępów. Głęboki, piękny, przyjemny dla ucha niski głos artykułował słowa ze starannością. Mocny uścisk dłoni, długi, po którym podczas następnych niespełna pięciu minut poczułam – nie da się inaczej tego określić – jakbym znała go od lat.

Potem do późnych nocnych godzin dyskusja w restauracji – głównie na temat książki, którą wydał przed rokiem. I którą po pięciu latach będę tłumaczyć, ale wtedy jeszcze o tym nie wiedziałam.

Czy oczekiwałam czegoś przed spotkaniem? Absolutnie niczego, nie wiedziałam ani kogo, ani czego oczekiwać. Słyszałam o książce *When God Looked the Other Way*, opublikowanej przez wydawnictwo Uniwersytetu Chicagowskiego, ale wtedy nawet jeszcze jej nie czytałam. Wiedziałam, o czym jest i że napisana jest po angielsku. Wspomnienia z deportacji, spisane przez syna oficera zamordowanego w Katyniu. Rozumowałam, że po angielsku prawdopodobnie dlatego, iż au-

Wiesław Adamczyk z autobiografią, Chicago, 2004 r.

tor mieszka w Ameryce i zapewne adresuje książkę do Amerykanów. W Polsce mamy sporo literatury na zbliżony temat. W Ameryce – nie byłam pewna, ale przypuszczałam, że znacznie mniej.

To chyba wszystko; może jeszcze zastanawiałam się, w czym mogę pomóc panu Adamczykowi – skoro prosi o spotkanie, być może liczy, że okażę się przydatna. Nie wyobrażałam sobie jednak w jaki sposób.

Dopiero znacznie, znacznie później się dowiedziałam, że książka napisana została po angielsku, ponieważ jej autor, posługujący się poprawną, a do tego piękną, żywą i barwną polszczyzną zdumiewająco rzadko przybarwioną obcym akcentem – nie pisze po polsku. Nie potrafi. Nie ze względów emocjonalnych. Po prostu – nie umie, nigdy nie został tego nauczony. Mówi po polsku bez zająknięcia, ale jeśli chce coś napisać, musi to robić po angielsku. To był pierwszy z fenomenów Wiesława Adamczyka, jaki zwrócił moją uwagę. I muszę przyznać, iż zajęło mi trochę czasu, nim dokładnie zrozumiałam jego znaczenie.

Aby go pojąć, musiałam zagłębić się w opowieści o dzieciństwie Wesleya. A potem w dzieje jego tułaczki. Następnie w to, co się stało treścią jego życia po przejściu na emeryturę. Każdy z etapów dramatycznego życia miał swą logikę i konsekwencje, a wszystkie zazębiły się i splotły, kształtując człowieka.

Po wyjeździe Wesleya Adamczyka z Warszawy utrzymywaliśmy znajomość korespondencyjnie, Wesley pisywał wielostronicowe e-mailowe listy. Przeplatało się w nich poczucie humoru z analitycznymi obserwacjami dotyczącymi współczesnego świata, wspomnienia sprzed półwiecza z relacjami z bieżącego życia.

Obraz wynurzał się przed moimi oczyma intrygujący, ciekawy: człowieka o gigantycznym élan vital, o wrażliwości delikatnego dziecka, beniaminka, i o wytrzymałości oraz sile Samsona. Postać frapująca.

Wesley stał się Wiesławem, właściwie dopiero kiedy tłumaczyłam jego książkę. Zbliżyłam się wtedy do małego chłopca, który w czasach, o których opowiada książka, był Wiesiem, urodzonym w 1933 roku w Warszawie, ale zaraz potem zamieszkałym w Sarnach, miasteczku położonym na wschodnich kresach Rzeczypospolitej, w obwodzie rówieńskim.

Wiesław Adamczyk z ojcem Janem, matką Anną oraz siostrą Zosią, Sarny, 1938 r.

W 1940 roku stał się deportowanym dzieckiem. Zaczęła się wówczas jego, jak ją nazywa, „odyseja" – dziesięcioletnia tułaczka po świecie. Spotkały go w jej trakcie nieszczęścia i tragedie przekraczające współczesną wyobraźnię. Ale jego dziecięca wyobraźnia czy może serce i dusza jakoś ów własny los pomieściły i zdołały nadać mu w późniejszym życiu kierunek, który nie niszczył go jako człowieka, jako mężczyzny. A nawet – i to jest kolejny fenomen Wiesława Adamczyka, który mnie zaintrygował – ów okrutny, nieludzki los nie zniszczył w nim dziecka. Dziecko cały czas w nim żyje. Dodatkowo mały chłopiec, wyrwany z domu, zdołał być cały czas tym samym chłopcem, chłopcem z Saren, z kresów Polski. Wiesław zachował przynależność do miejsca pochodzenia, przynależność do języka, tradycji – choć opuścił je w wieku ośmiu lat, siedemdziesiąt pięć lat temu. Jak to możliwe? Skoro już nie w Sarnach, skoro na Syberii i w Iranie, i w Libanie, w Anglii, w Ameryce…?

Oto następny fenomen: jakim cudem ów mężczyzna pozostał nie tylko chłopcem, ale – chłopcem z Saren? z Polski?

Los ogromnej większości deportowanych Polaków był przejściem przez piekło. Los deportowanych dzieci był okrutny w dwójnasób. Pozbawione fizycznego domu, bezpiecznego schronienia, uczestniczące w bezradności rodziców dla nich niezrozumiałej, pobyt w kraju odbiegającym od czegokolwiek, co dotychczas widziały lub o czym słyszały, rządzącym się prawami urągającymi logice ze znanego im życia, często tracące to, co stanowiło najważniejszą opokę, gwarancję najbardziej intymnego bezpieczeństwa wszędzie i zawsze – rodziców… Już to by wystarczyło, aby deportowane dzieci traciły jakąkolwiek orientację w świecie i przestawały być zdolne do życia. A gdy dodamy do tego zimno, brak wszystkiego: odzieży, butów, leków, sprzętów, naczyń, mydła, papieru toaletowego oraz, być może najważniejsze, jedzenia z jednej strony, a z drugiej – choroby (często nowe, nieznane), głód i niedożywienie, awitaminozę, pluskwy, wszy, pchły, agresję zdesperowanych ludzi, codzienny kontakt ze śmiercią, przymus fizycznej pracy i dziwny, ze wszech miar obcy krajobraz, klimat, język, powszechnie panujący strach…? Czy dziecko powinno przeżyć w takich warunkach? Fizycznie być może mogło, ale czy powinno przeżyć zdolne w przyszłości do

Członkowie deportowanych polskich rodzin (tutaj Wierzbów oraz Wandurskich) przed przydzieloną im izbą mieszkalną, Ujska Farma, Kazachska SRR, ZSRR, 1940 r.

szczęścia i władne tworzyć nietoksyczne relacje z innymi ludźmi, pozbawionymi takich doświadczeń, zdolne budować jednoznaczną własną tożsamość? Wydaje się, że nie, a w każdym razie – nie w pełni...

Tak się wydaje, dopóki nie pozna się Wiesława. W czym więc tkwi jego sekret? A raczej: jego metoda? Metoda na przetrwanie, na zachowanie i tworzenie tożsamości.

Głębia zagadnień związanych z losem deportowanych dzieci ujawniła się przed moimi oczami, gdy zaczęłam obserwować bieżącą aktywność oraz pasje Wiesława Adamczyka.

Książka *Kiedy Bóg odwrócił wzrok* (*When God Looked the Other Way*) napisana została z perspektywy małego chłopca, który próbuje zrozumieć, co spotyka go na zesłaniu. Zadaje proste, naiwne pytania, które w ustach niewinnego dziecka stają się dobitnym oskarżeniem i bezlitośnie obnażają nieludzkość oraz absurd totalitaryzmu. Na końcu książki autor odzywa się innym głosem – w dodanym eseju głosem history-

Wiesław Adamczyk, Chicago, 1962 r.

ka oraz ofiary oskarża mocarstwa o zatuszowanie katyńskiej zbrodni i brak sprzeciwu wobec sowieckiej agresji na polską suwerenność polityczną.

To była istota misji, jaką Wiesław Adamczyk przed sobą postawił wraz z przejściem na emeryturę.

Po przyjeździe do Stanów Zjednoczonych w 1949 roku uzupełnił z zapałem edukację średnią oraz wyższą. Studiował chemię i filozofię. Wybrał zawód chemika. Zamiłowanie do rozmyślania w skupieniu realizował podczas gry w brydża, aż został zawodnikiem w brydżu sportowym, odnosząc sukcesy tej miary, że nazwisko jego zostało umieszczone w księdze amerykańskich sportowych medalistów. Za sprawą brydża spotkał swą drugą żonę, Barbarę, która wznieciła w nim nieprzemijające, gorące i radosne uczucie.

Równolegle do pomyślnego oraz pogodnego życia wzbierała jednak w Wiesławie rzeka bólu. Postać ojca wypowiadającego przy jego łóżeczku słowa pożegnania, obraz słabnącej matki – pozostawionych za

Wiesław Adamczyk z żoną Barbarą podczas wakacji spędzanych na Bliskim Wschodzie szlakiem tułaczki Wiesława w latach czterdziestych; Liban, 1978 r.

górami, za lasami, tragicznie zmarłych w wielkiej niedoli – były z nim zawsze. Nie zapomniał ani nie osłabło w nim poczucie bezsilnej złości, żalu i tęsknoty. Z biegiem czasu pojawiła się także potrzeba zadośćuczynienia niewinnym ofiarom – choćby ocalając je od zapomnienia. Myśląc o najbliższych, tragicznie zmarłych matce i ojcu, widział Wiesław rzesze podobnych im ofiar, tak samo wołających o gest zadośćuczynienia. I czuł narastające pragnienie, wręcz konieczność, która czasami stawała się nagląca: znaleźć grób ojca, odwiedzić grób matki. I nie milczeć o polskich ofiarach.

Zaczął gromadzić wiedzę historyczną na temat deportacji, międzynarodowych stosunków pierwszej połowy dwudziestego wieku, na temat katyńskiej zbrodni.

Obok ułożonego i pomyślnego życia prowadził drugie, w którym przekopywał się przez własny ból i rozpacz oraz po wielekroć powtórnie pokonywał trasę swej tułaczki – ale nie dlatego, że nie mógł pozbyć się wspomnień, lecz dlatego, iż chciał coś zrobić dla takich ofiar jak on sam oraz dla tych, którzy nie przeżyli. Miał cel. Miał misję.

Za łagodną namową ukochanej żony Barbary postanowił napisać książkę wspomnieniową. Właśnie przeszedł na emeryturę, miał więcej czasu. Książka miała mieć formę wspomnień opowiedzianych głosem dziecka, ale jej prawdziwym zadaniem było opowiedzieć amerykańskim i brytyjskim czytelnikom o tragedii Katynia oraz o deportacji polskich rodzin.

To była realizacja jednego marzenia. Drugim było odnalezienie grobu ojca. I to marzenie także doczekało się spełnienia.

Dzięki odwilży umożliwionej w Rosji przez Gorbaczowa Wiesław mógł złożyć wieniec na zbiorowej mogile w Charkowie, na cmentarzu polskich oficerów pomordowanych z rozkazu Stalina, gdzie – w końcu już to wiedział – pochowany został także jego ojciec, Jan Adamczyk. Oddał ojcu hołd. Duchowo wsparł go wówczas syn George, który w tej pielgrzymce mu towarzyszył. W Charkowie na cmentarzu Piatichatki patrzyli z synem na pole zniczy pomiędzy krzyżami oraz drzewami. W największej ze zbiorowych mogił pochowano szczątki 1025 polskich oficerów. Dlaczego świat na to pozwolił…? Dlaczego świat milczał i nie wskazał winnego…?

Wiesław Adamczyk na cmentarzu Piatichatki, Ukraina, 1990 r.

Na wydaniu książki opowiadającej o warunkach życia na zesłaniu i o sowieckiej zbrodni Wiesław nie poprzestał. Uznał, iż jego obowiązkiem wobec wszystkich ofiar jest szerzyć wiedzę na temat deportacji Polaków podczas II wojny światowej oraz na temat zbrodni w Katyniu. Książka okazała się sukcesem, do jej autora zaczęły się zwracać redakcje pism oraz przedstawiciele ośrodków naukowych. Kontynuowanie misji było ułatwione – i Wiesław ruszył w swoją kolejną, przenośnie już teraz ją tak nazwę, „odyseję". Zaczęły się wywiady do gazet, radia, telewizji, udział w filmach dokumentalnych, w konferencjach naukowych oraz niezliczone prelekcje dla młodzieży – od szkół podstawowych po uniwersytety, spotkania w ambasadach, prezentacje w instytutach kultury...

Wiesław Adamczyk niestrudzenie pokonywał tysiące kilometrów w Stanach Zjednoczonych, po ukazaniu się tłumaczenia jego książki udzielał dziesiątek wywiadów w mediach w Polsce. Z biegiem lat zaczęła towarzyszyć mu sława, przyszły laury: odznaczenia, dyplomy, listy uznania, między innymi od kongresmana Emanuela Rahma, szefa kancelarii prezydenta Obamy, oraz od prezydenta Warszawy Lecha Kaczyńskiego, medale, na przykład Order św. Stanisława.

Szerząc wiedzę, pogłębiając rozumienie historii u słuchaczy, Wiesław sam także się uczył i poznawał nowe fakty: ludzi oraz ich konkretne, indywidualne historie. Zarówno on szukał takich osób, zawsze ciekaw ich konkretnych dziejów, mimo że zawsze były podobne do innych – ale także owi ludzie garnęli się do Wiesława, szukali z nim kontaktu. Bo nie da się w ludzkim życiu zapomnieć o przejściu przez nieludzkie piekło – ani nie da się o nim opowiedzieć tym, którzy sami tam nie byli. A człowiek potrzebuje drugiego człowieka, który go zrozumie.

I tak postępując w swej szlachetnej misji, angażując się w nią ponad możliwą miarę, bez ulgi dla wieku oraz zdrowia, Wiesław dawał odpór czającej się nań pustce i rozpaczy, dodatkowo atakujących po śmierci umiłowanej Barbary. Niebezpieczeństwo pustki zażegnywał działaniem na rzecz pamięci oraz oddawania hołdu tragicznym ofiarom. A także tym niepojętym i cudownym siłom w człowieku, które potrafią ocalać człowieczeństwo.

W ramach tej wielkiej jego misji wydarzyła się duchowa przygoda, która już do reszty porwała Wiesława i nim zawładnęła: dziecięce pamiętniki, sztambuchy, imionniki.

Jesteśmy do nich przyzwyczajeni, znamy. Mieliśmy albo ktoś obok miał. Wpisywaliśmy się w szkole, na koloniach, na obozach, w harcerstwie. Dawniej, w dziewiętnastym oraz na początku dwudziestego wieku, takie pamiętniki posiadały nie tylko dzieci – cieszyli się nimi także dorośli. I były traktowane poważnie; nierzadko sam sztambuch, ów przedmiot, dziecko otrzymywało w prezencie (bywało, że pod choinkę!) od rodziców, którzy pozostawiali w nim od siebie wpis ze szlachetnymi przykazaniami. W przedwojennych czasach sztambuch był zbiorem nazwisk przyjaciół i ludzi, których się podziwiało, stworzonym „ku pamięci". Stanowił zarazem zbiór maksym, złotych myśli. Do sztambuchów wpisywali się poeci.

Dzisiaj pamiętniki są karykaturą siebie albo wręcz ich nie ma, bo zostały wyparte przez koszmarne „Pamiętniki Księżniczek – zamykane, idealne na prezent" z gotowymi rysunkami, stronami posypanymi brokatem i oprawione w plastikową, wypchaną na miękko okładką z małym tandetnym pomalowanym na złoto kluczykiem. Być może nikt nie traktuje ich już poważnie. Dzieci bawią się nimi w szkole podstawowej, często żartują w nich z siebie nawzajem, zamieszczają karykaturalne rysunki. O takich pamiętnikach długo się nie pamięta, lądują w koszu lub stosie makulatury po kilku latach. I słusznie, bo są w istocie niepotrzebne – chyba niczemu oprócz krótkotrwałej zabawy nie służą.

A bywało inaczej.

Kiedy Wiesław około siedmiu lat temu pokazał mi pamiętnik swojej siostry Zofii, zaniemówiłam. Wszystko w nim mnie poruszyło: rysunki, niektóre bajecznie piękne, papier pożółkły, rzeźbiona okładka, ale też to, że pamiętnik przetrwał, oraz to, co w nim czytałam. Lecz najbardziej: daty. Skromne cyfry: np. 7 stycznia 41, 19 lutego 41, 5 lutego 42... Widzę zachodzące słońce nad zieloną doliną, gdzie indziej kolorowy bukiet. Czytam daty jeszcze raz, a one mówią wyraźnie: to było rysowane na Syberii, zimą, czyli wpośród syberyjskich śniegów, kiedy temperatura spadała do minus czterdziestu stopni i kiedy nie było co jeść. Zwierzęta i ludzie zamarzali. Czytam o przyjaźni, o wierności, miłości i pamięci.

Pamiętnik Zosi służył jeszcze tak jak jego poprzednicy, dawne sztambuchy – służył najwyraźniej podobnym celom.

Historię polskich sztambuchów opowiedziano w kilku książkach. Warto wszakże zwrócić uwagę na to, co i Wiesława, choć nigdy nie studiował podobnej tematyki, uderzyło od pierwszej chwili: pamiętniki, które zbiera, należące do zesłanych dzieci, miały rolę do spełnienia.

Zwyczaj posiadania sztambuchów pochodzi z Niemiec, z końca XVIII wieku, słowo sztambuch znaczy „księga rodu", „księga pnia". I taką funkcję pełniły małe książeczki, zwane też *album amicorum* („album przyjaciół") – składały imaginacyjny ród właściciela, układany przez niego samego. Poświadczały duchowe pokrewieństwo, stanowiły manifest upodobań oraz przekonań, ujawniały czyjeś koneksje oraz preferencje, zaświadczały o przywiązaniu do kręgu przyjaciół albo o zainteresowaniu nowo poznaną osobą, a zarazem były – oczywiście! – księgą pamiątek.

Pamiętniki posiadali wielcy oraz mali. W gmachu Biblioteki Polskiej na Wyspie św. Ludwika w Paryżu, w Muzeum Adama Mickiewicza, można oglądać kilka pamiętników sławnej za życia pianistki Marii Szymanowskiej – najzdobniejszy był darem od Adolfa, księcia Cambridge, stryja królowej Wiktorii. Są w nim wpisy Goethego, Puszkina, Mickiewicza, Chateaubrianda. Romantyzm to czas rozkwitu sztambucha, wielkiej jego popularności w Polsce; każdy w szkole czytał *W pamiętniku Zofii Bobrówny* Słowackiego. Być może miał tu znaczenie brak niepodległości. W pamiętniku można było otwarcie wyrażać nadzieję – romantyczne polskie pamiętniki (które teraz wydaje się w antologiach) są świadectwem tego, jak ludzie reagowali na brak wolnej ojczyzny, jak sobie radzili z bólem. I widać, że się dzielili nadzieją i poczuciem wspólnoty przeciwstawionej niepomyślnej rzeczywistości oraz propagowali wierność ojczyźnie pomimo nieszczęścia. Ogromna popularność sztambuchów przekonuje, że były ludziom potrzebne. Oczywiście, zrodziła je moda. Jednak polskie pamiętniki tamtych czasów – mam na myśli wpisy – różniły się od pamiętników na przykład niemieckich albo włoskich. Ludzie szybko podchwycili modę i wykorzystali w taki sposób, by mogła służyć wzajemnemu wsparciu. Dzisiaj z romantycznych polskich pamiętników da się czytać historię zniewolonego narodu, który stara się zachować tożsamość.

Widziałam taką powagę przesłania w pamiętnikach, które pokazywał mi Wiesław Adamczyk. Wpisy częściej dziecięce, nastoletnie, nie jak z czasów romantyzmu – ale najwyraźniej z tą samą silną polską wiarą w wagę słowa i przetrwanie pisania.

Pasja Wiesława była zaraźliwa. Zaczęto mówić o jego rosnącej kolekcji. Tu i tam odbywały się niewielkie wystawy oraz prezentacje. Pamiętniki same w sobie bywają atrakcyjnymi przedmiotami – szczególnie jeśli mają piękną okładkę i wiele ilustracji. Ale dążeniem Wiesława było zawsze, aby pokazywać ich pełną wymowę. Dopiero zestawiony z dziejami właściciela pamiętnik ukazuje swoją siłę oraz znaczenie. Dlatego ważne, aby za kolorowym bujnym bukietem widzieć wynędzniałe ciało, schorowane, zagłodzone i uwięzione w dalekiej, pustej i mroźnej Syberii. Albo patrząc na małpkę siedzącą na palmie, odczytywać tęsknotę do brzozy oraz wierzby.

W latach trzydziestych, czterdziestych XX wieku pamiętnik w rozumieniu romantycznym już nie krążył, ale wciąż stanowił rodzaj mody, teraz raczej podjętej przez młodszych użytkowników. Lecz to, czym się stały pamiętniki deportowanych dzieci, zasługuje na osobną uwagę. Odrodziła się w nich rola romantycznego pamiętnika, który miał dać głos duszy uciśnionej, przytłoczonej nieszczęściem – i jak wody spragniony – potrzebującej nadziei oraz poczucia sensu. W ponurym i obcym świecie opartym na represji, zastraszeniu, pełnym szykan oraz niedostatków wpisywanie się do pamiętnika stwarzało chwilę wolności, wolności ekspresji oraz komunikatu.

Niewątpliwie pamiętniki, które oglądałam u Wiesława, są dowodem wiary w potęgę pamięci – oraz w potrzebę pamiętania i lęk, pierwotny, przed zapomnieniem. Udowadniają, że to, co kształtowało dzieci przed deportacją, ich dom rodzinny oraz zwyczaje, nadal w nich żyje – potrzebę prowadzenia pamiętników i zbierania wpisów dzieci przyniosły z sobą, w sobie. Najwyraźniej tamte obyczaje oraz przyzwyczajenia odbierane były na zesłaniu jako aktualne oraz ważne, być może wzmacniały i dodawały sił, być może w czymś pomagały zesłanym dzieciom.

Wiesław powtarza mi czasem: „Nikt nie zna mojego życia tak dobrze jak ty". To jest żart, ale w jego intencji tylko połowiczny, a nawiązuje do tego, iż tłumaczyłam książkę, w której dokładnie opisał dzieciństwo. I w rzeczy samej, historii niczyjego życia nie zgłębiałam tak, jak życia Wiesława Adamczyka. Ale wyniosłam z tego jedynie przekonanie, że stoję oto przed splotem paradoksów oraz fenomenów, których nie da się zgłębić.

Zapewne tak można by powiedzieć o każdym deportowanym dziecku. Tkwią w ludziach ukryte siły oraz instynkty. Przeglądam pamiętniki dzieci-zesłańców po wielekroć, za każdym razem przykuwają mnie. Widzę szlak małych tułaczy. Widzę łachmany i głód, legowiska na klepisku z kłębkiem słomy jako poduszką pod głowę, widzę roje wszy, gnid, pluskiew, pcheł, much i wszelkiego robactwa. Zaduch, smród ludzkich odchodów i niemytych ciał. Widzę wypadające od szkorbutu zęby i żebra sterczące spod skóry, u małych chłopców jądra spuchnięte do wielkości pomarańczy. Kołtuny niemytych włosów albo głowy ostrzyżone do łysa z powodu gnid. Ropę cieknącą z oczu. Dziury w butach, polny

Mały zesłaniec, Syberia, ZSRR, ok. 1942 r.

kamień zamiast papieru toaletowego. Zimę, która ostro kosi, a glebę ścina tak, że zanim wiosna przyjdzie, nie ma jak pochować umarłych. Widzę na pół zgniłe, pomarszczone ziemniaki i kawałek zapleśniałego, mokrego (aby był cięższy), niedopieczonego chleba, po który stoją wielogodzinne kolejki. I widzę kolorowy grzybek, a pod nim siedzi krasnal w fantazyjnej czapie, nad nim leci barwny motyl, obok rośnie kwiat, w którego kielichu kryje się krasnal-kolega, a na wszystko spogląda panienka w strojnej sukience i z niebieską kokardą we włosach.

Strona z pamiętnika Zofii Adamczyk, siostry Wiesława

Handlować nie było czym, kraść nie było co, żebranie nie skutkowało. W sklepach nie było nic, jeśli w ogóle były w danym rejonie sklepy. Tu i ówdzie wydzielano dwa razy dziennie cienką zupę z brukwi i plew. Nie było gdzie dochodzić swoich praw, nie miało się żadnych praw. Nie było lekarstw ani środków higieny. Nie było urzędów z wyjątkiem NKWD. Nie miało się pieniędzy. Było się pod ustawiczną kontrolą oraz obserwacją, ustawicznie poniżanym. Było się obiektem nienawiści. Wszyscy ludzie naokoło, znajdujący się w podobnym położeniu, się bali. Niektórzy znikali bez śladu. Zauważalnie często. Ludzie umierali. Zatrważająco często; umierały babcie, dziadkowie, dzieci, ale także matki, jedyne władne jakoś zorganizować życie rodzinie. I wtedy na nieludzkiej ziemi pozostawała sierota, która musiała żyć dalej.

O losie ojców najczęściej nikt nie wiedział nic. I patrzę na pełne, wielkie, rozkwitłe żółte oraz błękitne kwiaty wpośród gęstej zielonej trawy. Wedle podpisu: Siemieziorka [Kazachstan], 19 I 1942 rok. A gdzie indziej widzę mały wzgórek porośnięty tu i ówdzie zieloną trawą, nad nim lazurowy błękit nieba, a na wzgórku stoi wyprostowana dumnie małpka ubrana w krótkie szarawary oraz bluzkę w paski, jest rok 1940, koniec czerwca, rysowała Renia, zapewne podczas transportu bydlęcym wagonem w niewiadomym kierunku, na wschód. Obok rysunku napisała: „Człowiek otrzymuje od Boga skarby, które mu szczęście przynoszą, największym jednak skarbem jest przyjaźń. Na pamiątkę wspólnie spędzonych chwil na obczyźnie z kochaną Basią od Reni Królówny".

Wiesław powiadał nieraz: „Dzieciństwo okazało się eliksirem mojego życia, źródłem siły w najtrudniejszych chwilach. Dzieciństwo to fundament, tożsamość, korzenie. To od niego zależy, jakim się będzie człowiekiem. Do dziś czerpię z niego energię".

Strona z pamiętnika Zofii Adamczyk, siostry Wiesława

Deklarację taką można by uznać i za płytki frazes, i za głębokie wyznanie – gdyby nie dotyczyło to czasu spędzonego na zesłaniu. Wiesław w cytowanym zdaniu ma na myśli zapewne dzieciństwo sprzed deportacji. Ale zesłańcem był także jako dziecko, małe. Cóż znaczy osiem, dziewięć, dziesięć lat? To pełnia dzieciństwa. Jeśli pamiętać o kontekście, to zdanie jest kolejnym fenomenem Wiesława i ludzi mu podobnych. I ten fenomen jest wart przemyślenia.

Często widzę we współczesnym Wiesławie chłopca, i tego, który rozkoszował się błogim szczęściem w Sarnach, i tego, który przemierzając nieludzką ziemię, zdołał zachować dziecięce spojrzenie na świat oraz nie przestał stawiać dziecięcych instynktownych pytań. Ów instynkt – bycia dzieckiem, choć życie narzuca inne role – być może pomógł mu przetrwać i zachować własną tożsamość.

I mogło być podobnie z innymi dziećmi, które trzymały się swojego dzieciństwa: zbierały i suszyły kwiatki, rysowały krasnoludki dla innych dzieci, podawały sobie nawzajem rękę w dziecięcym braterstwie i porozumieniu.

Wiesław, który sam nie prowadził pamiętnika, kiedy odziedziczył go po siostrze Zofii, zaczął nadrabiać zaległości – domagało się tego żyjące w nim dziecko. Zaczął tworzyć swój „pamiętnik" – bardziej rozbudowany, bo napędzany poczuciem obowiązku i misji. Ale jest to jednak „pamiętnik". Zaczął zbierać obrazki, które dzieci sobie wzajemnie rysowały, oraz sentencje, które sobie wpisywały, a zbiór ilustrował historiami tułaczki owych dzieci, zapisem ich doli.

Książka, którą masz, Czytelniku, przed sobą, to kilka kart z „pamiętnika" Wiesława.

Rozdział 2

Zofia Adamczyk
(Zofia Kaminski)

Zosia Adamczykówna była śliczną, drobną czarnowłosą dziewczynką o białej cerze i piwnych oczach, ciekawą świata i życia. Dorastała w stabilnej rodzinie i jak każdy bystry młody człowiek wyglądała przygód i oczekiwała z podnieceniem, co życie jej przyniesie. Przed 1939 rokiem nie przychodziło jej jednak na myśl, ile doświadczeń oraz życiowych ról szykuje dla niej najbliższa przyszłość. Los zrzucił wielkie brzemię na jej barki – tak samo jak i na tysiące innych dzieci brutalnie wygnanych z bezpiecznego domu. Jako kilkunastoletnia panienka musiała niespodziewanie podołać i roli dziecka, i dorosłej zarazem: roli córki, i roli matki, roli uczennicy i nauczycielki, roli zbiega i bohatera, Polki i obywatelki świata – wszystko naraz, wbrew sobie, i to u progu dorosłego życia, a nawet kilka kroków przed nim. Dźwignięcie takiego brzemienia nie wydaje się możliwe, a jednak ta krucha, figlarna i wrażliwa zarazem, przyzwyczajona do wygodnego życia o fundamentach wspartych na miłości panienka dała radę. Skąd miała taką siłę? Właściwie wcale jej nie miała: ani siły, ani przygotowania. Ale w ciągu tułaczych lat przed każdą kolejną spotykającą ją niedolą tryskało w niej nagle źródełko mocy i pojawiał się oręż, dzięki którym, choć nie była ich świadoma, przechodziła bezpiecznie, ocalając siebie, a także służąc – odruchowo, instynktownie – pomocną dłonią innym.

Ale zacznijmy od początku.

Córka Anny Adamczykowej z domu Schinagel oraz Jana Franciszka Adamczyka, urodzona w 1926 roku w Sarnach Zofia była królewną w królestwie swojego domu. Otaczała ją straż przyboczna dwóch braci,

Zofia Adamczyk w wieku około 2 lat, z mamą oraz starszym bratem Jerzym, Sarny, 1927 r.

Zdjęcie ślubne rodziców Zosi, Anny i Jana Adamczyków, Kraków, 5 lipca 1921 r.

starszego Jerzego i młodszego Wiesława, oraz czułość matki i duma ojca. Po mamie odziedziczyła filuterny czarny loczek, opadający czasami na czoło, i serduszko ust, ale także myślącą, rozważną, pięknie sklepioną brew. Po ojcu – skłonność do refleksji, naukową ciekawość i rozsądek. W domu z obejściem w Sarnach było wszystko, co dziecku potrzebne: bajecznie kolorowe kwiaty na klombie, wielka połać nieba nad głową, bogate w ziarno słoneczniki, soczyste maliny, kruche jabłka, słodkie gruszki, nasycające wiosenne powietrze piękną wonią lipy, które grają podczas kwitnienia symfonią os, pszczół i trzmieli, oraz kolorowe stadka domowego ptactwa, kur otoczonych raz do roku żółciutkimi puszystymi kurczaczkami, gniewnych i groźnych gęsi, zdumiewająco koncertujących indorów. To były mikroświaty oswojone, poddane opiekuńczej władzy mamy. Za otaczającym ich teren drewnianym płotem rozciągał się świat zewnętrzny. Ale ten obcy świat nie był wrogi, lecz jakby sprzy-

Rodzina Adamczyków przed werandą domu w Sarnach, połowa 1934 r.

mierzony z tym własnym. Szumiały w nim brzozy, sosny i dęby, czasem bardzo głośno podczas wichury albo burzy, nigdy jednak groźnie. Mieszkające wśród nich dzikie zwierzęta, sarny i jelenie, podchodziły ufnie do płotu. A Zofia wyciągała rękę z liściem kapusty, żeby móc z bliska przyjrzeć się aksamitnym, wilgotnym i uważnym oczom osłoniętym długimi rzęsami. Sarny nigdy nie uciekały ani przed nią, ani przed jej młodszym bratem Wiesiem, dopiero widok dorosłych je płoszył. Do posadowionego na obrzeżu miejscowości dużego drewnianego domu prowadziło pięć szerokich, skrzypiących, płaskich drewnianych stopni, ciepłych, kiedy się na nich siadało, pozując do rodzinnego pamiątkowego zdjęcia albo bez powodu, po prostu ot tak, dla przyjemności letnim wieczorem. Za schodami był drewniany ganek, jesienią pachnący od rozłożonych tam na stole jabłek oraz śliwek. Wielki świat wydawał się może nieznany, lecz przyjazny. To, czym przemawiał, było odwiecznie cykliczne. Zosia, ciekawa świata, nie bała się go, czuła się jego częścią. W zeszycie dziewczyńskich zapisków, zatytułowanym „Wierszyki i wspomnienia", trzynastoletnia Zosia zanotowała znak swojej radości życia oraz wrażliwości na otoczenie:

Były sobie cztery siostry:
Wiosna, lato, jesień, zima.
Kiedy wiosna przyszła miła,
Wszystkie kwiaty pobudziła,
Kiedy lato panowało,
Wszystkie pola przyubrało
W złote szaty.
Jesień do snu je tuliła,
Zima puchem swym przykryła.
Teraz kończy panowanie
Siostra lato, dobra, miła,
Za to zima rozpoczyna
I tak rok za rokiem mija.

Nie tylko w przyrodzie, ale i w domu, i obejściu życie toczyło się według ustalonego i trwałego porządku. Ludzie, przedmioty i zwierzęta miały swoje miejsce. Konie mieszkały w stajni, a w jej rogu wydzielono miejsce dla drobiu. Tu stały też powozy oraz wielkie sanie, wśród których brat z siostrą lubili się bawić w chowanego. Tu też się przychodziło po jajka, które znosiły rozgdakane kury i po które mama wysyłała dzieci co kilka dni. Zosia z młodszym bratem zbierali je delikatnie do koszyka, gładziutkie białe albo nakrapiane. Zawsze towarzyszyło temu podniecenie. I radość, podobna tej, jaką odczuwali podczas grzybobrania. Jajka razem z mąką przemieniały się potem w wielką ugniataną kulę ciasta, wałkowaną następnie na cieniutki płatek, krojony szybkim ruchem noża na wąskie wstążki. Z pozostałego na obrzeżach ciasta Zosia lubiła robić „swoje kluski" – wyklejała małe serduszka albo wymyślne spiralki i wrzucała z resztą makaronu do wrzącej wody. Mama pozwalała jej na takie zabawy. Wiedziała, że nic tak nie przywiązuje do rodzinnego domu jak poczucie bez-

Zosia z bratem Jurkiem, Sarny, 1934 r.

piecznej beztroski. Dookoła nóg Zosi przymilnie krążył duży pręgowany kot.

Porządek wewnątrz domu organizowała oś kuchnia–gabinet. W gabinecie ojciec zajmował się swoimi poważnymi sprawami i nie należało mu w tym przeszkadzać. Drzwi do kuchni zawsze stały otworem, tu biło źródło zapachów, przysmaków i matczynego głosu, dyrygującego ruchem domowników. Do gabinetu, w którym pachniało trochę książkowym kurzem i cygarami, a trochę pastą do butów, którą ojciec glancował swoje stojące w rogu pokoju oficerki, wchodziło się nieomal na palcach. Ściany wyłożone dębową boazerią ozdabiały obrazy: bitwa pod Grunwaldem, portrety Piłsudskiego, Pułaskiego i Kościuszki, wisiała też gablota z dystynkcjami i odznaczeniami (Jan Adamczyk był oficerem), strzelby, pistolety, szabla, na ciężkim biurku zaś leżały stosy map i papierów. Ojciec palił w kominku i lubił opowiadać tutaj dzieciom o historycznych bitwach oraz wędrówkach ludów, o innych kulturach oraz dawnych czasach. Od zawsze pasjonująca go historia zaczynała w nim żyć podczas takich opowieści, ujawniał się jego doskonały talent gawędziarski, a nawet aktorski. Przelewał na potomstwo własną pasję, zapominał, że słuchają go małe dzieci. Wprowadzał je we własne światy jak równych sobie uczestników i razem, ramię w ramię, przemierzali pola chwały i patrzyli w przepaście klęsk. Pokój z trzeszczącym ogniem w kominku przemieniał się w wiele krajobrazów, tętnił życiem, które ojciec tak doskonale umiał wyjaśniać. Tutaj Zosia mimowolnie się uczyła, że aby dobrze świat poznawać, należy chcieć go zrozumieć. Tu także uczyła się pilności, patrząc na zapracowanego ojca, pełniącego funkcję nadzorcy parcelacji i rozdziału gruntów.

Ciekawa świata Zosia nie przypuszczała, jak wiele z tego świata, oglądanego na globusie w gabinecie, będzie musiała ujrzeć na własne oczy i poznać. Na razie została uczennicą szkoły powszechnej w Łucku, dokąd rodzina przeprowadziła się z Saren w 1939 roku, gdy ojciec zaczął pracować w tamtejszym banku. Było to miasto znacznie większe od

Zosia z ojcem na ulicy Łucka, 1939 r.

Saren. Rodzina zamieszkała w kamienicy, w wynajętym dużym mieszkaniu. Zosia chętnie chodziła do szkoły, ciekawiły ją lekcje i uczniowskie środowisko. Kipiała dowcipem i chętnie przyjaźniła się z innymi.

Nasza klasa jest wesoła, przecież dobrze wiecie.
Są w niej koleżanki najweselsze w świecie,
Są też i koledzy, mądrzy i uczeni,
Chociaż do psikusów bardzo zachęceni...

Lubiła w rymowanej formie notować spostrzeżenia. Lubiła też wpisywać się koleżankom do pamiętników. Jej własny także zapełniał się rysunkami albo udatnymi, albo żartobliwymi, oraz wpisami „ku pamięci". Był to dla Zosi skarbczyk uczuć, bliski jej sercu, rejestr przyjaźni i więzów, znak żywych relacji oraz pamiątka wspólnego dorastania. Prowadziła go Zosia już od dwóch lat, a ową książeczkę do wpisów dostała od ukochanego ojca i dumna była z jej pięknej, rzeźbionej przez zakopiańskich górali drewnianej okładki.

Pamiętnik, który Zosia otrzymała w prezencie od ojca

Pełna energii Zosia skakała lekko przez skakankę w eleganckich bucikach. Nosiła schludne, wdzięcznie dopasowane sukienki, płaszczyki z futrzanym kołnierzem, włosy miała zazwyczaj ściągnięte do tyłu w kitkę – jednym słowem była zadbaną, zadowoloną z życia panienką.

Cień, który w 1939 roku położył się na życiu jej rodziny – jak wszystkich polskich rodzin – w pierwszej chwili nie napełnił jej strachem. Stanowił zmartwienie, ale jeszcze nie odebrał poczucia bezpieczeństwa. W domu byli ojciec, matka, kucharka Marysia i guwernantka, było rodzeństwo i codzienna rutyna. Dopiero kiedy rodzice coraz częściej i dłużej dyskutowali za półprzymkniętymi drzwiami gabinetu, a także zdarzało im się nagle w towarzystwie dzieci przechodzić na francuski i głosy mieli naładowane niepokojem, dopiero wtedy dziewczynka zaczęła poważnie rozważać, co naprawdę znaczy owo często wówczas powtarzane słowo: wojna. Szybko dowiedziała się, że na pewno znaczy ono nieprzewidywane zmiany w życiu człowieka. Ojciec został powołany. Wieczorem pocałował dzieci w sposób pełen powagi, inny niż zazwyczaj, i powiedział, że musi się z nimi pożegnać. A następ-

Jan Franciszek Adamczyk, kapitan Wojska Polsiego, Kraków, 1919 r.

nego dnia już go w domu nie było. To wtedy świat zaczął się wywracać do góry nogami. Najpierw prawie dosłownie, ziemia leciała z nieba podczas niemieckich nalotów, gdy kryli się z innymi w schronach wykopanych wzdłuż rzeki Styr. Zosia wtedy czuła, wytrząsając z bujnych włosów ziemię, jak brutalnie potrafi wojna wejść nieproszona w życie zwykłego człowieka, który nie zawinił w żaden sposób ani nie chciał mieć z wojną nic wspólnego. Mama postanowiła, że rodzina przynajmniej tymczasem powróci do Saren. Tam miało być bezpieczniej, dalej od niemieckich nalotów i bombardowań. Coraz poważniej przestraszona Zosia się ucieszyła, bo gdzie może być bezpieczniej, jak nie tam, w królestwie słoneczników, grusz oraz kur. Mama sprawnie spakowała rodzinę, Zosia zakrzątnęła się koło swoich rzeczy. Drobiazgi włożyła do tekturowej walizki na dwa zatrzaski, do kieszeni płaszcza schowała bliski sercu pamiętnik w drewnianej oprawie – była gotowa do drogi.

W Sarnach jednak nie znalazła upragnionego poczucia spokoju i bezpieczeństwa. W listach ojciec opisywał, jak dostał się do niewoli i jest w więzieniu w Starobielsku. Na twarzy mamy rzadko ukazywały się dołeczki zwiastujące śmiech. Mama zajęta była nowymi i dziwnymi czynnościami. Produkowała suchary, susząc chleb w piekarniku. Pakowała je do wielkiego worka. Kiedy porcja chleba się suszyła, mama szyła. Na stole w jadalni rozłożyła wszystkie swoje kosztowności, biżuterię, zegarki na rękę, złote monety. Wyglądał pięknie ten stół! Ale też trochę dziwnie, bo górowała nad nim twarz mamy, naznaczona już prawie na stałe chmurną zmarszczką na czole pomiędzy brwiami. Zosia dosiadała się do mamy i pomagała jej. Zaczynała rozumieć, że od wojny nie da się uciec, że trzeba o niej myśleć i czynić przygotowania. Przy stole, razem z mamą, Zosia czuła wciąż resztki dawnej beztroski, bezpieczeństwa i bliskości. U boku mamy nie mogła się nigdy zanadto martwić, mama miała w sobie tyle ciepła, spokoju i tyle radości życia. Pokazywała jej, jak nadpruwać podszewkę w płaszczach oraz rozpruwać zakładki w sukienkach i jak zaszywać w nich, w ukrytych niby-kieszonkach, biżuterię. Pewnego dnia pomysłowa mama wymyśliła jeszcze coś innego – wyjęła z pękatych szuflad bieliźniarki sterty powłoczek i zaczęła odpruwać z nich misterne i eleganckie koronki. I kolejne instrukcje – jak wszywać je pod podszewkę w plecy i w rękawy płaszczy. W Sarnach Zosia nie chodziła do szkoły, ale i tak miała ręce pełne roboty i bardzo cieszyło ją to zajęcie. Jego skala i charakter były co prawda niepokojące i wszystko trochę przekraczało jej pojmowanie tego, co najwyraźniej się dzieje z otaczającym światem. Ale czuła się spokojniejsza, pracując razem z mamą. Wierzyła, że mama wie, co zrobić, żeby rodzinie nie stała się krzywda, i czuła dumę oraz zadowolenie, mogąc jej pomagać w przygotowaniach.

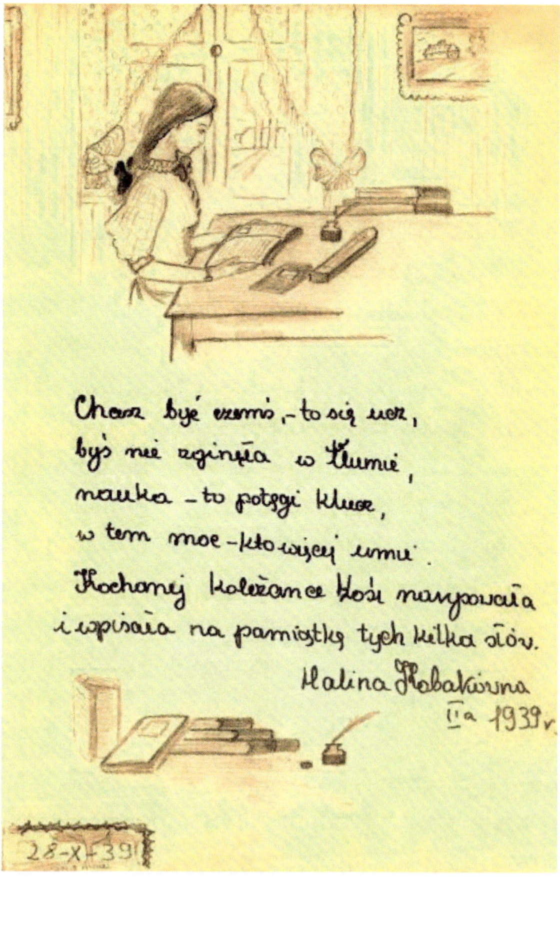

Strona z pamiętnika Zosi

A mama wyraźnie żyła pod presją wielkiego zmartwienia. Martwiła się o męża, od którego dawno nie miała żadnej wiadomości, martwiła się o przyszłość rodziny. Uciekli przed niemieckimi atakami do zaszytych w lasach Saren, tymczasem z drugiej strony, ze wschodu, niespodziewanie natarli Sowieci. Niebezpieczeństwo nie mniej straszne, jeśli nie straszniejsze. Dochodziły do niej wiadomości mrożące krew w żyłach. Sowieci wywozili ludność, plądrowali majątki, zajęli ich konto w banku (razem z wieloma innymi). To dlatego zaczęła pracowicie zaszywać kosztowności w bieliznę i odzież oraz piec suchary. Równolegle starała się stwarzać dzieciom dom jak najbardziej normalny, choć kosztowało ją to wiele wysiłku. Ale instynktownie wiedziała, że w nadchodzących czasach to będzie majątkiem dzieci, co przedostanie się do ich duszy – miłość, wartości, nawyki, tradycja, wiara w rodzinę. Zbliżały się imieniny ukochanej córki, mama odłożyła więc szycie i ucałowawszy dzieci na dobranoc, energicznie zabrała się do pieczenia ciasteczek. Postanowiła urządzić jej nazajutrz, w dniu imienin, przyjęcie–niespodziankę. Ciasteczka nakrapiane kryształkami grubego cukru miały kształt serduszek i gwiazdek i wypełniły dom radosnym zapachem maślanego ciasta. Zgrzana od pieca mama, zadowolona z wykonanej pracy i pokrzepiona czułą miłością do dzieci, udała się wreszcie na spoczynek.

Nie zdołała jednak jeszcze głęboko zasnąć, gdy nadeszło to, o co codziennie się modliła, żeby nigdy nie przyszło.

Obudził ich w środku nocy łomot. Nie pukanie, lecz brutalne walenie w drzwi, zakończone wyłamaniem futryny. To nic, że była noc i rodzina spała, że mieszkańcy to kobieta i trójka dzieci. Enkawudziści w granatowych mundurach i czapkach z czerwoną gwiazdą, tępi, beznamiętni, brutalni, z karabinami w dłoni, splądrowali dom, spalili książki i zdjęcia, nawet dziecięce bajki, a może szczególnie dziecięce bajki, wielką bibliotekę. Dali godzinę na spakowanie niezbędnych rzeczy. Zosia już wiedziała, że wojna brutalnie wchodzi w życie normalnych ludzi – ale nie przypuszczała, że może t a k wejść, w taki sposób oraz tak głęboko. Pakując trzęsącymi się rękoma swoje rzeczy, irracjonalnie schwyciła w pierwszej kolejności pamiętnik w drewnianej zakopiańskiej oprawie. Przed chwilą, widząc, jak rozwścieczony mężczyzna wyrywa

Strona z pamiętnika Zosi, a na niej wpis: Walka – to życie/ Młodość – to wiara/ Zaś walka o wolność – to chwała! Słodziutkiej Zosieńce Dziunek, 5.9.1939

z rączek małego Wiesia ulubioną książkę pełną bajek, zrozumiała, jak wiele człowiek może zabrać drugiemu, i dojrzewająca nagle w przyspieszony sposób dziewczynka pomyślała, że tym, czego nikt nie zdoła jej nigdy zabrać, jest to, co zatrzyma w sercu, przyjaźń i miłość, ale gdyby kiedyś w chwili niedoli i smutku zwątpiła w nie, będzie miała ten oto namacalny dowód i znak, że trzeba wierzyć.

Bezwartościową dla opresorów książeczkę z banalnymi wierszykami i rysunkami przycisnęła mocno do serca i postanowiła nigdy się z nią nie rozstawać. Odruchowo ją otworzyła: „Ku pamięci/Dwa serca złączone/Klucz rzucony w morze/Nikt nas nie rozłączy/Tylko Ty, o Boże!/Kochanej przyjaciółce wpisała się Lilka", a pod spodem rysunek chaty, widocznej w oddaleniu pomiędzy rosnącymi wzdłuż drogi drzewami.

Jeszcze mocniej przycisnęła Zosia pamiętnik do serca, musiała podświadomie już wtedy odczytać tragiczną metaforykę, nowe znaczenie zwykłego wierszyka. Poczuła płynącą z niego prosto do jej serca struż-

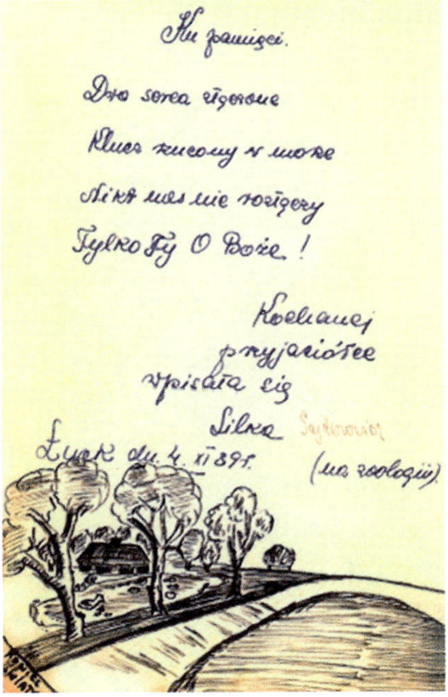

Strona z pamiętnika Zosi

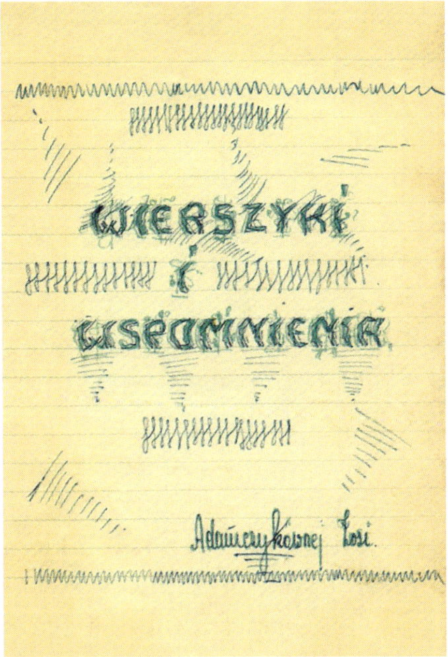

Okładka zeszytu Zosi zatytułowanego „Wierszyki i wspomnienia"

kę siły, jakby stawał się jakąś opoką. Tknięta impulsem sięgnęła także po zeszyt jest własnych „Wierszyków i wspomnień". To było instynktowne. Nikt nie poinstruował jej, co chronić w tak trudnej chwili, ale życie pod czułą opieką kochających rodziców wyposażyło ją w instynkt pozwalający poruszać się w mroku złej nocy. Enkawudziści w świetle łuny znad palonych książek, dokumentów i zdjęć załadowali rodzinę na ciężarówkę. To wtedy po raz pierwszy przeleciało jej przez głowę niepokojące pytanie, czy ludzkie okrucieństwo zna granicę. Przytulona do maminego ramienia starała się usilnie wierzyć, że zna. I że zdołają odnaleźć się z ojcem w chaosie wojennej zawieruchy.

Tak się zaczęła tułaczka Zosi Adamczyk, niedola, odyseja. Jak tysięcy innych polskich dzieci oraz ich rodzin. Więzienie w Równem, potem wywózka bydlęcymi wagonami, koszmar tej jazdy pełnej klekotu szyn, zaduchu, wstydu i skrępowania, niewygody, braku higieny, głodu, chorób, trupów – oraz ogromna, nieznana nikomu dotychczas przestrzeń syberyjskiej pustki.

Wpośród tej pustki, jak się okazało, było jednak życie. Ludność kazachska też miała problemy, również odczuwała głód oraz mrozy. I miała także ludzkie odruchy, normalne. Pewnego razu dotkliwie pokłuły Zosię i jej młodszego brata wielkie suche osty, zbite w kule i pędzone po stepie przez wiatr. Rodzina, w której jednoizbowej chacie postawionej z glinianych cegieł, uszczelnionych błotem i słomą, musieli zamieszkać, pomogła mamie otoczyć dzieci opieką, zaradzić bólowi i niebezpieczeństwu zakażenia. Nie było leków ani środków opatrunkowych, ale Kazachowie stosowali własne metody, znali zioła oraz niebezpieczeństwa, kryjące się na tej na pierwszy rzut oka całkowicie pustej i płaskiej ziemi dookoła.

Warunki bytowe mieli takie, jakich ani Zosia, ani jej mama nie umiałyby sobie wcześniej nawet wyobrazić. A jednak Zosia rozglądała się z zaciekawieniem dookoła. Siłę dawał jej nie tyle spokój Kazachów oraz ich surowa w okazywaniu, ale czuło się, że prawdziwa przyjaźń (mimo że przecież Adamczykowie, przybysze, zajmowali część ich i tak niewielkiej przestrzeni!), ile obecność mamy i braci. Świat został obrócony na nice, ale wciąż byli rodziną, mieli siebie – choć boleśnie odczuwali brak ojca. Mama mówiła do nich tym samym językiem, co nie tyle znaczy, że po polsku, ale że jej mowa nasycona była tą co zawsze czułością i kulturą.

Zosia próbowała naśladować mamę. Uczepiła się tej postawy i zrobiła z niej dla siebie pancerz. A więc tak jak mama koncentrowała się na codziennym życiu, czynnościach, których nauczyła się w domu w Sarnach. Tak jak mama, podsycała w sobie nadzieję, wierzyła w dobry koniec złego. I powoli, tak jak w mamie, rodziła się w niej zacięta wola przeżycia oraz przetrwania, wzbudzana za sprawą wiary, że ich syberyjskie życie jest tylko przystankiem na wygnaniu, które dobiegnie kresu. Wierzyła, że na końcu czeka na nich ich dom, ten co dawniej ich własny dom. No bo jakże mogłoby być inaczej…?

Na co dzień w nowych warunkach nie było łatwo o taki optymizm. Uzyskiwało się go ciężką walką – z warunkami pracy („kto nie pracuje, ten nie je"), z warunkami życia, z własną fizyczną słabością oraz z zimnem i głodem, z przerażającymi insektami i agresywną obcością otaczającego świata. Im więcej elementów i rytuałów dawnego życia, tym większe bezpieczeństwo. Albo przynajmniej dające trochę wytchnienia złudzenie bezpieczeństwa. Do takich rytuałów należała między innymi codzienna modlitwa oraz wspólne posiłki. W misce najczęściej znajdowała się ściśle odmierzona i wydzielona porcja rozgotowanych otrąb, ale do posiłku zasiadali razem, nie tak jak Kazachowie, siedzący każdy w swoim kącie z miską na podołku, w milczeniu. Oni przed jedzeniem najpierw dziękowali Bogu za strawę i nawet nie było w tym buntu, że taka marna. W tym ogromie niedoli doceniali każdy kęs. Był też wtedy czas na rozmowę, dzielenie się wrażeniami oraz znakami zapytania. Dbano o poprawną postawę przy jedzeniu! „Wyprostuj plecy!", napominała czasami mama. Budowało to elementarne poczucie wspólnoty. Zosia pomagała mamie reperować odzież i sprzątać ich kąt chaty, choć był to tylko kwadrat klepiska. Opiekowała się młodszym bratem, opowiadała mu bajki i historyczne dzieje, zapamiętane z cudownych chwil z tatą w jego gabinecie oraz ze szkoły, i pokazywała mu pogodne oblicze, co samo w sobie było niełatwym zadaniem, wspierał ją jednak przykład mamy. Kiedy czuła zbyt blisko niebezpieczeństwo rozpaczy oraz lęku, zasiadała na posłaniu rozłożonym na podłodze w kazachskiej chacie i wyciągała przechowywany jak skarb ołówek oraz zeszyt, ten sam, który zaczęła prowadzić w całkiem innych warunkach, w całkiem innym domu.

Okrągłymi literami, w równych rzędach – tak jak się nauczyła w szkole – pisała. Zamieniała w słowa świat, który stawał się w ten sposób trochę bardziej jej własnym światem, a trochę mniej brutalną rzeczywistością. Marzyć o powrocie do Polski oraz do domu nawet nie śmiała, ale czuła, że jest w stanie Polskę – swoją – oraz dom – swój – przechować w sercu. Tak naprawdę to było jedyne, co mogła przeciwstawić okrutnemu losowi, bo na nic więcej nie miała ani siły, ani możliwości. Czasami pisała wierszem, czasami prozą, a czasem słowom dawała kształt listu do dawnej przyjaciółki, przerzucając w ten sposób most pomiędzy swoim niegdysiejszym a bieżącym życiem, powtarzając ciągle w duszy jak modlitwę, że to jest to samo życie i że musi w to wierzyć z całych sił.

Kochana Halu! Chcę ci opisać wszystkie moje żale,
Lecz się do tego zabrać nie mogę,
Bo w głowie straszny chaos powstaje,
A myśli jedna drugą druzgoce. (...)
W strasznej tęsknocie i wielkiej rozpaczy
Jechaliśmy przez rosyjskie ziemie,
Zamknięci w wagonach, jak zbrodniarze jacy,
Lecz na ustach naszych było wciąż milczenie.
Teraz ja jestem daleko od ciebie,
Aż za wysokimi górami Uralu,
Na azjatyckim żyję teraz stepie,
A myślę tylko o Polski powstaniu.

Czy można pojąć dramat nastoletniej dziewczynki, rzuconej tak daleko od normalnego życia i domu? Jej aniołem stróżem staje się wspomnienie. Zachowanie wspomnienia staje się podstawowym aktem walki o własną tożsamość. Zosia instynktownie czuła, że ma siebie oraz bliskich i że ona oraz jej rodzina należy do innego świata niż ten, w którym się znajdują. I że to poczucie należy w sobie wzmacniać. Inaczej dostanie się w tryby ustroju, który ludzi przemienia w bezwolne, nieszczęśliwe kukły. To nie był abstrakcyjny lęk. Mogła w najbliższym otoczeniu zaobserwować, jak ten mechanizm działa. Na jednym z etapów syberyjskiej tułaczki, od początku 1941 roku, mieszkali w Semieziorce razem z gospodarzami w jednoizbowej chacie rosyjskiego małżeństwa, Iwana i Natalii Pietrowiczów. Małżonkowie byli starzy, mieli przygarbione plecy i pomarszczone twarze. Byli jednymi z wielu ofiar sowieckiego systemu. Pani Natalia z nikim nie rozmawiała, wykonywała kilka niezbędnych czynności w obejściu i resztę dnia siedziała nieruchomo, apatycznie zapatrzona w przestrzeń. Pan Iwan wypływał łodzią na ryby na pobliskie jezioro oraz uprawiał skrawek ziemi obok chaty – i wszystkiego oraz wszystkich się bał. „Ze Związku Sowieckiego nikt się nie wydostaje. Nikt. Komuniści prędzej zabiją człowieka, niż dadzą mu wyjechać...", powtarzał Zosi i jej bratu – ale tylko wtedy, kiedy wypłynęli z nim na środek jeziora, i do tego nawet tam mówił szeptem. Iwan Pietrowicz nie miał nadziei, nie miał co przechować w sercu – ojczyzna, w której się wychował i która była jego domem, stała się źródłem zła oraz zagrożenia. Życie z taką świadomością nawet dla zahartowanego starego człowieka okazało się zbyt tragiczne – pan Pietrowicz wypłynął pewnego dnia na środek jeziora i już z niego nie powrócił, tak przynajmniej zapamiętała to Zosia. Dziewczynka zobaczyła, czego trzeba się strzec. Tym pilniej nauczała Wiesia, młodszego dziewięcioletniego brata, historii Polski i jej literatury, tym więcej notowała w swoim zeszycie. Czuła, że w sercu trzeba żyć dawnym życiem, a teraźniejszość opierać na nadziei. Tęskniła do ojca, tego niezachwianego fundamentu życia w Sarnach. Pewnego dnia, kiedy zaświeciło troszkę mocniej słońce, sygnalizując, że koniec zimy być może jednak nadejdzie, ogarnęła ją dziwna mieszanka uczuć: słońce kazało uśmiechać się do życia, wlewało w serce nadzieję, ale to, co oświetlało – czyli wciąż jeszcze zaśnieżony step, który tylu pochował pod ciężkim białym całunem, tylu głodnych zamroził na śmierć, step, po horyzont taki sam i tak samo obcy – wywoływało w niej nasilenie rozpaczy bezkresnej jak ten step. Jeszcze bardziej się przestraszyła pustki na zewnątrz i przebłysku tej pustki, którą mógłby zrodzić w sercu ból. By się nie poddać, jeszcze mocniej zatęskniła do ojca i napisała do niego list:

13–III–1941 rok, Siemieziorka

TATUSIOWI

W noc cichą, ciemną,
W noc pełną wdzięku i pełną uroku,
Pełną spokoju, pełną ukojenia,
Żegnałam Ciebie kochany tatusiu
Na wojnę okropną i łez i cierpienia.
    Tyś odszedł od nas, bo Ojczyzna zwała,
    Tyś poszedł z radością, z uśmiechem na ustach.

Tyś walczył o jej wolność, lecz ona skonała.
Skonała zlana krwią i w zadanych ranach.
A co się wtedy z Tobą drogi tatku stało,
Czemuś nie wrócił w swe rodzinne progi,
Czy Cię nieszczęście od nas odepchało,
Czy los okrutny, straszliwy złowrogi.
Mijają ciężkie uciążliwe chwile,
Jak mgła jesienią ciągną się nad krajem
Przychodzi niewola, spadają nieszczęścia.
Łzy bolesne, głuche jęki przeplatane łkaniem.
A krew gorąca leje się wokoło
Ileż dzielnych Polaków, iluż synów mężnych
Walczy i dumnie nadstawia swe czoło,
By bronić wrót ojczystych i granic potężnych.

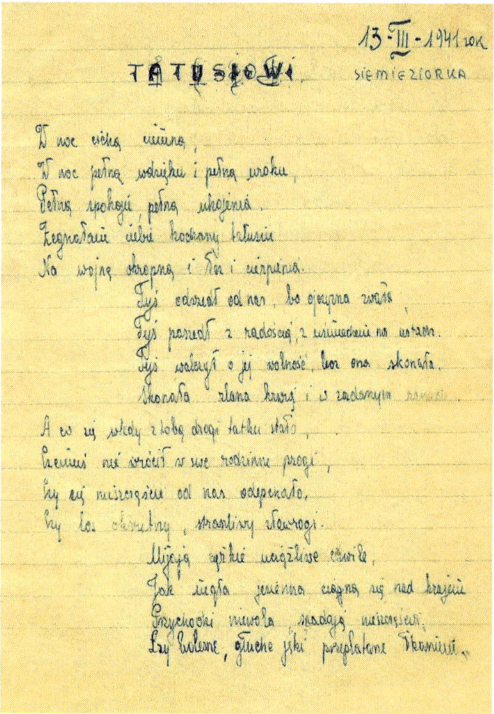
13-III-1941 rok

TATUSIOWI

SIEMIEZIORKA

W noc cichą cudną,
W noc pełną wdzięku i pełną uroku,
Pełną spokoju, pełną ukojenia.
Żegnałam ciebie kochany tatusiu
Na wojnę okropną i złą i cierpienia.
Tyś odszedł od nas, bo ojczyzna wzywa,
Tyś poszedł z radością, z uśmiechem na ustach.
Tyś walczył o jej wolność, lecz ona skonała.
Skonała zlana krwią i w zadanych ranach.
A co się wtedy z Tobą drogi tatku stało,
Czemuś nie wrócił w swe rodzinne progi,
Czy Cię nieszczęście od nas odepchało,
Czy los okrutny, straszliwy złowrogi.
Mijają ciężkie uciążliwe chwile,
Jak mgła jesienna ciągną się nad krajem
Przychodzi niewola, spadają nieszczęścia,
Łzy bolesne, głuche jęki przeplatane łkaniem.

Pierwsza strona rękopisu wiersza Zosi Adamczyk, zatytułowanego *Tatusiowi*

Ja wiem, że i Ty tatku walczyłeś tak samo,
Póki można było, siły starczyły,
A teraz, gdy Ojczyznę nikczemnie rozdarto,
Twe ręce zbolałe kajdany spowiły.
I tak mijają ciężkie, trudne chwile,
Ciebie od nas Tatusiu całkiem rozłączono
My na Syberii, a Ty gdzieś na Sowieckiej ziemi
Prosisz Boga, by Cię wrócił na Ojczyzny łono.
A ja Tatusiu w każdej chwili życia
Myślę i tęsknię okropnie do Ciebie,
Czekam, jak czekam naszego spotkania,
Więc gorąco się modlę do Boga na niebie.
Proszę, by Ci życie i zdrowie zachował,
Proszę, by Cię wrócił na ziemię ojczystą.
Proszę, by Ci nadziei i otuchy dodał
I zerwał sprzed Twych oczu tę zasłonę mglistą.
O Boże pozwól by słonko to złote
Pragnienie wolności rozlało po świecie
I szczęśliwszą Polakom pokazało drogę,
By w niewoli nie cierpiało żadne polskie dziecię.

I tak pisaniem starała się Zosia zaklinać rzeczywistość oraz umacniać w sobie obraz innego świata. Bo miała Zosia przed sobą dwa obrazy: jeden własnego domu, przechowywany we wspomnieniu; drugi to obraz kraju, do którego rzucił jej rodzinę brutalny los. Rozmyślając o życiu, rozumiała, że nie może być bierna, że musi zachować w sobie najwięcej, jak to możliwe, z normalności tamtego dawnego życia, które pamiętała. I opuszczoną ojczyznę zaczęła w myślach nazywać swoją „Ziemią Świętą".

Ja nie chcę nic od ciebie więcej
Ziemio ojczysta
Jak tylko to, byś choć daleka
Była mi bliska.

Ja nie chcę nic od ciebie więcej
Rolo zorana
Jak tylko to, by w głąb twych bruzd
paść na kolana.
Ja nie chcę nic od ciebie więcej
Rodzinny kraju
Jak tylko to, by ujrzeć cię –
Na Trzecim Maju.
Ja nie chcę nic od ciebie więcej
Skowronku mały
Jak tylko to, byś śpiewał wciąż
Dla Polski chwały.
Ja nie chcę nic od ciebie więcej
Miasto i wiosko
Jak tylko to, by dzieci twe –
Żyły beztrosko.
I jeszcze jedno tylko chcę
Co pragnę i czym żyję
Zobaczyć mój rodzinny dom,
Czy się postarzał i ile?

Tak pisała kilkunastoletnia Zosia w Kazachstanie... A w innym wierszu, zatytułowanym *List z Sybiru*, zanotowała między innymi wersami:

I z tą nadzieją malutką i wątłą
Przezwyciężę wszystkie męczarnie Sybiru
Stanę się wtenczas potężną i silną
I do najwyższego będę brnęła szczytu.
A kiedy młodymi swoimi siłami
Wypłynę z morza przepaści i zguby,
Przed ogromnymi ojczyzny wrotami
Zrzucę niewoli i kajdanów trudy.

Zosia przechowywała zeszyt z wierszami oraz notatkami równie troskliwie jak pamiętnik oprawiony w drewnianą rzeźbioną zakopiańską okładkę, w którym przybywało coraz więcej wpisów: emblematycznych autografów przyjaciół, dzieci bądź dorosłych napotkanych na wygnańczej drodze. Czasami był to wiersz, czasem tylko rysunek z podpisem albo wklejony suchy kwiatek.

Jakim cudem pamiętnik, na pierwszy rzut oka rzecz nieprzydatna, zdołał się przechować i przewędrował z Zosią pół świata? Dlaczego ocalał? Zosia musiała o niego dbać przez cały czas, strzec go. Skąd staranna troska o wierszyki o cnocie, ojczyźnie, młodości i miłości? Może to, co było w takim pamiętniku, poświadczało tożsamość, przynależność do kręgu ludzi wywodzących się z takiej samej tradycji? Dzieci pamiętały wypisy z Asnyka, Mickiewicza, Słowackiego, owe nieśmiertelne: „Tam sięgaj, gdzie wzrok nie sięga/ Łam, czego rozum nie złamie". Najwyraźniej była to dla nich podtrzymująca na duchu strawa. Wzajemna wymiana wpisów do pamiętników w warunkach syberyjskich i tragicznych, na ziemi zwanej nieludzką, być może podtrzymywała wiarę w moc więzi z drugim człowiekiem – udowadniała, że takie więzi istnieją. Dzieci podsuwały pamiętnik do wpisu, choć z głodu wydłubywały zeschnięte resztki jedzenia spomiędzy desek starego stołu. Wpisywały się, rysowały z zapamiętaniem, zostawiały znak po sobie w pamiętnikach innych napotkanych dzieci. Z przejęciem wpisywały rączką nierzadko pokrytą liszajami i pokąsaną przez pluskwy. Stopy krwawiły z braku butów, oczy puchły od gnieżdżących się między rzęsami insektów, ale ręka pewnie kreśliła sielankowy obrazek rzeczki i wzgórza, i jasnego słoneczka.

Do pamiętnika Zosi wpisała się napotkana polska dziewczynka i żeby ozdobić stronę, narysowała piękne, wielkie, kolorowe kwiaty. „Młodość jest rzeźbiarką / Co wykuwa żywot cały / Choć przemija sama szparko / Cios jej dłuta wiecznie trwały, Siemiziorka (Sybir) 19 I 1942". Skąd te kwiaty i wiara w siłę młodości? Kiedy, gdzie? Na świecie wojna, dom utracony, naokoło styczniowa, wyczerpująca zima, jaką zna tylko Syberia. „Burki" – śnieżyce – zakopywały wsie. Bywało, że kilka metrów ponad dachy; ludzie tkwili jak zamurowani w chałupach, głodowali, czasem zamarzali, wilki wyły przy obejściach. Ale na tej zimnej

Strona z pamiętnika Zosi

i wrogiej Syberii pod ręką dziecka potrafiły zakwitnąć piękne, kolorowe kwiaty, ofiarowane drugiemu. Zosia czasami przez wiele minut się w nie wpatrywała, przenosiły ją gdzieś, sama już nie wiedziała gdzie, ale czuła, że to, iż je widzi, oznacza, że istnieją – i na nią czekają…

Z Sybiru udało się rodzinie Adamczyków wydostać. Starszy brat Je-

Strona z pamiętnika Zosi (wpis Mietka)

rzy z przyjacielem poznanym w Siemieziorce, Mietkiem Kamińskim, przyłączyli się do formowanej na terenie Związku Radzieckiego armii Andersa. Mietek tuż przed odjazdem wpisał się Zosi do pamiętnika. Wiele, wiele lat później będzie to jeden z bliższych sercu Zosi wpisów…

Matka z córką oraz najmłodszym synem jeszcze prawie rok bezskutecznie się starała o papiery wyjazdowe. Tymczasem kończyły się zapasy biżuterii, kończyły się przezornie zabrane z rodzinnego domu koronki oraz delikatne płótna. Wszystko szło na wymianę za jedzenie nieco pożywniejsze od plew gotowanych na wodzie oraz przydział raz na kilka dni zakalcowatego, pleśniejącego chleba. Wreszcie wiedziona instynktem i desperacją Anna Adamczykowa zaszyła w rąbek końcówkę zapasów z rodzinnego domu i pomimo braku papierów postanowiła ruszyć na poszukiwanie innych Polaków oraz armii Andersa i obozu przesiedleńczego.

W pewien lipcowy gorący dzień 1942 roku wzięła dzieci za ręce. By nie wzbudzać podejrzeń, nie zabrała z sobą żadnego bagażu i ruszyła piaszczystą drogą przed siebie – tak jakby wychodziła po sprawunki. Na południe, ku Morzu Kaspijskiemu... Zakrwawione stopy, głód, pragnienie, upał i kurz, zmęczenie mroczące dzieciom wzrok, a naokoło niemiłosiernie obcy kraj. Prażące słońce. Susza. Pustka. Ale udało im się, cudem dotarli do pociągu jadącego do Ałma-Aty, a potem dalej, na zachód. Pociąg był koszmarem. W smrodzie, wśród chorych ludzi, w brudzie, wśród trupów, wśród osieroconych dzieci, zredukowanych do niemożliwego do wyobrażenia głodu, masowo zaatakowanych przez choroby oraz zjadanych żywcem przez robactwo – przetrwali. Wierzyli, że dawne, prawdziwe życie gdzieś jeszcze na nich czeka – bo to, przez co los każe im przejść, nie jest życiem, lecz żywym piekłem.

Po drodze nieoczekiwanie znaleźli wycieńczonego Jurka. Matka jeszcze raz zebrała siły, skądś je wydobyła, bo przecież nie powinna już ich mieć, i dała radę jeszcze raz powiedzieć losowi: Nie. Zdobyła w graniczący z cudem sposób kurczaka. Ugotowała rosół, odkarmiła starszego syna.

Rodzina miała szczęście – dzięki graniczącej z szaleństwem odwadze matki oraz kilku sztukom zachowanej na najczarniejszą godzinę biżuterii, po wielu perypetiach, dostali się do portu Krasnowodzk w Turkmenistanie nad Morzem Kaspijskim, z którego miał wkrótce odpłynąć do Persji przedostatni statek z polskimi uchodźcami. Na pokład *Kaganowicza* weszło ponad cztery i pół tysiąca żołnierzy i cywilów. Adamczykowie przybyli do portu Pahlawi w Persji po dwóch dniach, bez jedzenia i picia podczas podróży. Na miejscu czekała ich dwutygodniowa kwarantanna na plaży.

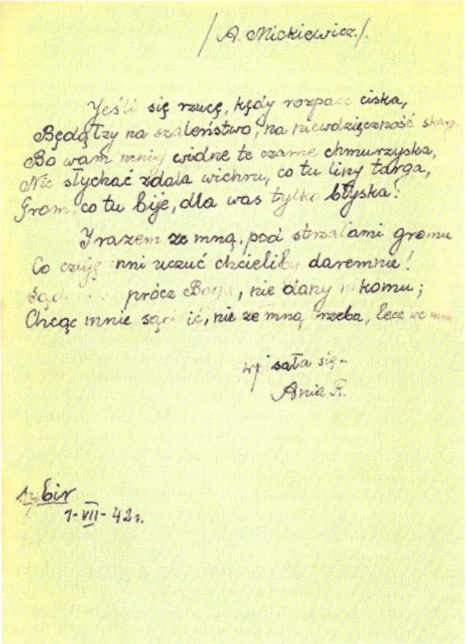

/A. Mickiewicz./

Jeśli się rzucę, kędy rozpacz ciska,
Będą łzy na szaleństwo, na niewdzięczność skarg.
Bo wam mniej widne te czarne chmurzyska,
Nie słychać zdala wichru, co tu liny targa,
Grom, co tu bije, dla was tylko błyska!
I razem ze mną, pod strzałami gromu
Co czuję, inni uczuć chcieliby daremnie!
Sąd [illegible] prócz Boga, nie dany nikomu;
Chcąc mnie sądzić, nie ze mną trzeba, lecz we mnie.

wpisała się –
Ania R.

Sybir
1-VII-42 r.

Strona z pamiętnika Zosi

Jerzy Adamczyk, żołnierz Armii Andersa, Syberia, 1942 r.

Tutaj zaczęli pojmować – są na wolności... Mama Zosi postarzała się, bardzo zmarniała, organizm miała wycieńczony, ale cały czas znajdowała w sobie siłę ducha, by podsycać w dzieciach wiarę w wolność. Jak dalece sama wierzyła w przyszłość i poprawę losu...? Tego nikt nie wie. Ale zdołała wlać wiarę w serca dzieci.

Anna Adamczykowa jeszcze na ziemi sowieckiej przeszła dyzenterię, malarię, miała osłabione serce. To, że potrafiła jakkolwiek funkcjonować, graniczyło z cudem. Na początku pobytu w Persji podczas pory deszczowej zachorowała na tyfus. Dokonała najważniejszego: wyprowadziła wszystkie swoje dzieci na wolność. Nie miała już skąd czerpać sił. Po paru dniach zabrano ją do szpitala polowego. Mały Wiesio również wkrótce zaniemógł i odesłany został do dziecięcego szpitala, położonego w innej części plaży. Tymczasem rozpoczęło się przewożenie uchodźców stacjonujących na plaży nieopodal Pahlawi do mniej tymczasowych miejsc pobytu oraz szpitali w Teheranie i na jego przedmieściach. Rodzina została nagle rozdzielona – każde rzucone gdzie indziej, osobno. Chłopiec był w najczarniejszej rozpaczy, zły na Boga, na ludzi, na świat, nieszczęśliwy i osamotniony, całkowicie zdruzgotany. Złość na los zagłuszała nawet lęk: właśnie teraz potracili siebie nawzajem, na wolności! Ale Wiesio i Zosia po półtora miesiąca się odnaleźli, już w Teheranie. Byli wciąż tylko we dwójkę i Zosia musiała zastąpić mu matkę. Młodszy brat potrzebował opieki oraz pocieszenia, a ona to rozumiała. Starała się otaczać go miłością, dbała o jego higienę, zdrowie, odżywianie, naukę, wreszcie o jego wychowanie oraz rozwój. Być może te obowiązki uchroniły ją samą od całkowitego poddania się rozpaczy oraz lękom. Opieka nad bratem kosztowała Zosię wiele wysiłku, szczególnie trudno jej było utrzymać pogodny ton głosu oraz uśmiech na twarzy. Ale czuła, ile siły zawdzięcza mamie, która nigdy nie pozwoliła sobie na okazanie dzieciom własnego lęku. Wewnętrznie jednak Zosia drżała z przerażenia. Gdzie jest mama? Jest chora... teraz, kiedy ona potrzebuje pomocy, po tylu latach wyrzeczeń i ofiarnego oddania dzieciom – jest sama... teraz, kiedy jest słaba, jest tak bardzo sama. Gdzie ona jest? I jak ją odnaleźć...?

Zosia wiedziała, że nie można się poddać rozpaczy. Życie nauczyło ją podczas ostatnich lat i tego: rozpacz jest jak syberyjska zimowa zamieć, wystarczy krótka chwila apatii, poddania i już człowiek staje się jej ofiarą na zawsze. Zamrożony nie zdoła powrócić do życia. Nie ustawała więc w wysiłkach i aktywności. Z jednej strony pełniła rolę opiekuńczej, czułej matki dla młodszego brata, z drugiej metodycznie poszukiwała mamy. W punktach informacyjnych, w innych obozach, w szpitalach. Szukała jej tygodniami, każdego dnia kilka godzin poświęcała na systematyczne poszukiwania. Mieszkali wówczas w obozie, w postawionych dla nich dużych drewnianych barakach, wszyscy razem – kobiety, dzieci i mężczyźni.

Tej jednej rzeczy – później, w dorosłym życiu – Zosia nie chciała sobie przypominać, nie chciała o niej rozmawiać, nie próbowała o niej opowiadać własnym dzieciom.

Pewnego dnia w połowie października wróciła do czekającego na nią braciszka. W ręku miała parę zniszczonych butów, a w oczach łzy. „Nic z niej nie zostało, Wiesiu, tylko te buty. Przeszły z nami tysiące kilometrów, wyprowadziły nas na wolność...".

Córka odnalazła matkę. Godzinę przed jej przybyciem chora matka zmarła. Jakiego hartu potrzebowało dziewczęce serce, aby nie zamienić się w kamień, nie znieruchomieć, stojąc przed matką, która nie może już słyszeć córczynego pocieszenia, której ręka już nie czuje dotyku, której wzroku już nie ukoi widok córki całej i zdrowej. Której nie można obmyć czoła, przynosząc ulgę, podać kilku kropel wody do ust. W jakimż niepokoju musiała samotnie umierać matka... I w jakiej rozpaczy córka pozostała z ciężarem tylu niewypowiedzianych słów oraz tak wielkim ciężarem bezsilności... I z parą starych butów jako wszystkim, co po matce zostało. Obraz znieruchomiałego, wynędzniałego i umęczonego matczynego oblicza naznaczonego śmiercią, o zapadniętych rysach, poszarzałego, ale tak bliskiego i ukochanego i nagle tak bardzo dalekiego już i niedostępnego pozostał dla Zosi skarbem do końca życia, ale także najcięższym, jakie życie przyniosło, brzemieniem. Pół serca Zosi umarło, choć wtedy pomyślała, że nie żyje już całe... Miłość, która rządziła matki życiem, która dawała siłę jej heroizmowi, podsycała jej pomysłowość oraz nie pozwalała zrezygnować z optymizmu, ta miłość tak żywa i grzejąca stała się od teraz niema. Żadne słowo nie miało już paść, niesione na jej skrzydłach. Ale taka miłość nie odchodzi w niepamięć.

Poza tym był Wiesio, mały braciszek. Na froncie walczył brat Jerzy. A gdzieś daleko być może wciąż szukał do nich drogi ukochany ojciec... Trzeba żyć, aby mogli żyć wszyscy razem. Nie wolno dopuścić, aby ofiarność matki poszła na marne. Jakże ona kochała matkę! I czuła, że jedyne, co może, to tylko kochać ją jeszcze bardziej i przejąć od niej zadanie, które matka tak dzielnie dotychczas wypełniała.

Zosia miała wówczas szesnaście lat... Miłość do matki pobudziła w niej wspomnienia, wszystkie nauki, które zaczęła skrupulatnie wykorzystywać każdego dnia. Na ugryzienie osy przykładała przeciętą cytrynę. Bąble na pięcie – kompres z miękiszu chleba zgniecionego z mlekiem i odrobiną ziemniaka... Pamięć o matce poświadczała czynem. Była w tym wdzięczność dla matki, podziw, wiara w jej wartości, była to również instynktowna taktyka obronna. Matka przeprowadziła ją przez zesłanie i wyprowadziła z sowieckiego terroru ku wolności. Teraz, chociaż odeszła, nadal chroniła córkę i dalej prowadziła przez życie. Zosia naśladowała ją jak umiała i tym samym nie dawała do siebie dostępu rozpaczy, nihilizmowi, poczuciu pustki i lękom.

Osierocone rodzeństwo uczestniczyło w pochówku matki na perskiej ziemi następnego dnia, 18 października 1942 roku. Prosta płyta, gorący dookoła piach i egzotyczny krajobraz – tak zapamiętały cmentarz Dulab w Teheranie, gdzie ich matka została na zawsze. Dzieci nie miału odświętnego ubrania, były w tych samych co każdego dnia łachmanach. Nie miały złamanego grosza, aby kupić choć jeden kwiat do położenia na grobie. Miały w sobie rozdzierający ból i rozpacz, która więziła w gardle głos tak, że nie były zdolne odezwać się do siebie. Od tej chwili smak wolności zaczął mieć dla nich gorzki posmak kurzu teherańskiego cmentarza oraz rozpaczy. Siostra i brat próbowali odtworzyć każde w swych najskrytszych myślach i sercu ostatnie dwa miesiące życia matki, kiedy nie było ich u jej boku. Czuli się winni, że żyją. Pytania, które rodziła ich boleść, na czele z najprostszym: „Dlaczego..?", były straszne, aż trudno było je w myślach powtórzyć.

Zosia zrozumiała w lot, jaki spoczywa na niej teraz ciężar. Jeśli jej serce wypełnia popiół po wszystkich radościach życia, to nie znaczy, że

Zofia i Wiesław Adamczykowie przy grobie matki, dwa miesiące po jej śmierci, cmentarz Dulab, Teheran, Persja (Iran), 1942 r.

małego braciszka należy także pozbawiać radości i nadziei. Wiedziała od razu, co ma zrobić – to matka, głęboko w sercu, zaczęła podpowiadać każdy najbliższy krok.

Wiesio musi się normalnie rozwijać, musi mieć w sobie chęć życia i wiarę w człowieka, bo bez tego stanie się w dorosłym życiu kaleką. I to ona, Zosia, musi go teraz uczyć takiego życia. Zrozumiała, że aby spełnić swój najpierwszy wówczas obowiązek, jej samej trzeba nad sobą pracować i nie wolno się poddawać. Trzeba jej żyć, jak żyła matka – wierzyć w dobro złemu wbrew i kochać, w pierwszej kolejności najważniejsze to kochać oraz kierować się miłością. Nie tylko do młodszego i starszego brata, nie tylko do wytęsknionego ojca, ale miłością do Polski, do świata i do wszystkich ludzi.

Nie było to łatwe zadanie dla kilkunastoletniej dziewczynki. Jego ciężar przygniótł Zosię i pewnie nim osłabiona stała się podatniejsza na infekcje. Wkrótce po śmierci mamy zachorowała i musiała pójść do szpitala, w którym przebywała przez kilka tygodni. Jednak tyle jeszcze było siły w tym wychudzonym młodym ciele, tyle silnej woli, że podźwignęła się z choroby. Wróciła do obozu, do brata. Mimo że słaba

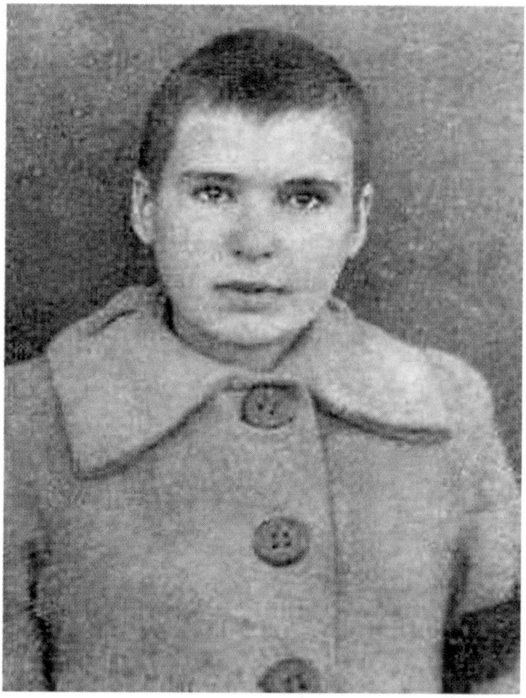

Zosia po ciężkiej chorobie, Teheran, 1942/1943

po chorobie, zawstydzona ogoloną głową, nie chowała się i nie unikała ludzi. Z energią wzięła się do wypełniania misji. Miłość matki ciągle jej patronowała, przez jej pryzmat dziewczynka patrzyła na świat.

W pierwszych dniach lutego następnego roku (1943) zapisała:

WRÓCISZ

Wrócisz. Ja wierzę, że wrócisz, że wszystkie wrócicie
Piękne, pogodne wolności dni
I jasnym, złotym słonkiem osuszycie
Krwawe, bolesne, sieroce łzy.

Powrócą wolne, radosne chwile
I błogie, słodkie dziecięce sny.
Pękną kajdany, Polska znów odżyje,
Wstanie spod jarzma niewoli i krwi.

Z jękiem polecą, hen w przepaść odwieczną
Żelazne pęta i łańcuchy z nóg,
Ojczyzna wróci, którą hufce wskrzeszą
Polskich, odważnych, bohaterskich lwów.

I wrócą znowu te miłe wspomnienia
W szczęściu pędzonych dziecinnych lat.
Kiedy się do nas tak miło usmiechał
Piękny, bogaty, tajemniczy świat.

Lecz teraz chyba nic nie rozweseli
Biednej sieroty, którą poją łzy,
Której się droga ciernista wciąż ścieli
I smutne wspomnień i niedoli sny.

A ci, którymi radość tylko rządzi
I chęć do szczęścia i życia wśród róż,
Niech pamiętają, że ojczyzna cierpi
I gdy tak będzie to nie wróci już.

Ona nam matką od kolebki była,
Uczyła kochać rodziców i Boga,
Polska! To przecież ojczyzna ma miła,
Dla niej jam rosła i dla niej jam żyła.

I wierzę, wierzę gorąco i mocno,
Że ona wróci i że znów powstanie.
Dlatego co dzień w swych modłach gorących
Do Pana Boga zanoszę wołanie:
„Daj Zmartwychwstanie"

Ponieważ „wierzyła gorąco" – nie tylko w sensie religijnym, lecz także w ów uniwersalny sposób, jakiego matka nauczyła ją swoim przykładem – udało się Zosi Adamczykównie przenieść w sobie wspomnienia, miłość matki, rodzinne tradycje, pojęcie, czym jest dom i jak ważny jest człowiek.

Los kazał jej żyć w wielu krajach: w Radzieckiej Rosji, w Persji, Anglii, Libanie, a na koniec w Stanach Zjednoczonych. W każdym starała się myśleć o przyszłości i własnym rozwoju, a więc uczęszczała do szkół, uczyła się języków, dbała o siebie w miarę możliwości, zawsze szukała książek. Ale w każdym z tych krajów była także w domu dzieciństwa, otoczona opieką matki i bezpieczna pod skrzydłami ojca. W każdym z krajów jej serce i myśl podążały śladem zapisanych w Teheranie słów:

Gdzie jest ta ojczyzna
Gdzie jest ta ojczyzna
Nieznana daleka
Do której serduszko
Tak ciągle ucieka.
Matuś mi mówiła,
Że tam piękne kwiaty,
Czerwoniutkie maki
I polne bławaty.

Matuś mi mówiła
O lasach i łąkach
I o cudnym śpiewie
Małego skowronka.
    Ja będę lotnikiem
    I po jasnym niebie
    Jak mała ptaszyna
    Przylecę do ciebie.

W Teheranie latem 1943 roku odnalazła ich kuzynka Joan Siepak, służąca w 113. amerykańskim szpitalu wojskowym w Ahwazie pod Teheranem, wchodzącym w skład V Armii. Kuzynka im pomagała, Zosia mogła trochę lepiej zadbać o odżywianie Wiesia. W Teheranie Zosię i Wiesia odnalazł także ich starszy brat Jurek, służący w Armii Polskiej w Iraku, w II Korpusie Pancernym gen. W. Andersa. Był

Zosia z bratem Wiesławem oraz kuzynką Jean (Janką) Siepak, Ahwaz, Persja (Iran), 1943 r.

1943 rok. Brat przyjechał spotkać się z rodziną. Nie wiedział o śmierci matki... Ból mocno w niego uderzył.

Zofia, Wiesław oraz Jerzy, który ich odnalazł podczas pobytu na przepustce z Armii Polskiej w Iraku, Teheran, 1943 r.

Niemcy oskarżyły ZSRR o katyński mord. To był kolejny cios w środek serca – dzieci wierzyły i chciały nadal wierzyć, że ich ojciec gdzieś żyje, szuka ich i w końcu znajdzie... W Persji zaczęto mówić o dalszej ewakuacji Polaków. Rodzeństwo przewieziono do przejściowego obozu w Ahwazie. Zakwaterowano ich w wielkich wielbłądzich stajniach. Oddzielone parawanem kilka metrów klepiska stanowiło ich dom, ale wszyscy czuli już powiew wolności. Teraz tutaj „rosły" polskie kwiaty, na tej wypalonej słońcem pustyni, wśród kurzu i piaskowych burz.

Mieli teraz bliżej do kuzynki Joan, czyli Joasi. Pewnego razu poznali w szpitalu, w którym ją odwiedzali, bezdzietnego rannego amerykańskiego majora, który zapałał szczerą sympatią do chłopca i zapropono-

Strona z pamiętnika Zosi, Teheran, 1943 r.

wał adopcję. Zosia namawiała brata na przyjęcie propozycji – wiedziała, że sama nigdy nie zdoła zapewnić mu dobrych warunków życia oraz edukacji. Dla braciszka jednak siostra była najważniejsza na świecie, była wszystkim, co kochał, i jedynym, co miał – i nie skorzystał z okazji. Zosia martwiła się o jego los, ale w sercu czuła ulgę – choć wymagał od niej zachowania dojrzałego ponad wiek, stanowił też jej rodzinę i dom, lub przynajmniej namiastkę domu.

Życie na skraju pustyni było bardzo trudne z wielu powodów. Ustawiczny fetor wydobywający się z latryn przyciągał chmary much, w nocy cięły ludzi pluskwy. Upał utrudniał gojenie się ran spowodowanych drapaniem. Podczas deszczowej pory nadciągały dodatkowo roje komarów roznoszących malarię, wychodziło o wiele więcej skorpionów i węży, dookoła krążyły coraz bliżej sępy i hieny. Ahwaz wydawał się najgorętszym miejscem na ziemi. Upał powodował u ludzi udary, powszechne było odwodnienie. Każdy musiał przyjmować tabletki z solami. Trzeba było się uczyć nowych zachowań i nowej spostrzegawczości. Wiatry znad Zatoki Perskiej boleśnie oblepiały ciało ostrą solą i przynosiły niepokojące sny, zniekształcane przez gorąco, surowy krajobraz oraz widywanych codziennie ludzi w odmiennych ubraniach, mówiących niezrozumiałym językiem.

Strona z pamiętnika Zosi z wpisem otrzymanym od koleżanki z wielbłądzich stajni położonych na skraju pustyni, Persja (Iran), 1945 r.

Przebywali w Persji z bratem do końca 1945 roku. Przy końcu tego etapu tułaczki otrzymali z angielskiej ambasady potwierdzenie, iż nazwisko ojca znajduje się na liście ofiar katyńskiego mordu. Przedtem czekali na ojca, wierzyli, że idzie do nich przez bezdroża Syberii, że ich szuka, a co najważniejsze – że żyje. Nazwisko na liście odebrało ostatnią nadzieję.

Ile może znieść serce dziecka tułacza?

Wygląda na to, że nieskończenie wiele.

Jedyne, w co pozostało Zosi teraz wierzyć, to że jej ukochani matka i ojciec są znowu razem... Jeśli dziecko odczuwa wielką miłość do rodziców i rodzinnego domu, uczyni z niej fosę i obronny mur przed najgorszym losem. Nie poddając się rozpaczy i nieszczęściu, była Zosia w stanie utrzymać w sobie poczucie własnej tożsamości, uchować je, uchronić tożsamość przed rozpadem. Zapewne czyniła to instynktownie, ale miłość i poświęcenie matki umocniły w niej ten instynkt na tyle, że nie zawiódł jej do końca życia.

Kiedy wojna się skończyła, dzieci ze wzmożoną siłą odczuły własną bezdomność. Matki i ojca nie było, brat przebywał gdzieś daleko, ojczyzna – ich ojczyzna – zniknęła z politycznej mapy świata. Co robić? Z Persji dzieci przewieziono razem z pozostałymi uchodźcami do Libanu, gdzie najpierw zamieszkały w Ghazirze, w okolicy, nad którą czuwa stojący na zboczu wzgórza monumentalny posąg Chrystusa. Utrzymywała ich UNRRA i warunki życia stały się o wiele znośniejsze.

Zofia na plaży w zatoce Dżunija, Liban, 1947 r.

Krajobraz dookoła nich zrobił się piękny, nasycony zielenią, obfitujący w różnorodność kwiatów. Cedry, kwitnące jaśminy, świecąca błękitnie na horyzoncie tafla Morza Śródziemnego. Gdyby nie tułaczy los, miejsce mogłoby wydawać się wymarzone do życia. Na lokalną kulturę duży wpływ miał katolicyzm, co dawało pewien posmak swojskości, nieobecny zupełnie w krajach całkowicie zorganizowanych wokół islamu. Gdy mieszkali w Ghazirze, chodzili czasami do klasztoru św. Antoniego. Dawny klasztor był w opłakanym stanie. Ale jego piękny długi kościół oraz atmosfera spokoju działały kojąco. Zosia nie wiedziała wówczas, że za niespełna pół wieku klasztor przejdzie gruntowną renowację i wróci do świetności sprzed wieków. To nie wszystko! Że jeszcze tuż przed jej wyjazdem z Libanu, w 1947 roku, ona sama będzie uczestniczyć w uroczystości wmurowania tablicy upamiętniającej Juliusza Słowackiego. Wszystko z wszystkim się łączy, świat ma swój własny ukryty krwiobieg znaczeń i powiązań. W tym samym maronickim klasztorze św. Antoniego z Padwy w 1837 roku zatrzymał się na prawie dwa miesiące Juliusz Słowacki. I tutaj napisał *Anhellego*...! Utwór biblijną prozą o cierpieniach na Syberii polskiego zesłańca. W zeszycie, do którego wpisywała własne wiersze Zosia i którego strzegła jak oka w głowie, miała wsunięte cztery kartki z odpisem z poezji, bardzo bliskim jej sercu. Był to – *Anhelli*!

W nowych warunkach i dzięki staraniom polskiego rządu na obczyźnie polska młodzież mogła w Libanie podjąć edukację. Zosia najpierw zapisała się na kurs przygotowujący do przyjęcia na uniwersytet, a potem dostała się na specjalnie dla Polaków otworzony fakultet na Amerykańskim Uniwersytecie w Bejrucie. Latem 1947 roku skończyła się jednak dotacja ONZ finansująca edukację oraz pobyt polskich uchodźców – i trzeba było podjąć decyzję, co dalej. Przed dziećmi stał wybór: powrót do Polski albo wyjazd w jakimś kolejnym tułaczym kierunku.

Tylko gdzie ta Polska, ich ojczyzna? Zosia czuła, że stracili ojczyznę, kiedy Sowieci przyszli do spokojnego domu, spalili ich książki i deportowali ich na Syberię, tam, gdzie panuje „wspaniały komunizm", czyli tam, gdzie umiera się z głodu, a żyje za pan brat jedynie z pluskwami.

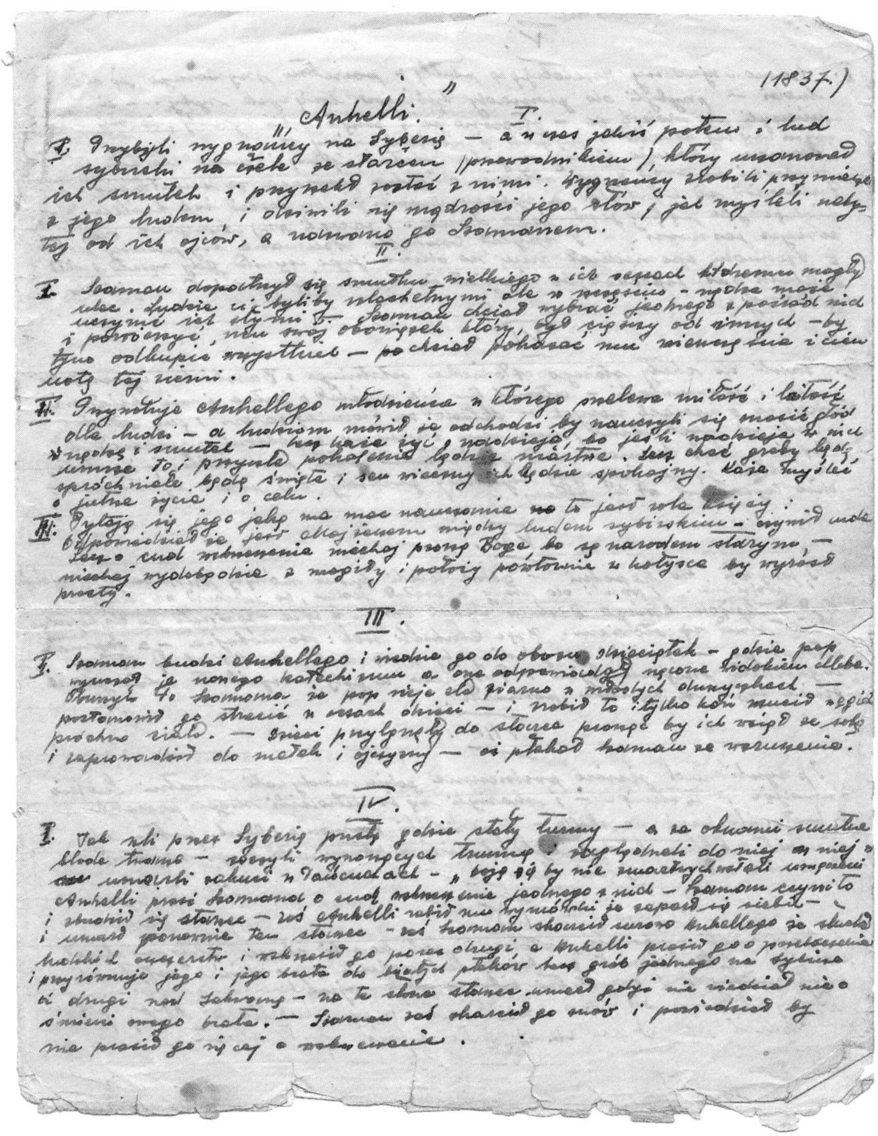
(1837.)

Anhelli.

Pierwsza strona odpisu *Anhellego* J.Słowackiego, który Zosia miała ze sobą podczas deportacji

Ale nie tylko wtedy straciła Zosia ojczyznę. I Zosia, i Jurek, walczący od kilku lat na różnych frontach, i mały dorastający Wiesio – stracili ojczyznę także wtedy, gdy alianci nie chcieli sprzeciwić się Rosji Radzieckiej. Zosia znowu pomyślała o matce i ojcu. Nie wolno jej poddać się niewoli, nie wolno się zgodzić na niewolę. Nie po to zginęli rodzice i nie po to starszy brat cierpiał na różnych frontach. Jej obowiązkiem jest – w hołdzie rodzicom – zapewnić sobie i młodszemu bratu godne i zgodne z tradycjami, z ich tradycjami, życie w wolności.

Dzieci wyemigrowały do Anglii. Zosia spotkała tam znowu Mietka Kamińskiego, dawnego przyjaciela brata z Syberii. Pobrali się. W Anglii urodziła Jerzego i Basię. Po kilku latach przeniosła się z rodziną do

Zdjęcie ślubne Zofii Adamczyk i Mieczysława Kamińskiego, Anglia, 1948 r.

Stanów Zjednoczonych. Tu urodziła się Iwona. Do trójki ukochanych dzieci dołączało zawsze nieco starsze czwarte – Wiesław.

W domu rodziny Kamińskich panowała polska tradycja. To był dom, którym Zosia dziękowała swoim rodzicom za wszystko. Dzieci mówiły biegle po polsku, chodziły do polskich szkół. Podczas Wigilii Bożego Narodzenia na białym wykrochmalonym obrusie stawało w odświętnych naczyniach dwanaście tradycyjnych dań, a w całym domu pachniała świeża choinka i rozbrzmiewały polskie kolędy, śpiewane zawsze w całości, ze wszystkimi zwrotkami. Na Wielkanoc z kolei przygotowywano pisanki, dzieci niosły koszyk do kościoła i pośrodku uroczyście nakrytego stołu stała owa święconka.

Zofia Adamczyk-Kaminski z dziećmi: Jurkiem, Basią oraz Iwonką, Chicago, 1959

Dom Zosi i Mietka był otwarty. Przyjmowano w nim wielu gości, różnej narodowości, też Włochów, z którymi Mietek walczył pod Monte Cassino. Omawiano historię i politykę.

Kiedy najmłodsze z dzieci ukończyło szkołę średnią i wyjechało na studia uniwersyteckie, Zofia zapisała się na kurs księgowości i podjęła pracę w tym zawodzie. Wszystkie dzieci otrzymały wykształcenie wyższe, najstarszy Jurek pracował w bankowości, a potem w administracji rządowej, Basia zarządza kadrami, a Iwonka jest prawnikiem.

Wszystkie dzieci pamiętają język polski. Wszystkie z pietyzmem przestrzegają polskich tradycji świątecznych. I jak relikwie przechowują kilka pamiątek po mamie z czasów jej tułaczki.

Dzieci Zosi – oraz „czwarte dziecko", Wiesław – przechowują pamięć nie tylko o tragicznym tułaczym losie, ale także o prostym, szlachetnym życiu, o miłości oraz sile nadziei. Tego nauczyła ich rodzina – i to być może okazało się największą pomocą w szukaniu własnego miejsca na ziemi tak odległej od korzeni oraz w budowaniu poczucia własnej wartości. Wyzwolenie z tułaczej przeszłości nie polegało w wypadku Zosi na zapomnieniu oraz unikaniu tragicznych wspomnień, ale na utrzymywaniu w żywej pamięci tego, co dawało siłę do przetrwania. Zofia nie żyje od 1990 roku. Ale jest w jej domu pamiętnik z tułaczych czasów oraz zeszyt z wierszami i notatkami. W pamiętniku są wpisy dzieci i spotkanych dorosłych, opatrzone rysunkami, które mówią o przyjaźni, o pamięci, o nauce i o domu – czyli o prostych normalnych rzeczach. Pamiętniki są dowodem na to, że kiedy dola staje się nieludzka, strategia przetrwania i walki o własną tożsamość, polegająca na przechowaniu w sobie normalności i szlachetności życia, jest dobrym wyborem, czynionym przez dzieci zapewne instynktownie. Jak pokazało życie Zosi Adamczykówny – tkwi w tej strategii wielka siła.

Rozdział 3

Stanisława Synowiec
(Stella Tobis)

Kwiaty: kolorowe, pachnące, różnorodne i niepowtarzalne... Ludzie dostrzegają w nich znak tego, co kruche i piękne, i wykorzystują do mówienia o uczuciach i marzeniach. Od dawna utrwaliło się w kulturze mówienie za pomocą kwiatów. Człowiek chętnie ujmuje życie jako rozkwitanie, więdnięcie i śmierć – kwiatu. Żywot krótki, ale piękny... porównanie do kwiatu to także to.

Dzieci są czułe na przyrodę, instynktownie chłoną jej piękno i utrwalają je w rysunkach: okrągłe, żółte roześmiane słoneczko i kwiatek – tak oswajają świat kredkami.

Kiedy Sowieci przyszli deportować polskie rodziny, wyrwali dzieci z normalnego świata. Niewiele mogły z sobą zabrać, ale z pewnością zabrały uczucia i wspomnienia, kształtowane w nagle teraz utraconym życiu. W niewoli sowieckiej i później, po wyjściu z „nieludzkiej ziemi", podczas tułaczki po świecie, jeśli udało się im zdobyć choćby kilka kartek z zeszytu, robiły z nich sztambuchy. I dalej rysowały kwiaty. Uparcie, jak gdyby nigdy nic. Być może był to jeden z ocalających je mechanizmów, myśli Wiesław.

Usiadłem z boku sali i trzymając w dłoni zimny gin z tonikiem i cząstką limony, obserwowałem ludzi o zaróżowionych policzkach, bawiących się na parkiecie. Całkiem wielu ich jeszcze żyje, tych, co pamiętają. Twarze zrelaksowane, uśmiechnięte, mimo iż niektóre naznaczone chorobą, a wszystkie wiekiem. Tych tutaj życie nie rozpieszczało – przyszedłem na

Bal Sybiraków, zorganizowany w sześćdziesiątą drugą rocznicę deportacji Polaków na Sybir. Ale kobiety są nadal kobiece, pomimo srebrnych włosów. Obok mnie mignęła elegancka kwiecista sukienka z atłasu. Ilu z nich to dorośli…? Chyba już nikt… Wszyscy tutaj musieli być dziećmi… wtedy, w czasie deportacji… Sączyłem powoli orzeźwiający drink.

Wiesław miał wówczas siedemdziesiąt cztery lata i włosy co prawda zebrane w młodzieńczą, fantazyjną kitkę, ale także siwe. Znad zsuniętych na koniec nosa okularów wnikliwym okiem patrzył na rozbawione towarzystwo emerytów, ale widział salę pełną dzieci, które czeka głód i nieszczęście. Kiedy jako szesnastoletni chłopak przyjechał do Ameryki i po raz pierwszy od niemal dziesięciu lat wykąpał się w wannie, a następnie po raz pierwszy po tak długim czasie spojrzał w lustro, też patrzył na niego z odbicia mały chłopiec, któremu zabrano szczęśliwy rodzinny dom.

Zawsze widzę w nich dzieci: na parkiecie zebrały się dzieci-sybiracy. Tańczą, śmieją się. Żyją, bywają szczęśliwi. Jak to możliwe…?

Nigdy nie zapomniałem, jak to było. Siła, która pozwala teraz żyć i starzeć się owym tragicznie naznaczonym ludziom, zrodziła się podczas tułaczki jako instynktowny odruch samoobrony i przetrwania. Dobrze wszystko pamiętam, ale nurtuje mnie potrzeba głębszego zrozumienia, wyjaśnienia fenomenu ich przetrwania i tego, że byli potem i nadal są zdolni do godnego, a niektórzy nawet szczęśliwego życia. Że przetrwaliśmy fizycznie, to cud. Ale jakiż to musiał być cud, który pozwolił nam przetrwać duchowo…?

Jaka potrzeba zachęcała dziecko, które przez wiele lat przerzucano do kolejnych sierocińców lub innych miejsc, tylko pogłębiających rozpacz, by malowało na stroniczkach sztambuchów kwiatki obok wpisywanych rymowanek, wtedy, w tamtych latach? Podczas balu, patrząc na wirujące kwiaty na kobiecych sukniach, rozmyślałem, czy to tradycja kazała im pamiętać o urodzie świata wszędzie tam, gdzie widzieli, jak kwitną drzewa

Okładka pierwszego pamiętnika Stasi Synowiec

i krzewy… na zesłaniu, i teraz, w życiu na emigracji. Na pewno rysunki kwiatów rosnących na polskich łąkach i w przydomowych ogródkach oraz polskie wierszyki łagodziły tęsknotę za domem… Ale skąd siła do tych rysunków i wpisów? I skąd w dzieciach taka wytrwałość i niewzruszone kontynuowanie tego na pierwszy rzut oka nieistotnego obyczaju, i to wobec jakże straszliwych przeciwności losu…?

Wiesław patrzył w zamyśleniu na wirujące kwiaty sukni Stasi Synowiec.

Po chwili pani Stanisława usiadła obok niego i się okazało, że oprócz miłości do kwiatów łączy ich wiele tematów. Chyba sam Los pomógł im się poznać podczas owego balu. I ona była, tak jak mały Wiesio, jednym z polskich tułaczych dzieci. Z tragicznego czasu pozostały jej również niedające się wymazać uporczywe wspomnienia. Pani Stanisława przez późniejsze dorosłe życie przechowywała też coś, co stanowiło jej talizman w latach cierpienia – i co już zawsze potem chroniła niczym uzdrawiający skarb. Był to pamiętnik, do którego wpisały się napotkane podczas tułaczki inne dzieci. I to nie jeden! Miała ich unikatowy zbiór: pięć zeszytów z wpisami i rysunkami tułaczych dzieci oraz dwa albumy z zasuszonymi kwiatami. Takie pozostały jej materialne pamiątki – skąd? – z zesłania, z tułaczki, deportacji...

Kwiaty: optymistyczne, piękne znaki życia... Od nich zaczęliśmy rozmowę, ale te kwiaty od razu były przez nas obydwoje traktowane jako coś więcej niż ozdoba życia. I to, że właśnie tak pozornie nieistotne przedmioty przetrwały, dla nas obydwojga w takim samym stopniu graniczyło z cudem, jak i stanowiło najlepszy wyraz sensu, dzięki któremu sami przetrwaliśmy.

Pani Stanisława od razu dostrzegła we mnie dobrego słuchacza.

– Pamiętam jeszcze sprzed wojny, że posiadanie pamiętnika z wpisami od koleżanek i kolegów to była moda – mówiła z ożywieniem, energicznie odgarniając krótko przycięte włosy i poprawiając okulary. – Ale ja takiego pamiętnika nie miałam aż do ucieczki z niewoli sowieckiej. Ale pamiętam, jak bardzo wtedy zapragnęłam go mieć! Z braku innych możliwości pierwsze cztery pamiętniki zrobiłam z zeszytów szkolnych. Najwcześniejszy z nich był bardzo mały, trochę większy niż połowa mojej dłoni. Dziś jest prawie nieczytelny, ale przechowuję go jak cenny skarb. Od początku stanowił dokument pierwszych dni mojej własnej, wewnętrznej wolności. Nosiłam go w kieszonce ubrania, blisko serca. Drugi pamiętnik był jeszcze mniejszy. Dopiero trzeci był trochę większy. Obłożyłam go brązowym papierem i ozdobiłam dwoma frędzlami z kolorowej wełny, sama je zrobiłam! Czwarty już był całym zeszytem. Piąty pamiętnik z twardą okładką kupiłam w Meksyku, czwartym kraju mojej tułaczki.

Okładka trzeciego pamiętnika Stasi Synowiec

Wpisy koleżanek i kolegów stały się dokumentem miejsc i krajów, przez które wiódł jej szlak. Są przy nich zanotowane daty. Sztambuchy stały się kroniką odysei pani Stanisławy.

Przypomniałem sobie pamiętnik siostry Zosi. Też go chroniła w kieszeniach łachmanów, w które na Syberii szybko zamieniła się odzież.

Pani Stanisława zawsze kochała kwiaty i rośliny. Przez chwilę opowiadała Wiesławowi o wielkim ogrodzie, który teraz otacza jej dom. „Musi pan koniecznie mnie odwiedzić", powiedziała. Nie było potrzeba wiele czasu, by rozmawiali jak dobrzy przyjaciele. Pani Stanisława obiecała pokazać cudem przechowane pamiętniki, ale też coś jeszcze.

– Mam także inną pamiątkę własnego świata z tamtych okrutnych lat... botaniczny zbiór. Wciąż go mam! Mimo że kwiaty zostały zasuszone ponad sześćdziesiąt pięć lat temu i liście, i korzenie... Lubię czasem do nich zajrzeć i uśmiechnąć się, gdy trafię na zabawny wierszyk,

Ogród pani Stanisławy wokół domu w Chicago

podumać nad aforyzmem. Jakież naprawdę złote są niektóre z tych myśli! I cóż to jest za przyjemność móc popatrzeć na namalowane kwiaty i przeczytać takie naiwne i nierzadko z błędami wpisy koleżanek i kolegów. Przecież nie chodziliśmy do szkoły na Syberii! Ale każdy pozostawiał ślad po sobie: wierszyk, rysunek, a to wszystko to była prośba: Ocal mnie od zapomnienia!

W ten sposób ocalaliśmy wtedy sami siebie… myślałem, słuchając jej. To był nasz obowiązek, chociaż nikt tego nie rozumiał w taki sposób. Teraz też mamy obowiązek: musimy ocalić pamięć o tamtych niezwykłych dzieciach, dzięki którym żyjemy, o nas z tamtych lat...

Pani Stanisława Synowiec mieszkała przed wojną z całą rodziną na Kresach Wschodnich. Ojciec był emerytowanym żołnierzem, a mama zajmowała się dziećmi. Było ich czworo: starszy brat Stanisław urodził się w roku 1924, ona, Stasia, cztery lata później, młodsza siostra Irka dwa lata po niej, najmłodszy zaś braciszek Jerzy przyszedł na świat w czerwcu 1939 roku.

– Do dziś pamiętam nasz dom w osadzie Brantowce, otoczony lasem, z niedalekim jeziorem oraz stawem zrobionym przez ojca na hodowlę ryb i polami pełnymi kwiatów, które codziennie na wiosnę i w lecie zrywałam dla mamy – opowiadała podczas pierwszej wizyty Wiesława. – Wkładała je do wazonika, który zawsze stał w kapliczce w rogu pokoju. Codziennie cała rodzina modliła się przed nim, rano i wieczorem. A pod wieczór śpiewaliśmy jeszcze ludowe pieśni. To były takie szczęśliwe lata!

Po kilku tygodniach od rozpoczęcia wojny w 1939 roku sowieccy żołnierze, którzy uderzyli na Polskę ze wschodu, zaaresztowali jej ojca, ale po paru dniach wypuścili go. W styczniu 1940 roku zabrali go po raz drugi, a resztę rodziny 10 lutego deportowali na Sybir.

– *Wstawaj! Sobirajsia, pieriesielajem was w druguju obłasť!...* – Pani Stanisławie drżał głos. – Tych słów nigdy nie zapomnę...

Czy ja to znam, zapytała mnie pani Stanisława... Złe pytanie... Trzeba raczej zapytać, ile bym dał, żeby tego nie znać... A odpowiedź byłaby: być może wszystko, być może wszystko bym dał. Widziałem, że moja rozmówczyni nawet nie próbuje odgonić wspomnienia, jak chciała pomóc mamie, która z malutkim synkiem płaczącym na ręku, zrozpaczona biegała po pokojach. Nie słuchała „sołdatów", którzy kazali jej się pakować, więc córka wyjęła z ramki obrazek świętego Stanisława Kostki, swojego patrona, i zwinięty włożyła do kieszeni, a na wierzch książeczkę do na-

bożeństwa rodziców i swoją. Zobaczył to sowiecki żołnierz, wyrwał jej te rzeczy z kieszeni i rzucił na podłogę. Ale dziewczynka, gdy odszedł, podniosła książeczkę oraz obrazek świętego i schowała do kufra, uparta. Wzięła

Obrazek św. Stanisława Kostki, który Stasia zabrała z sobą w chwili deportacji

również elementarz, żeby małego brata uczyć czytać po polsku, gdy podrośnie, i schowała go pomiędzy ubrania, bo mama, w rozpaczy, nie była zdolna niczego zrobić. Do teraz pamięta słowa mamy, która kazała im pożegnać się z domem…

Czy ja to znam…?

Tak, tak było. Każde z nas – czy chce, czy nie chce – musi to pamiętać.

Ich znajomość przerodziła się w wieloletnią przyjaźń.

Za oknami przestronnego domu pani Stanisławy szumią czereśniowe drzewa, śliwy, morele oraz sześć wielkich starych dębów. Obok jesienią żarzą się na czerwono klony, a wiosną kwitną żółte forsycje. Pachną róże. Wiesław zaczął odwiedzać to piękne miejsce i poznawać historię zesłania rodziny pani Stanisławy. Historię tragiczną, jak inne historie zesłania i jak jego własna.

Rozmowy w ogrodzie, wśród kwitnących drzew i kwiatów, coraz bardziej na mnie oddziaływały. Wreszcie umocniły we mnie przeświadczenie: tak jak dzieci wpisywały się w pamiętnikach „ku pamięci", aby „ocalić od zapomnienia" – tak ja pragnę ocalić od zapomnienia historie tych Małych Ludzi, Małych Bohaterów mimo woli, dzieci-sybiraków. Historie moich rówieśników. Pod wielkim klonem w ogrodzie pani Stanisławy, oglądając jej rodzinne fotografie, powziąłem postanowienie, że spiszę historie zesłanych dzieci, tych, które znam. Historie takie same, ale przecież indywidualne. I przy tym zawsze inne, odrębne. Zostanę kolekcjonerem i konserwatorem historii zesłanych dzieci. Będę spisywaczem, oddam głos historiom, każdej indywidualny, osobny głos.

Wykrystalizowane pragnienie Wiesław przemienił w czyn.

W sklepie ze składem wszelkich papierów szukał czegoś odpowiedniego, aż znalazł duży kajet o zielonej twardej okładce. Kupił ich kilka.

Tak to się zaczęło. Po niemal dziesięciu latach zeszytów zrobiło się pewnie z pięć i znacznie pogrubiały od notatek, powklejanych zdjęć i obrazków. Otrzymały honorowe miejsce na półce biblioteczki Wiesława: za szybą, obok biurowego czarnego zegara ze złoconymi nóżkami oraz w sąsiedztwie kilku starożytnych chińskich porcelanowych figurek i najważniejszego jego skarbu – prostego zdjęcia grobu matki.

Historia dwunastoletniej Stasi Synowiec opowiedziana przez nią samą

Gdy odwożono nas sankami do pociągu jadącego na wschód, bacznie obserwowałam nasze pola i lasy pokryte śniegiem i rzekę, która dawała mi tyle radości w lecie, a także zimą, kiedy zamarzała. Nie mogłam zrozumieć, dlaczego obcy ludzie zmuszają nas do opuszczenia tych stron. Spytałam mamę, dokąd nas wiozą i dlaczego.

Jechaliśmy dziewiętnaście dni bydlęcym wagonem. Zostawili nas za Uralem, w obozie pod nazwą Tuszyłowo w *obłasti** Archangielska. Przydzielili nas do połowy baraku. Wokoło był las, niedaleko jezioro. Lato było krótkie, a zima trwała prawie dziewięć miesięcy. Panował głód, szerzyły się choroby. Wiele osób zmarło w ciągu pierwszych miesięcy, zwłaszcza starszych i dzieci. Zimą Sowieci zmuszali dorosłych do ścinania drzew, które potem były przygotowywane do spływu rzeką. Nawet Staś, mój starszy brat, musiał przy tym pracować.

Od samego początku mama jadła ostatnia – cokolwiek było do zjedzenia, a zwłaszcza chleb, żeby dla nas starczyło, bowiem Irka często płakała z głodu. Mama na naszych oczach traciła na wadze.

Był lipiec 1940 roku. W naszej izbie, w której gnieździło się dziewięć osób, panowała straszna duchota. Od kilku dni mój mały braciszek gorączkował, miał torsje i biegunkę. Na oczach stawał się bledszy i mizerniejszy. Wciąż niedojadająca mama straciła pokarm. Nie było mleka. Mama zaczęła rozdrabniać chleb ze swoją śliną i z wodą i w ten sposób go karmiła. Ale nic nie pomagało. Osłabiony z niedożywienia i odwodniony niknął na naszych oczach.

Nie mieliśmy żadnego lekarstwa i nie było lekarza. Przyszło kilka kobiet i wspólnie zaczęliśmy się modlić. Modliłam się gorąco, prosząc Boga o uzdrowienie braciszka. (Wiesław przerywa pisanie, zamyśla się. Tak, Stasia jest cały czas bardzo religijna... Cały czas, mimo wszystko, tak samo...). Patrzyłam, jak z trudem łapie powietrze, i błagałam: Panie Boże, pozostaw go z nami! On jest naszym jedynym szczęściem!

Jedna z kobiet przyniosła święconą świecę, zapaliła ją i nosiła naokoło łóżeczka. Po chwili Jureczek wciągnął powietrze po raz ostatni

---

* *Obłasť* (ros.) – obwód (województwo).

i jego dusza opuściła malutkie ciało. Przez długi czas leżałam na łóżku i płakałam. Tak bardzo pragnęłam, aby nadal żył! Jureczek miał roczek, jeden miesiąc i jeden dzień, kiedy zmarł. Nasz pierwszy zmarły na wygnaniu.

Następnego dnia mama poprosiła Irenkę i mnie, żebyśmy poszły do lasu narwać kwiatów, kiedy ona będzie myła Jureczka, aby przygotować go na pogrzeb. Gdy wróciłyśmy z całym ich naręczem, braciszek ubrany na biało leżał już w małej trumnie zrobionej z desek.

„Bóg dał, Bóg wziął – powiedziała mama, hamując płacz, i dodała: – Popatrzcie! Myślę, że Jureczek zobaczył aniołki przed śmiercią. Wygląda, jakby się uśmiechał. Bóg zabrał go od nas, bo jest miłosierny. Tutaj dla małego dziecka nie byłoby przyszłości. Pociechą jest to, że wasz braciszek nie będzie więcej cierpiał z głodu i zimna".

Słowa mamy miały uśmierzyć nasz ból, ale nie powstrzymały łez. Trumna brata stała na jego łóżeczku na środku pokoju. Udekorowałyśmy ją kwiatami, gałązki dzikiej róży ułożyłyśmy naokoło ciała malutkiego brata. Na wierzchu trumny położyłyśmy duży bukiet.

W tym samym dniu zmarła dziewczynka w wieku Jurka. Rodziny postanowiły, że obydwie trumny zostaną złożone w jednym grobie. Dwie matki, dwie stroskane rodziny stały nad jedną mogiłą. Trumna Jureczka była po prawej, a dziewczynki po lewej stronie. Na pożegnanie każdy wziął do ręki garść ziemi i rzucił na trumny. Ktoś, kto przywiózł z Polski buteleczkę święconej wody, pokropił je.

Tęskniłyśmy za bratem bardzo i często chodziłyśmy na jego grób. Przesadziłyśmy parę polnych kwiatów, aby mogiła Jureczka zakwitała jak łąki w Polsce. Gdy po raz pierwszy po długiej zimie poszłyśmy tam, zobaczyłyśmy, że z nadejściem wiosny kwiaty zakwitły. Od tego czasu wierzyłyśmy, że kwiaty zawsze będą im towarzyszyć, Jurkowi i małej zmarłej dziewczynce.

Jesienią 1941 roku dowiedzieliśmy się, że Sowieci zgodzili się na amnestię dla deportowanych na Sybir Polaków. Warunkiem było utworzenie armii polskiej pod dowództwem generała Władysława Andersa. Starszy brat Staszek po paru tygodniach wyjechał, żeby przyłączyć się do polskiego wojska.

Wreszcie i my mogłyśmy opuścić miejsce niewoli. Był luty 1942 roku. Znowu jechałyśmy bydlęcym wagonem, takim samym, jakim wieziono nas na Sybir, ale świadomość, że jest to podróż ku wolności, dodawała siły i budziła w nas radość.

W drugim dniu podróży mama i kilka osób z wagonu wstało wcześnie, żeby zdobyć trochę chleba. W tym czasie kolejarze ogłosili, że pociąg za godzinę odjedzie. Pamiętam, jak mama powiedziała: „Zobaczycie, że pociąg dzisiaj nie odjedzie. Oni tylko kłamią, bo nie chcą Polakom sprzedać chleba". Obie z Irką błagałyśmy mamę, żeby nie szła. Bałyśmy się, że nie wróci na czas. Było jeszcze ciemno na dworze, ale uparła się, że pójdzie tak jak inni, przekonana, że wrócą, zanim pociąg wyruszy, przecież nawet lokomotywa nie była jeszcze dołączona. Wtem ktoś powiedział, że pociąg odjeżdża za piętnaście minut. Mama nie uwierzyła. „Nie mamy nic do jedzenia. Nie chcę, żeby moje dzieci głodowały", i z dwiema innymi osobami wyszła z wagonu.

Kilka minut później wszyscy poczuliśmy gwałtowny wstrząs. Dołączono lokomotywę. Chwilę potem pociąg ruszył. Nawet nie miałyśmy czasu wytrzeć łez od chwili, kiedy mama zniknęła za stopniami wagonu. Okazało się, że Rosjanie tym razem powiedzieli prawdę. To była najgorsza godzina w naszym życiu. Czułyśmy się tak, jakby mama umarła. To była straszna cena za uzyskanie wolności. Pociąg wyjechał z Wołogdy. Tym razem jechał szybciej niż ten, który nas wiózł na miejsce zesłania. Płakałyśmy z Irką przez cały dzień. Nikt nas nie mógł pocieszyć i przekonać, że mama wcześniej czy później do nas dołączy.

Byłam pewna, że już nigdy nie zobaczymy mamy. Im więcej płakałam, tym bardziej nasilało się to uczucie. Obie z siostrą nie czułyśmy ani głodu, ani pragnienia, tylko wielki ból. Byłyśmy osamotnione, jak pielgrzym na pustyni. Modliłam się, żeby pociąg się zatrzymał. Może wtenczas mama jakoś by nas dogoniła, ale wydawało mi się, że jedzie coraz szybciej i szybciej. Pod wieczór zatrzymał się na jakiejś stacji. Wyszłyśmy z wagonu i zaczęłyśmy wołać mamę. Biegłyśmy wzdłuż peronu, wołając jej imię i nazwisko, ale odpowiadał nam obojętny gwar, w naszych uszach to była straszliwa cisza. Przytuliłam siostrę i zalałyśmy się łzami. Nie było tej nocy żadnego pocieszenia ani spokoju. Rozpacz nie odstępowała nas i wiele nocy potem. Będąc dzieckiem, przekonałam się, co znaczy utrata wolności i ojca. Potem musiałam się pogodzić ze zgaśnięciem aniołka, małego niewinnego braciszka. Teraz, po dwóch tak ciężkich latach, płaciłam wielką cenę za odzyskanie wolności. Im dalej jechaliśmy na południe, tym świadomość utraty mamy stawała się bardziej oczywista. Mimo to na każdej stacji wychodziłam z Irką na peron, aby jej szukać. Bezskutecznie.

Podróż, która miała być pełna rosnącej nadziei, stała się tak bardzo trudna i smutna. Po pewnym czasie wzięto nas oraz innych Polaków do kołchozu Namuna w Kirgistanie, gdzie pracowałyśmy w polu przez półtora miesiąca. Następnie polskie wojsko dołączyło nas do sierocińca i od tego czasu miałyśmy już stałą opiekę. Na początku sierpnia 1942 roku pociąg zabrał nas w kierunku Krasnowodzka, portu nad Morzem Kaspijskim w Turkmenistanie. A tam z braku miejsca na statku nie pozwolono nam wziąć kufra, w którym były ubrania mamy i ojca. Kolejna rozpacz, głęboka i czarna. Nie mogłyśmy w to uwierzyć: pozwolono nam zabrać tylko nasze rzeczy. W końcu załadowano nas, pośród pięciu tysięcy sześciuset czterdziestu uciekinierów, na sowiecki statek towarowy *Żdanow*, który wypłynął z portu dnia 9 sierpnia. W końcu, po sześciu miesiącach, wydostałyśmy się razem z innymi z sowieckiej niewoli. Dwie, młodsza siostra i ja.

Po dwóch dniach rejsu po Morzu Kaspijskim przypłynęliśmy do portu Pahlawi w Persji, gdzie przeszłyśmy kwarantannę przed wyjazdem do Teheranu. Wkrótce po przyjeździe do stolicy byłam zaskoczona i bardzo dumna, że rząd polski z Londynu pamiętał o uciekinierach z niewoli, zwłaszcza o dzieciach. Dostałam, tak jak inne koleżanki z piątej klasy, pismo z przesłaniem, żebyśmy zawsze pamiętały, kim jesteśmy jako Polki, i były wierne Ojczyźnie.

Wolność nie mogła nas jednak w pełni cieszyć, wciąż płakałyśmy za mamą. Smutku było w moim sercu więcej niż radości, smutku i poczucia osamotnienia. W sercu panował tamten dom, prawdziwy i z mamą. Zaraz po przyjeździe do Teheranu, gdy otrzymałam zeszyty szkolne, z jednego z nich, po ucięciu mniej więcej jednej czwartej, stworzyłam

1939
1942
R.S.

Synowiec Stanisława Kl. V^a

Laska Opatrznosci i staraniem Rzadu Rzeczypospolitej w latach ciezkiej potrzeby, niewoli i wygnania ocalony od zaglady,

Przygarnietemu na goscinnej ziemi dalekiego Iranu, w Wilie Bozego Narodzenia, na pamiatke tego ocalenia, dokument niniejszy daje swiadectwo wielkiej, serdcznej wspolnoty naszych uczuc i przypomina dozgonna powinnosc: Matce swej, Ojczyznie, dlug zycia splacic ofiarna i uczciwa praca dla jej dobra i wielkosci, rodakom zawsze milosc bratnia swiadczyc, narodom z ktorymi los, wojna i wspolne niedole nas zlaczyly, przyjazni wiernie dochowac, Bogu nie sama modlitwa ale cnota wdziecznosc okazac.

W Teheranie, za prezydentury Wladyslawa Raczkiewicza i Rzadu Gen. Wladyslawa Sikorskiego, 24 grudnia 1942.

Delegat M. P. i O. S. Posel R. P.

Pismo do Stasi Synowiec od Rządu Polskiego na Uchodźstwie, upamiętniające moment wydostania się spod sowieckiej jurysdykcji, przekazywane polskim dzieciom-uchodźcom w Iranie

Okładka drugiego pamiętnika Stasi Synowiec

drugi pamiętnik w mojej kolekcji. Są w nim wpisane moje i Irki koleżanki z sierocińca. Każda miała serce rozerwane między nadzieję, radość z wyrwania się z Syberii i smutek osamotnienia. Nie miałyśmy przy sobie rodziny ani prawdziwego domu – z domu tyle miałyśmy, co zdołałyśmy przechować w sercach. W pamiętnikach zapewniałyśmy siebie o przyjaźni i pamięci, bo dzielić mogłyśmy się tylko tym. Miałyśmy tylko siebie nawzajem, siebie, swoje wspomnienia i to, co w nas zostało z wychowania w dawnym prawdziwym domu. To wszystko razem w pewnym sensie stało się namiastką rodziny, za pomocą której starałyśmy się nawzajem wspierać.

Właśnie w tym czasie, tak jak niegdyś w domu w Polsce, założyłam też zielnik, który prowadziłam nieprzerwanie przez następne cztery lata, będąc w sierocińcach w różnych krajach. W najtragiczniejszym i okrutnym obrocie losu, który dał wolność, zabierając szczęście, wróciłam do dawnego zwyczaju, pragnąc ze wszelkich sił nie stra-

Korzenie – strona z założonego w Persji w 1942 r. zielnika Stasi Synowiec

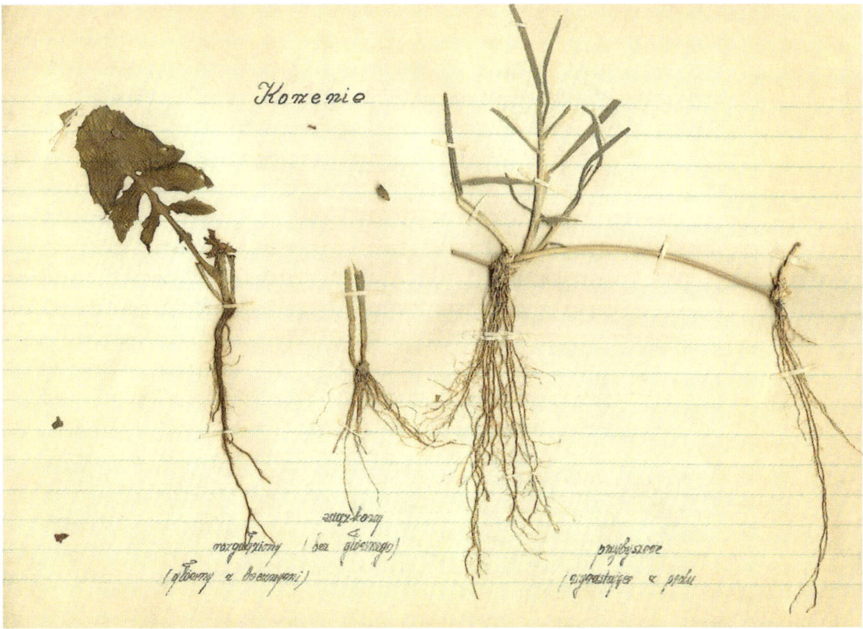

cić serdecznej łączności z tym życiem, które teraz prawie wydawało się bajką.

Sztambuch i zielnik stały się moją życiową podporą, czułam, jak płynie z nich do mnie siła i uspokojenie. Do pamiętników wpisałyśmy się też sobie nawzajem z Irką, siostrą. Ircia wykazała wspaniałą inwencję, odrysowując z szablonu promieniste serduszko. Dawałyśmy sobie wszystko, co miałyśmy: własne serce…

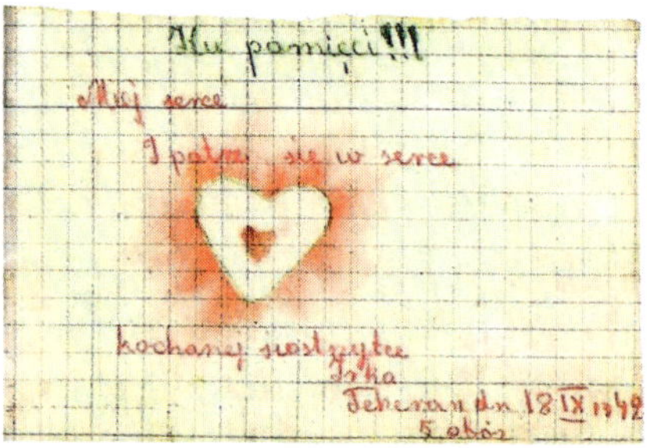

Z pamiętnika Stasi, wpisy z Teheranu

Z pamiętnika Stasi, wpis z Isfahanu

Po krótkim pobycie w Teheranie przeniesiono nas do Isfahanu, dawnej stolicy Persji, która po przyjeździe około trzech tysięcy małych Polaków była nazywana miastem polskich dzieci. Z każdym tygodniem coraz bardziej czułyśmy się wolne, mieszkańcy Isfahanu byli dla nas bardzo przychylni i z niedowierzaniem słuchali opowieści o przeżyciach w niewoli sowieckiej. Cały czas szukałyśmy mamy. Bez skutku.

Z pamiętnika Stasi Synowiec

Z Isfahanu na wiosnę nasz sierociniec został przeniesiony do Indii. Jechaliśmy przez 147 tuneli w drodze do Ahwazu, blisko Zatoki Perskiej. Tam zatrzymaliśmy się na parę dni, w obozie przejściowym dla tysięcy polskich uciekinierów, wliczając w to polskie wojsko, jak również wojska innych narodowości. Podczas krótkiego pobytu w Ahwazie miałam okazję zebrać egzotyczne kwiatki i liście. Stamtąd jechaliśmy 90 mil do portu Choramszar w Zatoce Perskiej. Wypłynęliśmy na statku *Erympura* 21 lutego 1943 roku, a konwój dwudziestu trzech okrętów wojskowych eskortował nas prze cieśninę Ormuz, istniało bowiem niebezpieczeństwo ataku niemieckich okrętów podwodnych.

Suszony oset z Ahwazu, z zielnika Stasi Synowiec

Potem przez Ocean Indyjski *Erympura* płynęła już sama, aż dotarliśmy do portu Karaczi w Indiach, po około dziewięciu dniach podróży.

W obozie Country Club zaczęłam prowadzić czwarty i największy pamiętnik. Tyle po drodze zebrałam wpisów i dedykacji! Czasami siadałam z pamiętnikami na kolanach i przewracałam powoli strony, jakbym czytała najbardziej zajmującą opowieść. Tymczasem to była moja własna historia! Pełna obrazków, kwiatów, widoczków. Oczywiście była to historia opowiedziana między wierszami, bo tym, co widniało na jej stronach, były okolicznościowe polskie wiersze, czasem poważne: Mickiewicza, Słowackiego, Asnyka, a czasem zwykłe, maksymy albo krotochwilne rymowanki, czasami nawet była to tylko czyjaś krótka dedykacja z podpisem i datą. Ale i tak były to księgi mojej historii, pokazujące, kim i skąd jestem – i z jak wieloma dzielę tak samo tragiczny los. To dziwne, ale pamiętam, że pamiętniki – zawsze, gdy je przeglądałam, przypominałam sobie autorów obrazków – przynosiły mi

Okładka czwartego pamiętnika Stasi, własnoręcznie przez nią ozdobiona

Strony z czwartego pamiętnika Stasi Synowiec

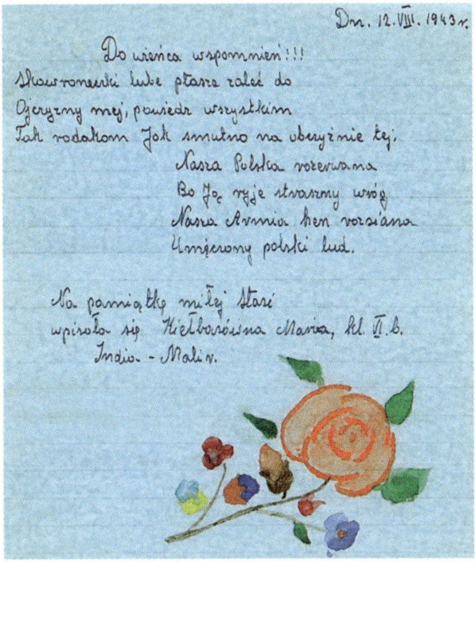

Stasia Synowiec w mundurze harcerskim, Indie, 1945 r.

nadzieję, taką nieokreśloną nadzieję i wiarę w to, że znajdzie się na tej ziemi dla mnie miejsce.

Razem z Irką zapisałyśmy się pewnego dnia do harcerstwa. Zaraz potem otrzymałyśmy niespodziewaną wiadomość. Dostałyśmy list od ojca. Po raz pierwszy od długiego czasu ogarnęła nas ogromna, najprawdziwsza, wręcz dzika radość. Dowiedziałyśmy się również, że tatuś widział się ze Staszkiem i cały czas szukał mamy. Odpisałyśmy, że nasze poszukiwania też nie przyniosły rezultatu…

Po krótkim pobycie w Indiach znowu zapadła decyzja, że nasz sierociniec zostanie przeniesiony – tym razem do Meksyku. Co pamiętam z Indii? Głównie to, że dostałam wyjątkowo wiele wpisów do pamiętników oraz imponująco rozszerzyłam swój botaniczny zbiór kwiatów i roślin.

We wrześniu wypłynęliśmy z Bombaju amerykańskim okrętem wojennym *Hermitage*. Rozpoczęła się sześciotygodniowa niebezpieczna podróż przez Ocean Indyjski. Zawinęliśmy do Melbourne w Australii na zatankowanie i dostawę jedzenia, a później, mijając wyspę Bora-Bora, przez Ocean Spokojny płynęliśmy aż do portu San Pedro w Ameryce. Po pięciu dniach spędzonych w obozie wojskowym przewieziono nas pociągiem do Santa Rosy w Meksyku.

Z pamiętnika Stasi

Wreszcie, po długiej i niebezpiecznej podróży, znaleźliśmy się pod dobrą opieką polskich nauczycieli, którzy również byli deportowani na Syberię. Był już najwyższy czas zabrać się do nauki, co stało się moją pasją, może dlatego, że rodzice wpajali nam zamiłowanie do nauki od najwcześniejszych lat. W Meksyku wydobrzałam. Przestałam

Z piątego pamiętnika Stasi Synowiec, Meksyk, 1946 r.

także płakać, zaczęłam się więcej modlić za dusze Jurka i mamy oraz o powrót do naszego prawdziwego rodzinnego domu. Z rosnącą pasją oddawałam się powiększeniu kolekcji w zielniku. To w ojczyźnie zrodzone hobby mocno podnosiło mnie na duchu.

Po sześcioletniej tułaczce po świecie część naszego sierocińca (107 dziewcząt, w tym ja i siostra) została przeniesiona z Santa Rosy w Meksyku do Chicago w Stanach Zjednoczonych, gdzie wszystko dla nas miało się zmienić. Organizacje polskie załatwiły naszej grupie zamieszkanie w polskiej Szkole im. Królowej Św. Jadwigi. Była to szkoła prowadzona tylko dla półsierot i sierot. Mieszkałyśmy w internacie. Po paru miesiącach poinformowano nas, że mamy zdecydować o naszej przyszłości. Miałyśmy dwie możliwości: albo wstąpienie do zakonu, albo praca jako pomoc domowa z zamieszkaniem. Zaledwie szesnastoletnia Irka postanowiła wstąpić do Zakonu Świętej Rodziny.

Zdecydowałam się rozpocząć pracę jako pomoc domowa, tymczasowo, aby mieć gdzie mieszkać. Po trzech miesiącach, mimo że moi polscy gospodarze byli dla mnie bardzo mili i troskliwi, znalazłam pracę jako pomoc krawcowej i samodzielnie wynajęłam pokój z kuchnią. Wieczorami uczęszczałam do Art Institute of Chicago i na kursy statystyki oraz intensywnie uczyłam się języka angielskiego. Po paru latach zaczęłam pracę jako pomoc aktuariusza.

Mimo że Amerykanie są na ogół wyrozumiali i sprawiedliwi, muszę z bólem serca przyznać, że rząd amerykański, media i zwykli obywatele traktowali nas niesprawiedliwie. Często odczuwałam pewną dozę pogardy, kiedy widzieli, że nie chcemy wrócić do własnej ojczyzny. Nie wiedzieli, że część Polski została oddana Sowietom przez Roosevelta i Churchilla w podziękowaniu za sojusz. Nie wiedzieli, przez co przeszłam i że nie mogę wrócić tam, gdzie walczyłam o przetrwanie i gdzie byłam zesłańcem. Czułam żal, że patrzy się na nas tak, jakbyśmy byli gorszą kategorią ludzi, którzy z własnej woli stali się tułaczami.

Moje pamiętniki i zielniki pokazywały, jaka to była tułaczka, skrywały skarby wiary w przetrwanie, skarby przyjaźni, pamięci, braterstwa. Ukryte w nich jak w szkatułce leżały te moje klejnoty i w amerykańskich latach, szczególnie na początku, znowu podtrzymywały mnie na duchu, poświadczając o moim losie, o dramacie i o mojej tradycji i przynależności.

W roku 1951 nastąpiła całkowita zmiana życia mojego i Irki. Po raz pierwszy po jedenastu latach rozłąki spotkałyśmy się w Chicago z ojcem, który przyjechał z Anglii, gdzie się osiedlił, i z bratem Stasiem – po raz pierwszy od pożegnania go na Syberii w 1941 roku. Jak mogę znaleźć słowa, aby opisać nasze uczucia i naszą radość? Tym razem nam wszystkim płynęły łzy, ale były to łzy radości.

28 lipca 1951 roku wyszłam za mąż za Józefa Tobisa. Urodziłam dwie córki i syna, a dzisiaj jestem babcią trójki wnuków.

Kończąc spisywanie historii Stasi, prawie zapłakałem, oczy zaszły mi łzami. Co się dzieje z sercem dziecka, kiedy nagle we wrogim, wielkim i niebezpiecznym kraju pociąg brutalnie uwozi je w nieznane, dziecka niespodziewanie tragicznie osamotnionego przez matkę, która wysiadła, by znaleźć dla niego trochę chleba... jakże okrutnie tragiczny potrafi być

Zdjęcie Stasi Synowiec, ofiarowane ojcu, Chicago, 1951 r.

Zdjęcie ślubne Stasi i Józefa Tobisów, Chicago, 1951 r.

los… Historia Stasi Synowiec nie dawała mi spokoju. Myślałem o niej, jadąc autem, myślałem przed snem. Jej pełna harmonii twarz i przepiękny zadbany ogród nabierały znamion cudu… Postanowiłem odwiedzić siostrę pani Stanisławy, Irenę.

Stanisława Synowiec, Chicago, 1996 r.

Dopisek o siostrze Stasi, Irence Synowiec, według jej opowieści

Po przyjeździe na daleki amerykański kontynent, mając zaledwie szesnaście lat, czułam się obco. Ponad cztery lata znałam wyłącznie świat sierocińca i nie wiedziałam, jaką wybrać drogę życia. Moja starsza siostra Stasia została zatrudniona jako pomoc domowa. Ja od czasu deportacji na Sybir byłam chorowita i drobna na swój wiek, więc bałam się, że takiej pracy nie podołam. Poza tym nie znałam języka angielskiego i nie miałam ukończonego gimnazjum.

Wśród polskich zakonnic poczułam się bezpiecznie. Myślałam, że zakon uciszy mój nieustanny ból z powodu utraty mamy. W modlitwach zawsze znajdowałam ukojenie.

Jednak po sześciu latach zdecydowałam, że wystąpię z zakonu. Od dzieciństwa uwielbiałam taniec, więc od razu zapisałam się na kursy tańca towarzyskiego. W 1955 roku wyszłam za mąż za Bernarda Sobczaka. Mam czworo dzieci, a dzisiaj jestem babcią sześciorga wnuków.

Irena Synowiec jako zakonnica, 1950 r.

...oraz po wystąpieniu z klasztoru, 1955 r.

Tak jak moi rodzice nauczyli mnie modlitwy i wiary, mówiąc, że jest to pas ratunkowy w potrzebie, tak moje dzieci i wnuki powinny wierzyć w Boga i Jego miłosierdzie. Znane jest powiedzenie: „Wiara przenosi góry". Jest bowiem w niej moc, która pomaga przetrwać największe kataklizmy życiowe. Pragnę, aby moje dzieci i wnuki nigdy nie traciły nadziei.

Pokazuję im czasami nasze pamiętniki z lat, kiedy i my z siostrą byłyśmy dziećmi.

Ileż te wpisy niosły nam pociechy! Znajdowałam w nich pouczenia i wskazówki, jak żyć, oraz obietnicę, iż żyć będziemy w czyjejś pamięci. To ważne, jak się nie ma domu!

Przez wiele lat tułaczki marzyłam o powrocie do miejsca mojego urodzenia, do mojej utraconej Ojczyzny – choćby na jeden dzień. W 1988 roku, czterdzieści osiem lat po deportacji na Sybir, Pan Bóg pozwolił mi doczekać spełnienia tego marzenia. Z trwogą jechałam przez żelazną kurtynę do kraju, gdzie tyle zła wyrządzono mojej rodzinie i tysiącom innych polskich rodzin, a tyle dobra i szczęścia pozostało tylko w pamięci...

Towarzyszyli mi: córka, siostrzeniec i wnuk. Wcześnie zostałam sierotą, a pragnienie powrotu w ojczyste strony podróżowało w moim sercu po świecie. Po latach chciałam pokazać moim bliskim miejsce, w którym mama patrzyła na moje pierwsze kroki, miejsce, w którym dla niej zrywałam piękne kwiaty i w którym stał dom, gdzie byłam najszczęśliwsza.

I znalazłam się tam, ale nie było już ani domu, ani ogródka. Serce rozpłakało się we mnie, gdy szukałam śladów przeszłości. Coś jednak dostrzegłam! Kwiaty! Takie same jak te, które tu rosły, gdy byłam mała...

Pomyślałam, czując dławienie w sercu: Nie ma już mego gniazda, z którego wyrzuciło mnie okrucieństwo ludzi. Pejzaż dzieciństwa nie istnieje. Tylko przyroda okazała się wierna i niezniszczalna. Zerwałam kilka kwitnących kwiatów i zabrałam je z sobą do dalekiego kraju, jako jedyną pamiątkę z miejsca, o którym marzyłam i śniłam, do którego tęskniłam przez dziesiątki lat.

Rozdział 4

Barbara Kulikowska
(Barbara Duda)

Mniejsze, większe, oprawione czasami nawet w skórę, częściej w płótno albo drewniane deseczki. Dzisiaj płótno się rwie i strzępi przy krawędziach, najlepiej zachowane jest drewno. Czasami jest to zwykły zeszyt albo kartki papieru samodzielnie zszyte. Dziecięce sztambuchy mają w sobie urok tajemnicy czyjejś prywatności. Kiedyś, dawno, przypomniałem sobie, że moja siostra Zosia też miała taki pamiętnik podczas naszej tułaczki. Jest pełen wpisów i rysunków. Zszycie się mocno poluzowało, okładki rzeźbione w górską szarotkę się rozjeżdżają. Ile dzieci zbierało wpisy na wygnaniu? Ile dzieci przechowało swoje pamiętniki?

Zacząłem je zbierać.

Taki sztambuch wiele mi mówi. Zosi mówił o ludziach, dawnych przyjaciółkach, o znajomych, o miejscach, gdzie ich spotkała. Ale mnie mówi o życiu. A te pamiętniki z Syberii mówią o życiu dzieci deportowanych dużo i inaczej, niż wyłuszcza to podręcznik lub historyczna monografia. Czułem rosnącą fascynację pamiętnikami pełnymi lakonicznych wpisów, wypisów z poezji, rysunków karykaturalnych, a czasami malarsko doskonałych. Różnym charakterem pisma, pochylonym w lewo, pochylonym w prawo, z błędami lub bez, piórem lub ołówkiem kopiowym albo kredką. Staranne, kaligrafowane i pospieszne, na kolanie. Jak pozwoliło życie i chwila. Czasami ktoś zagiął róg karty i przyłożył niby pieczęć słowo: sekret. A w środku narysował diabełka albo serce. Kolorowe kwiaty, roześmiane słońce zachodzi nad rzeczką, tymczasem nad rysującym dzieckiem szaleje zimowa zamieć, lepianka przysypana jest śniegiem po dach, żeby wylać nieczystości z kubła, brnie się w tunelu wykopanym w śniegu od drzwi wzdłuż rozciągniętego sznurka, dzień i noc ten sam mrok, zimno i głód, raz albo dwa razy dziennie oszukiwany miską gotowanych otrąb na podtrzymanie sił. W lepiance gnieżdżą się autochtoni, zesłańcy, zwierzęta i pluskwy, pchły, wszelkie robactwo. I panoszy się rozpacz.

Czy istnieje waga, która potrafiłaby zważyć, co zawierają pamiętniki deportowanych dzieci? Ile w nich uporu, zawziętości, a ile przekory wobec losu i niezniszczalnej w dziecku radości życia, mimo wszystko? Ile tęsknoty za przyjaźnią i domem, a ile instynktu przetrwania i walki o zachowanie pamięci?

Dawno, jeszcze w latach pięćdziesiątych, poznałem u siostry Zofii na bożonarodzeniowym przyjęciu Basię. Pracowała wtedy jako pielęgniarka w jednym ze szpitali w Chicago i kochała pracę nade wszystko. Ładna, drobna, o krótkich włosach, tryskająca energią. Przyjaźniła się z Zosią, a ja przypomniałem sobie teraz o niej podczas zbierania historii tułaczych dzieci. Barbra Kulikowska była jednym z nich.

Ona też przechowała pamiętnik w drodze przez niepojęte pustkowia stepów i mroczne trasy tajg i pamiętnik przetrwał te wszystkie niedole razem z nią.

Basia jest teraz na emeryturze. Usiedliśmy niedawno u mnie przy biurku nad rozłożoną częścią mojego zbioru. Są w nim całe zachowane sztambuchy osób mi znanych, ale są też i pojedyncze kopie stroniczek, które dostałem zza oceanu. Nie pierwszy raz siedzieliśmy nad tymi skarbami. Palce jej lekko drżą, przypadłość związana z wiekiem. Delikatnie podnosi stronę za stroną. Widzę, że się lęka, by nie uszkodzić papieru. Czasami trudno jej odcyfrować napis. Pochyla głowę, patrzy pod innym kątem, zsuwa i wkład na powrót okulary. Uśmiech. Zawsze ją rozjaśnia ten uśmiech, chociaż stronice ze sztambuchów przenoszą ją w tragiczny czas…

Wiesław przygląda się kobiecie w skupieniu oglądającej dziecinne rysunki. Myśli, że tak samo mógłby wyglądać entomolog podczas przeglądania egzotycznej kolekcji, na którą czekał pół życia. A przecież obrazki i wpisy znają dobrze. I za każdym razem obydwoje reagują emocjonalnie, niezmiennie ogarnia ich ta sama nostalgia, kiedy patrzą na małe rysunki i te swojskie, i pełne oczarowania Orientem.

Dzieci muszą być widocznie wrażliwe na krajobraz – ich widoki księżycowej pełni nad meczetami albo morza prześwitującego spomiędzy palm są zachwycające. Są takie wśród kart w mojej kolekcji, od których nie mogę oderwać wzroku, i to od paru dobrych lat. Co mnie w nich fascynuje? Artyzm? Ale inny odczuwam zachwyt, odwiedzając muzeum czy oglądając albumy o sztuce. To raczej nie artyzm rysownika. Chociaż niektóre są doskonale narysowane. Może to artyzm życia, niedającego się zmusić do wewnętrznego poddania…

Basia lubi siadać ze mną do oglądania pamiętników. Czuje się wtedy tak, jakby znów była we wszystkich miejscach tułaczki. Rysunki ze stroniczek są jak kadry kroniki jej życia. I są to kadry, które w wielkiej niedoli zatrzymały dobre chwile: jakiejś znajomości, przyjaźni, spotkania.

– To cudowna niespodzianka, zapomniałam o niej – mówi z nagłym ożywieniem na widok kolejnej kartki. – Ten piękny rysunek piramid narysowała dla mnie Jasia, jedna z moich najdroższych koleżanek w Isfahanie, w Persji, która potem z Anglii przyjechała do Chicago. Jej wpis „Miej serce i patrzaj w serce” trafił na zawsze prosto do mojego serca.

Z pamiętnika Basi Kulikowskiej

Jest to bodajże akwarelka. Pięknie namalowana. Przyglądam się rozrzewnieniu Basi. Co sam czuję? W tej chwili najbardziej chyba zdumienie nad mocą oddziaływania i znaczeniem małego arkusika zżółkłego papieru z kilkoma linijkami wyblakłego tekstu. Za kartami dziecięcych pamiętników stoi ich życie i tułaczka. To niewidoczne tło jest cały czas obecne.

– A ten cudowny rysunek namalował mi perski nauczyciel, George Hovesepian, który uczył nas angielskiego – wskazuje z uśmiechem na twarzy. – Był bardzo troskliwy i po naszej ucieczce z niewoli sowieckiej starał się podtrzymać nas na duchu, bardzo o nas dbał.

Z pamiętnika Basi Kulikowskiej

Akwarela przedstawia akwedukt i fragment starych murów z kilkoma strzelistymi cyprysami. Żółtawy papier dał tło i całość wydaje się wciąż jak żywa. 1943 rok. Wierszyk od nauczyciela jest po angielsku, jakżeby inaczej, i mówi mniej więcej, że: W pieśni ptaków jest przebaczenie, / W pieśni drzew jest radość, / W ogrodzie jesteś bliżej serca Boga / Niż w jakimkolwiek miejscu na ziemi.

Historia dwunastoletniej Basi Kulikowskiej opowiedziana przez nią samą

Mój ojciec, Franciszek Kulikowski, był porucznikiem Wojska Polskiego. Parę lat przed wybuchem wojny awansował na kapitana. Matka, Maria Kulikowska, nie pracowała. Ja urodziłam się 12 lutego 1928 w Drohobyczu, który wtedy należał do Polski. Przed wojną mieszkaliśmy w Buczaczu (województwo tarnopolskie). Moj brat Aleksander był trzy lata młodszy ode mnie.

Tato był komendantem jednostki rezerwistów w rejonie Buczacza (w samym mieście nie było bazy wojskowej). Dzień przed wybu-

Barbara Kulikowska przystępująca do Pierwszej Komunii Św., Buczacz, ok. 1937 r.

chem wojny musiał dołączyć do jednostki służby czynnej w Czortkowie. Pierwszego września prawdopodobieństwo wojny między Polską a Niemcami stało się realne. Słuchając w radiu wiadomości o agresywnych działaniach napastników z zachodu, przeżywaliśmy trwogę i modliliśmy się z mamą, żeby Pan Bóg czuwał nad naszym ojcem i miał go w opiece. Wiedzieliśmy, że nie może się z nami skontaktować, więc tym bardziej byliśmy zaniepokojeni. Siedemnastego września jak grom z jasnego nieba gruchnęła wiadomość o przekroczeniu wschodniej granicy przez Armię Czerwoną, a na drugi dzień widzieliśmy już Sowietów maszerujących ulicami Buczacza. Kilkanaście dni potem dostaliśmy od ojca list, przyniósł go zupełnie obcy człowiek. Ojciec podał go na stacji kolejowej w Stanisławowie, prosząc o doręczenie rodzinie. Radość była wielka, ale krótka, bo po przeczytaniu dowiedzieliśmy się, że w okolicy Lwowa ojciec został wzięty do niewoli przez armię sowiecką i jest w drodze w nieznane. Obiecał napisać do nas wkrótce. Byliśmy zmartwieni, że jest w niewoli, ale również uspokojeni, że nie zginął w walce. Po jakimś czasie przyszła pierwsza kartka, że jest w obozie w Starobielsku. Potem nadeszło jeszcze kilka kartek. W ostatniej napisał, żebyśmy pojechali do babci, która wraz z dziadkiem mieszkała w Krakowie, po niemieckiej stronie. Tak więc wyjazd nasz był niemożliwy. Może ojciec wiedział, że grozi nam deportacja?

Gdy myślę o domu rodzinnym, ze wzruszeniem wspominam, jaki świat wydawał się wtedy bezpieczny i harmonijny. To poczucie skończyło się, gdy trzynastego kwietnia 1940 roku Sowieci deportowali mamę, brata i mnie na Sybir.

Wychowanej w polskiej kulturze i tradycjach dziewczynce wydawało się to szokiem nie do opisania. Wędrówka w nieznane miejsce… Nie wiedziałam, czy kiedykolwiek wrócę do swojego kraju. O tych bydlęcych wagonach, wiozących nas na Sybir, nawet nie chcę pamiętać. Ale do dziś nie mogę uwolnić się od wspomnienia strachu i niepewności, co nas czeka i gdzie nas zawiozą. Nikt z rodziny nie uwierzył, że jedziemy połączyć się z ojcem w niewoli (taka była odpowiedź NKWD na pytanie matki, dokąd nas zabierają). Dręczyła nas obawa i niepokój o dziadka (osiemdziesięcioletniego ojca mego taty), który mieszkał z nami i był chory, a którego Sowieci nie chcieli z nami zabrać.

Miejscem przymusowego osiedlenia był sowchoz Krasnyj Kazachstan (w Kazachstanie). Na początku mieszkaliśmy z rosyjską rodziną we wspólnym dużym pokoju, a po jakimś czasie dostaliśmy pokój w baraku z polską rodziną (matka z trojgiem dzieci i jej brat) wywiezioną tym samym pociągiem. W żadnym domu w tym sowchozie nie było łazienki, tylko wychodek na dworze, bez papieru toaletowego. Brakowało środków czystości, a mała miednica służyła za wannę, w której się myło i prało, często bez mydła. Nic dziwnego, że rozmnożyły się wszy. Dwie rodziny w jednym pokoju (osiem lub więcej osób), warunki higieniczne wprost nie do opisania... Czy można było wierzyć, zwłaszcza zimą, kiedy byliśmy wprost zasypani śniegiem, że nastaną lepsze czasy? Tylko mama podtrzymywała w nas nadzieję, że kiedyś wrócimy do kraju.

Nasz jadłospis to była zupa (często z pokrzyw lub innego zielska), prawie czarny, gliniasty chleb (racjonowany), ziemniaki, kluski (jak była mąka). W lecie czasami marchewka, kapusta i buraki. Jedyny w sowchozie sklep często był pusty. U Rosjan i Kazachów wymienialiśmy odzież na żywność: ziemniaki, mleko, czasami jajka, mąkę i chleb (lepszy aniżeli racjonowany ze sklepu). Parę razy udało się dostać kurę. Mieliśmy wtedy ucztę. Gdy udało nam się nawiązać listowny kontakt z dziadkami (rodzicami matki) w Krakowie, dostaliśmy od nich kilka paczek z żywnością: mąką, cukrem, kaszą, herbatą. Za herbatę, za którą Kazachowie przepadali, można było dostać więcej aniżeli za odzież. A jak zabrakło żywności, jadło się „makuchy". Niestety, po wybuchu wojny niemiecko-rosyjskiej paczki przestały przychodzić.

Na początku matka pracowała przy zbieraniu „kiziaków" z wysuszonych odchodów zwierzęcych, z których robiono brykiety opałowe, a pod koniec lata przy wykopywaniu ziemniaków, marchewki i innych jarzyn, daleko od naszego sowchozu. W południe zanosiłam mamie coś do zjedzenia i wracając, na skraju ogrodu wykopywałam kilka ziemniaków lub marchewek i chowałam je do kieszeni lub pod bluzkę. W naszym sowchozie była hodowla świń i zimą moja mama dostała pracę jako nocny stróż w oborze. Przydzielili ją do chlewni, gdzie były tylko ciężarne maciory, i musiała pilnować, żeby małe prosiaki nie podusiły się przy porodzie.

Później pracowała w izbie chorych, ale krótko. Na koniec, latem, gotowała posiłki dla pracowników. Nie miała żadnej pomocy w kuchni, więc pomagaliśmy jej z bratem, obierając ziemniaki, myjąc naczynia (bez zapłaty). Było to dosyć daleko od miejsca, w którym mieszkaliśmy, dlatego mama postanowiła tymczasowo „zamieszkać" w jadalni. Spała z bratem na podłodze, a ja u znajomych. Przez te niecałe dwa miesiące nie chodziliśmy głodni.

Wszystkie prace, które matka wykonywała, były nie tylko bardzo ciężkie dla kobiety, ale brudne i poniżające dla żony oficera, zwłaszcza praca przy świniach. Co za poświęcenie matki tylko dlatego, żeby dostać dla nas racje czarnego gliniastego chleba! „Kto nie rabotajet, nie kuszajet" („kto nie pracuje, ten nie je") – to było częste u Sowietów powiedzenie.

Gdy miałam dwanaście lat, przez parę dni pilnowałam jedenastu małych prosiaków na pastwisku. Nie mogłam sobie z nimi poradzić, bo nie trzymały się stada, i bałam się, że któreś się zgubi, za co zostałabym ukarana.

Przez kilka miesięcy również pracowałam, opiekując się dwojgiem małych dzieci w domu Rosjanki, która cały dzień była zajęta w stołówce. Jako zapłatę przynosiła mi chleb i trochę jedzenia ze stołówki. To była moja najlepsza praca, bo w jej domu było ciepło i czysto, nie byłam głodna i przynosiłam mamie i bratu chleb i to, co od niej dostawałam. A dzieci mojej pracodawczyni mnie lubiły.

Matka cały czas podtrzymywała w nas wiarę w cel i sens życia, budziła nadzieję, że nastaną lepsze czasy. Była naszą opoką. Widzieliśmy, jak ciężko pracuje, nie narzekając na zmęczenie. Nigdy się nie załamała. Dawała nam wsparcie i pociechę w najtrudniejszych chwilach.

Gdy we wrześniu zaczęła się nauka, chodziliśmy z bratem do szkoły, ale bardzo krótko. Wczesną zimą przestaliśmy chodzić z powodu braku ciepłej odzieży, zwłaszcza butów (walonki były trudne do zdobycia). Pamiętam, że miałam problemy z alfabetem rosyjskim i że nie chciałam się uczyć niczego, co rosyjskie. Pamiętam też, że dzieci rosyjskie i kazachskie nie były przyjazne, bo uważały nas za „burżuazję".

W trudnych warunkach, kiedy głód i mróz dokuczał, brak opału i higieny dawał się we znaki, zaczynał ogarniać nas strach, że może nie wytrzymamy, zwłaszcza gdy kilka osób w naszym sowchozie umarło. We mnie obudził się nie tylko gniew, ale również nienawiść do Sowietów, a zwłaszcza do NKWD. Cały czas na wygnaniu martwiłam się o ojca, tym bardziej że matka pisała do niego listy z Kazachstanu, ale nie dostawała żadnej odpowiedzi. Byliśmy tym bardzo zmartwieni, bo poprzednie kartki dochodziły do Buczacza. Po ogłoszeniu amnestii w 1941 roku skakaliśmy wprost z bratem z euforii, a matka od razu zaczęła planować wyjazd z sowchozu. Niesamowita była ta radość. Wszyscy mówili: „Niech z sobą walczą i się pozabijają", ale z drugiej strony wiedzieliśmy, że listy i paczki z Polski przestaną przychodzić i że będą znowu walki na polskiej ziemi. Radość połączona z niedowierzaniem i niepewnością, czy naprawdę będziemy wolni. Pozwolą nam opuścić sowchoz? Gdy po kilku dniach pozwolono nam wyjechać, uświadomiliśmy sobie, że to prawda. Tymczasem matka została oskarżona o złe prowadzenie jadalni, bo zestawienia wykazały deficyt (tak twierdzono, nie dając matce szansy sprawdzenia ksiąg) i musi zapłacić sześćset rubli, zanim pozwolą nam wyjechać. Nie mając pieniędzy, matka ofiarowała im baranicę, która służyła nam za materac lub okrycie podczas syberyjskich mrozów. Na szczęście Sowieci zgodzili się i nawet ofiarowali nam przejazd ciężarówką do Semipałatyńska. Był to na pewno szantaż, skoro tak łatwo zgodzili się na baranicę, która wpadła im w oko, gdy matka ją miała w jadalni.

To było dawno, ale oburzenie młodziutkiej dziewczyny musiało być wielkie, bo jego cień przyćmił na chwilę oczy Basi nawet teraz. Jej twarz poszarzała.

– Dokończymy historię następnym razem – pospieszyłem z pomocą.

Barbara wyszła.

Zostałem sam przed biurkiem zasłanym stronicami z pamiętników, zapisanymi w czterech stronach świata przez polskie dzieci prawie sześćdziesiąt lat temu. Starałem się nie dopuścić do głosu własnych wspomnień.

Obrazu rozterki i rozpaczy mojej matki, która nie mogła wybłagać u lokalnych władz pozwolenia na nasz wyjazd. Tak samo, to samo. Wiele takich losów. Zacząłem pisać w zielonym kajecie.

Wiesław spokojnie wziął się do porządkowania kolekcji. Jest posegregowana geograficznie, krajami, i znajdują się w niej pamiętniki ludzi deportowanych w dzieciństwie. Z niektórych dziecięcych pamiętników zrobił kopie, wklejał potem stroniczki do historii tułaczych dzieci spisywanej w zielonym brulionie. Wklejał tam również zdjęcia i dzieci, i ludzi, na których wyrośli. Nie w pełni wiedział, dlaczego to robi. Ale zaczął odczuwać, że bez tego zadania jego życie stałoby się puste.

Zapadał zmrok, łabędzie za oknem skryły się już w szuwarach na noc. Ciepłe i przytulne mieszkanie było wygodne i urządzone ze smakiem, ale Wiesław błądził wzrokiem po szmatach i derkach, stanowiących ich posłania w kolejnych lepiankach i chatach podczas syberyjskich lat.

Dalszy ciąg historii dwunastoletniej Basi

Po naszym wyjeździe na południe, gdzie skupiła się Armia Polska generała Andersa, matka próbowała odnaleźć ojca, pisząc do Czerwonego Krzyża i wypytując wszędzie, czy oficerowie, zwolnieni z niewoli, zjawili się w miejscach formowania armii. Nawet podczas spotkania z generałami Andersem i Tokarzewskim pytała o to, ale od wszystkich dostała tę samą negatywną odpowiedź. Ta niepewność i czekanie na jakąkolwiek wiadomość o losie ojca nigdy nas nie opuściły. W każdej modlitwie prosiłam Boga o jego powrót, żebyśmy znowu byli pełną rodziną.

W pociągu, gdy jechaliśmy do Krasnowodzka, NKWD sprawdzało nasze dokumenty i odbierało wszystkie ruble. Matka obawiała się, że mogą nas zatrzymać, pozbyła się więc listów od rodziny i kilku kartek od ojca ze Starobielska. Mam te kartki przed oczyma do dzisiaj, do teraz... Kartki pisane ręką taty. Czekaliśmy w Krasnowodzku dwa dni, blisko portu, na piasku, w gorącym słońcu. Pod wieczór zerwał się sil-

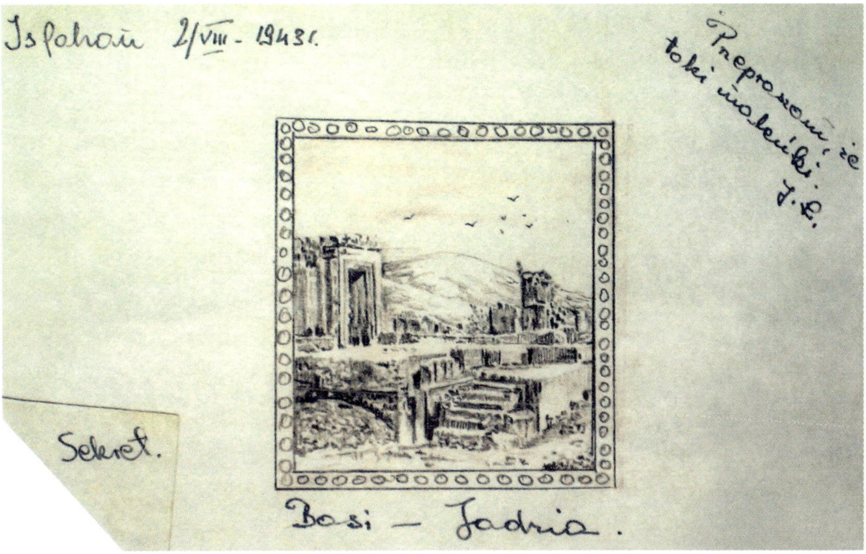

Z pamiętnika Basi

ny wiatr i prawie zasypał nas piaskiem. Mieliśmy go w ustach, oczach. Parę tobołków z naszym dobytkiem było zasypanych. Byliśmy spragnieni, a wody nie było. Poprosiliśmy o wodę tamtejszych mieszkańców, którzy przyszli zaciekawieni naszą obecnością. Przynieśli ją w zamian za chleb i konserwy. Po dwóch dniach nareszcie załadowano nas na statek, tak przepełniony, że były tylko miejsca „na siedząco". Płynęło ponad trzy tysiące osób, całą dobę, aż wreszcie ujrzeliśmy brzegi Persji.

Podniecenie nie do opisania! I bezgraniczna radość! Za chwilę będziemy na wolnej ziemi, z dala od Sowietów, gdzie nic nam nie będzie grozić i nigdy nie zabraknie jedzenia. Bogu będziemy dziękować za ocalenie, a szachowi Persji za przyjęcie nas. Pierwsze nasze kroki na ziemi perskiej, choć byliśmy słabi i zmęczeni, i widok polskich żołnierzy, którzy nam pomagali z tobołkami, wzbudziły w nas tyle emocji, że mimo braku sił odzyskaliśmy energię, dziękując Bogu za cud ocalenia.

Zastanawiam się, czy jest ktoś, kto stracił rodzinny dom, ojczyznę, przeżył niewolę i potrafiłby określić smak odzyskanej wolności. To uczucie wydaje się niemożliwe do nazwania. Do dzisiaj pamiętam te dni, kiedy niektórzy Polacy padali na kolana na wybrzeżu Morza Kaspijskiego w Pahlawi i całowali złoty piasek.

Po opuszczeniu statku w Pahlawi przez pierwsze dwa tygodnie byliśmy poddani kwarantannie (kąpiel w łaźniach, nowa bielizna, mundury i buty). Potem przeniesiono nas do „czystej" sekcji. Mieszkaliśmy w namiotach nad samym morzem i zajadaliśmy się winogronami i innymi owocami, których brakowało w Rosji. Po pięciu tygodniach pobytu w Pahlawi wyruszyliśmy ciężarówkami do Teheranu. Droga prowadziła przez pasmo gór. Piękne widoki, głębokie przepaście i ostre zakręty. Strach nas ogarniał, bo kierowca prawie nie zwalniał. Słabym angielskim i na migi prosiłyśmy go, żeby zwolnił, ale przyjął to z uśmiechem i dalej pędził (kierowcami tych ciężarówek byli Irańczycy lub Ormianie).

W Teheranie mieszkaliśmy w obozie na przedmieściach, w dużych, czystych budynkach i nareszcie spaliśmy na materacach. Wprawdzie na podłodze, ale już nie na kocach, jak w Rosji. I jedzenie było dużo lepsze. Spędziliśmy tu cały micsiąc. Udało nam się z mamą oraz innymi osobami pojechać autobusem do centrum miasta. Teheran nas oczarował. Nie spodziewaliśmy się tak nowoczesnych, wysokich budynków, pięknych wystaw z drogą biżuterią i kobiet elegancko ubranych na modłę europejską. Jakiż to raj po opuszczeniu nieludzkiej ziemi, gdzie byliśmy prześladowani przez wszy, pchły, pluskwy... i ludzi.

Nasz pobyt w Teheranie trwał tylko miesiąc. Z końcem października przeniesiono nas do Isfahanu. To stare, egzotyczne miasto, pełne zieleni, ogrodów i meczetów, stało się naszym „domem" na następne trzy lata. Polskie szkoły, od pierwszej klasy szkoły powszechnej do gimnazjum i liceum, i sierocińce dla tych najmłodszych powstały w dwudziestu zakładach. Nauka rozpoczęła się od samego początku. Musieliśmy nadrobić czas stracony w sowieckiej Rosji. Wprowadzono nawet język angielski w wyższych klasach. Nauczyciele, wychowawcy i księża wpajali nam patriotyzm, wiarę i budzili nadzieję powrotu do kraju. Obchodziliśmy wszystkie polskie rocznice i święta, zachowywane były polskie obyczaje. Zorganizowano również polskie harcerstwo, Sodalicję Mariańską i drużyny sportowe, które brały udział w meczach międzyszkolnych. Mieliśmy nawet kilka zespołów tanecznych, które, gdy występowaliśmy w ludowych strojach, tańcząc krakowiaka, mazura, kujawiaka, poloneza i góralskiego, bawiły nie tylko Polaków, ale również miejscową ludność. Ja też należałam do jednego z tych zespołów, jak również do harcerstwa i Sodalicji. W perskim Isfahanie nasi wychowawcy stworzyli nam „małą Polskę".

W kwietniu 1943 roku, jeszcze w Isfahanie, słuchając kazania podczas mszy św., byliśmy zaszokowani, gdy nasz ksiądz powiedział, że poprzedniego wieczoru radio podało okropną wiadomość przekazaną przez Niemców o odkryciu koło Smoleńska masowego grobu z pomordowanymi oficerami polskimi. Trudno było powstrzymać cisnące się do oczu łzy. Czyż to możliwe? Mama starała się nas pocieszyć, że to może być jakaś niesprawdzona pogłoska, że to nieprawda. Lecz z drugiej strony raczej się nie słyszało, aby któryś z uwięzionych oficerów trafił do armii Andersa. Przyszło nam także na myśl, że może ojciec uciekł i jeszcze dotrze do tworzącej się armii. Jedyne, co nam pozostało, to wiara i modlitwa o jego powrót i opiekę nad nami.

W 1945 roku polski Isfahan przeniesiony został do Libanu.

Umieszczono nas w kilku miasteczkach na wzgórzach tego pięknego kraju z widokiem na Morze Śródziemne. Życie w Libanie różniło się od isfahańskiego. Nie mieszkaliśmy już w zakładach otoczonych wysokimi murami, ale w małych, wynajętych mieszkaniach, w domach Libańczyków, a dla sierot i półsierot otwarty został w dużym budynku internat, w którym próbowano stworzyć domową atmosferę. Moja mama była w nim zatrudniona jako wychowawczyni. W tej części Libanu mieszkali przeważnie chrześcijanie (maronici), którzy – tak jak katolicy – podlegali Watykanowi. Czuliśmy się tu bezpiecznie, chodząc ulicami miasteczka bez opieki starszych, co było zabronione w Isfahanie. Mogliśmy nawet sami jeździć autobusem do Bejrutu, do kina czy na zakupy, bo w naszym miasteczku były tylko sklepy spożywcze. Po tylu latach tułaczki nasze życie nareszcie toczyło się bardziej normalnie.

Po zakończeniu wojny, kiedy Zachód (Churchill i Roosevelt) podarował Stalinowi wschodnią część Polski, gdzie mieszkaliśmy, nie mieliśmy dokąd wracać. W zachodniej części Polski Sowieci stworzyli rząd komunistyczny, więc do Krakowa, gdzie mieszkali rodzice matki, nie chcieliśmy jechać. Zaznaliśmy dosyć krzywd od Sowietów i komunistów, żeby znowu być pod ich kontrolą. Została nam tylko nadzieja, którą matka w nas wpajała, że starania jej wujka w Chicago o sprowadzenie nas do USA dojdą do skutku.

Gdyby Polska była wolna i nie pod sowieckim wpływem, na pewno wrócilibyśmy. W latach 1948–1950 wszystkie polskie ośrodki w Libanie powoli się likwidowały i rodziny rozjeżdżały się po świecie. Większość pojechała do Anglii, a reszta do Kanady i Australii. Mała liczba wróciła do Polski. Ja w tym czasie studiowałam pielęgniarstwo na Amerykańskim Uniwersytecie w Bejrucie. Wiedziałam, że muszę zdobyć jakiś zawód, żeby być samodzielna i niezależna. Myślałam, że jeśli starania wujka mojej matki dojdą do skutku, to kiedyś zamieszkam w Ameryce i łatwo znajdę pracę w szpitalu. Na studiach w Bejrucie miałam stypendium i mały miesięczny zasiłek z polskiej ambasady na osobiste wydatki. Stypendium obejmowało pełne utrzymanie w domu studenckim.

Matka starała się pozostać w Libanie jak długo było można, ale w końcu, z ostatnim transportem, wyjechała w 1950 r. do Anglii, gdzie już mieszkał mój brat (wyjechał wcześniej ze Szkołą Kadecką). Ja pozostałam w Bejrucie do skończenia studiów. W 1951 r. zostałam dyplomowaną pielęgniarką. Wezwano mnie do konsulatu amerykańskiego, bym odebrała wizę i załatwiła wszystkie formalności.

W lipcu 1951 roku przypłynęłam do USA. Stojąc na pokładzie, ujrzałam słynną nowojorską Statuę Wolności. Z wrażenia ciarki mnie przeszły na ten widok. Zdawało mi się, że „the Lady" wita mnie u brzegu Ameryki, w drodze do mego nowego, adoptowanego kraju, i że będzie to ostatnia moja wędrówka po świecie. Miałam nadzieję, że znajdę tu nareszcie miejsce, które będę mogła nazwać swoim domem.

Po przyjeździe do Chicago przez dwa miesiące mieszkałam u wujka matki. Z końcem września przeniosłam się do Domu Pielęgniarek w szpitalu Cook Country, gdzie musiałam odbyć trzymiesięczną praktykę kliniczną na oddziale psychiatrycznym, której nie miałam w szpitalu przy Amerykańskim Uniwersytecie w Bejrucie. Był to warunek, abym została dopuszczona do wzięcia udziału w egzaminie przed komi-

Barbara Kulikowska, 1951

Ludwik Duda, porucznik w armii Andersa

sją państwową. Po skończeniu praktyki w grudniu zaczęłam pracować w tym samym szpitalu. Otrzymawszy pierwszą zapłatę za dwa tygodnie pracy, wynajęłam w pobliżu małe umeblowane mieszkanie w suterenie.

W 1952 roku wyszłam za mąż za Polaka, Ludwika Dudę, który w czasie wojny służył w armii Andersa. Mamy troje dzieci: Ryszarda, Andrzeja i Krystynę. Moj mąż był dwanaście lat starszy ode mnie. Przed wojną, po odsłużeniu dwóch lat w wojsku, był w rezerwie, a po wybuchu wojny został powołany do czynnej służby i walczył na froncie. Aresztowany przez Sowietów, został wysłany na Sybir do ciężkiej pracy przy karczowaniu lasów. Po amnestii wstąpił do armii generała Andersa. W randze porucznika walczył w kampanii włoskiej, między innymi pod Monte Cassino, Ankoną, Bolonią. Odznaczony został krzyżem Virtuti Militari. Po wojnie, w Anglii, skończył w Liverpoolu szkołę kreślarstwa. Po przyjeździe do Chicago, pracując jako kreślarz, skończył kilka kursów w University of Illinois.

Po siedemnastu latach małżeństwa Ludwik zmarł nagle na zawał serca. Zostałam wdową z trójką dzieci, w wieku 16, 14 lat, Krysia miała zaledwie 3 latka. Mając po śmierci męża nieduży zasiłek miesięczny na dzieci i dobry zawód, byłam w stanie utrzymać rodzinę.

Kultywowałam w swym domu polskie tradycje. Najważniejsze z nich to Wigilia i tradycyjne potrawy, malowanie pisanek z dziećmi, w Wielką Sobotę święcenie koszyków wypełnionych jedzeniem i tradycyjne wielkanocne śniadanie po powrocie z kościoła. Tradycją stało się też uczestniczenie z dziećmi w defiladzie w rocznicę Konstytucji 3 maja.

Pierwszym językiem naszych dzieci był polski, ale gdy poszły do szkoły, było im coraz trudniej rozmawiać po polsku. Przez cztery lata woziliśmy je w każdą sobotę do innej parafii, gdzie była zorganizowana polska szkoła. Niestety żadne z naszych dzieci nie zawarło związku małżeńskiego z osobami narodowości polskiej, ich język ojczysty więc na tym ucierpiał. Trójka wnuków nie mówi po polsku.

Osiem miesięcy po śmierci męża moja 3-letnia córeczka Krysia musiała przejść poważną operację usunięcia nerki, ponieważ badania wykazały raka. Rozpacz moja nie miała granic. Jak Pan Bóg mógł dopuścić do tego, żeby wkrótce po śmierci męża spotkało mnie drugie nieszczęście? I za co moje niewinne dziecko musi teraz cierpieć? Żeby się kompletnie nie rozpaść psychicznie, musiałam szukać pomocy i wsparcia u księdza w naszej parafii, bo zdawało mi się, że tracę wiarę w Boga i Jego sprawiedliwość. Przypomniało mi się wtedy, co moja matka przeszła w Rosji, nigdy się nie załamała, i to mi pomogło przetrwać kryzys zwątpienia. Księdzu i mojej mamie zawdzięczam, że mogłam pogodzić się z losem i nabrać sił, żeby podołać trudnościom, które mnie spotykały przez następnych kilka lat. Po operacji Krysia musiała być leczona chemioterapią, na którą ją woziłam co trzy tygodnie, od poniedziałku do piątku, przez dwa i pół roku, pracując w nocy na pół etatu, bo zasiłek dla dzieci, który dostawałam jako wdowa, nie był wystarczający. Chemioterapia powodowała silne wymioty, brak apetytu i wielkie osłabienie chorej. Po kilku miesiącach lekarze podejrzewali przerzuty raka na płuca i prócz chemioterapii Krysia musiała również mieć kilka naświetleń radem. Wszystkie włosy jej wtedy wypadły, a miała gęste, długie warkocze. Uszyłam jej kilka czapeczek, żeby zakryć jej łysą główkę. Mając pięć lat, gdy czuła się lepiej, podczas trzytygodniowej przerwy między chemioterapią zaczęła chodzić do przedszkola w katolickiej szkole przy naszej parafii, a w następnym roku szkolnym do pierwszej klasy. Uszyłam jej wtedy czapeczkę z tego samego materiału co mundurki szkolne. Nauczycielka w klasie wytłumaczyła dzieciom, dlaczego Krysia jest zawsze w czapeczce, ale w czasie przerwy chłopcy ze starszych klas dokuczali jej i próbowali zdjąć jej nakrycie głowy. Prócz tych nieprzyjemnych wydarzeń w szkole były także wzruszające. W czasie modlitwy przed rozpoczęciem nauki nauczycielka często pytała, czy któreś z dzieci ma specjalną prośbę do Pana Boga, i jeden z chłopców poprosił, żeby Krysi włoski szybko odrosły.

Po zakończeniu chemioterapii włosy były tak samo gęste jak przed chorobą. Apetyt wrócił. Przybrała na wadze i przez następnych czternaście lat dobrze się czuła i była pełna energii. Dopiero na trzecim roku studiów zaczęła podupadać na zdrowiu. Badania wykazały, że

Barbara Kulikowska z córką Krystyną, Chicago, ok. 2006 r.

nerka słabo funkcjonuje. Córka z trudem zdołała skończyć studia i zaczęła dializę nerki trzy razy w tygodniu. W rodzinie od razu zapadła decyzja, żeby ktoś z nas dał jej swoją nerkę. Obydwaj moi synowie i ja poddaliśmy się badaniom. Najlepiej się nadawała nerka starszego syna Ryszarda. We wrześniu 1990 r. odbyła się operacja przeszczepu nerki brata do organizmu Krysi. Ofiarowanie nerki siostrze było „darem życia", poświęceniem, na które nie każdego stać. Świadczyć to tylko może o wielkim rodzinnym przywiązaniu i miłości do młodszej siostry, z czego jestem bardzo dumna. Minęło już dwadzieścia jeden lat od operacji. Oboje dobrze się czują, są pełni energii i prowadzą normalny tryb życia.

Brak ojca odczuwałam od czasu, kiedy pożegnał się z nami dzień przed wybuchem wojny. Więcej go nie widziałam. Miałam wtedy jedenaście lat. Na wygnaniu wciąż mi go brakowało, ale łudziłam się nadzieją, że może nadejdzie dzień, że znowu będziemy rodziną w komplecie. Te przeżycia mojego dzieciństwa bez ojca wpłynęły na moje przekonanie, jak ważna jest rodzina, co potem wpajałam dzieciom. Mogłam również lepiej zrozumieć, co przeżywały, gdy ich ojciec nagle i niespodziewanie zmarł. Przykro mi jednak przyznać, że po niewoli sowieckiej zmieniło się moje moralne podejście do wartości przekazanych w dzieciństwie, nie mogę bowiem do dziś wybaczyć Sowietom ich bestialstwa. Jak można przestać nienawidzić czy przebaczyć zbrodniarzom morderstwo ojca?!

Starałam się pozostawić w przeszłości wspomnienia naszej wysyłki i zapomnieć o tym, o ile to możliwe. Wróciły jednak z wiekiem, gdy mając przeszło siedemdziesiąt lat, uświadomiłam sobie, że powinnam je przelać na papier w formie książki, żeby zostawić nie tylko następnym pokoleniom, ale również zapoznać znajomych innej narodowości z tym, co nas i wiele tysięcy Polaków spotkało z rąk Sowietów. Choć późno, postanowiłam rozpowszechniać prawdę o tych zbrodniach, ukrywaną przez Zachód przez dziesiątki lat w celu utrzymania przymierza ze Stalinem i jego sowieckim rządem. Ponad dwieście pięćdziesiąt egzemplarzy książki o naszych przejściach, którą napisaliśmy z bratem w 2001 roku, jest w posiadaniu naszych rodzin (w Atlancie, Chicago,

Miami, Polsce i Australii) i u wielu znajomych rozsianych po różnych krajach. Po powrocie z naszej pielgrzymki na cmentarz w Charkowie napisałam artykuł do „Dziennika Związkowego" w Chicago, zamieszczając kilka zdjęć z cmentarza. Ludwik, mój mąż, należał do Stowarzyszenia Weteranów 5. KDP (Piątej Karpackiej Dywizji Piechoty) i ja, po jego śmierci, do tej pory należę do tej organizacji. Należę również do Stowarzyszenia Sybiraków.

Od czasu, kiedy Michaił Gorbaczow przyznał w 1990 roku, że sowieckie NKWD wymordowało polskich oficerów, pragnieniem moim i brata było, żeby kiedyś odbyć pielgrzymkę do miejsca, gdzie spoczywa nasz ukochany ojciec, oddać mu hołd i pożegnać się z nim. W 2005 roku ziściło się nasze marzenie. Z grupą Polaków wyjechaliśmy pociągiem z Warszawy do Charkowa. W pierwszym dniu pobytu, jadąc autobusem przez Charków na cmentarz, zatrzymaliśmy się po drodze koło budynku NKWD, w którym Sowieci przeprowadzali egzekucje polskich oficerów strzałem w tył głowy. W tym budynku zginął nasz ojciec. Ciarki mnie przeszły, łzy cisnęły się do oczu i uczucie nienawiści i gniewu jeszcze bardziej zawrzało we mnie. Jak można przebaczyć tym mordercom lub zapomnieć?! Prócz naszego ojca tysiące polskich oficerów spotkał podobny los i Sowieci nigdy nie zostali za to ukarani!

Jechaliśmy na cmentarz tą samą drogą, którą sześćdziesiąt pięć lat temu, pod osłoną nocy, Sowieci wieźli w ciężarówkach polskich oficerów na miejsce egzekucji, znaczone masowymi grobami w lesie koło Charkowa. Myślami byłam wtedy cały czas przy ojcu, pamiętając jego smukłą sylwetkę w mundurze wojskowym. Gdy wchodziliśmy przez bramę na cmentarz i ujrzeliśmy długi rząd płyt z nazwiskami oficerów, drżałam wprost z emocji, uświadamiając sobie, że to jest rzeczywistość, a nie sen, że jesteśmy w miejscu spoczynku naszego ojca, czego pragnęliśmy od lat, nie wierząc, że do tego kiedyś dojdzie. Odnaleźliśmy płytę z nazwiskiem ojca i złożyliśmy na niej biało-czerwone róże. Staliśmy przy niej ze łzami w oczach, w duchu z nim rozmawiając i dziękując Bogu za to, że po tylu latach możemy nareszcie być w miejscu jego spoczynku. To był moment, którego nigdy nie zapomnimy.

Na cmentarzu jest piętnaście masowych grobów, ale w którym nasz ojciec jest pochowany, nikt nie wie. Może w tym największym? Uklękliśmy przy nim, żeby pomodlić się nie tylko za spokój duszy naszego ojca, ale również za wszystkich oficerów tu pochowanych. Z sąsiedniej parafii przyjechał polski ksiądz i odprawił mszę świętą za dusze trzech tysięcy ośmiuset oficerów, którzy tu spoczywają, i każdy z nas po kolei wypowiedział nazwisko ojca bądź krewnego. Wracając z cmentarza, raz jeszcze stanęliśmy przy płycie z nazwiskiem naszego ojca, żeby się z nim pożegnać, wiedząc, że już nigdy tu nie wrócimy. Wzięliśmy także grudkę ziemi i po powrocie złożyliśmy ją na grobie naszej matki w Chicago.

Na drugi dzień pojechaliśmy autobusem do Starobielska. Nim zwiedziliśmy klasztor, w którym oficerowie byli internowani, zatrzymaliśmy się na małym cmentarzu, gdzie leżą zwłoki trzydziestu dwóch polskich oficerów, którzy zmarli podczas niewoli. Polski ksiądz odprawił tam mszę świętą, a polski konsul z żoną złożyli wieniec z biało-czerwonych

Barbara z bratem Aleksandrem Kulikowskim przy Kapitanówce, Smoleńsk, Ukraina, 2005 r.

kwiatów. Po nabożeństwie pojechaliśmy na uroczystość odsłonięcia i poświęcenia płyty umieszczonej na murze koło bramy wejściowej do klasztoru, upamiętniającej polskich oficerów tutaj internowanych w latach 1939–1940.

Po zakończeniu nabożeństwa weszliśmy na dziedziniec klasztoru. Przewodniczka wskazała nam dwie cerkwie, w których Sowieci więzili oficerów wyższej rangi, i znajdujący się obok budynek, gdzie trzymali kapitanów. Drżałam ze wzruszenia, stojąc przed nim i wiedząc, że ojciec spędził tu kilka miesięcy, stąd pisał do nas i chodził po tej samej ziemi, na której w tej chwili stoimy. Moment ten wzbudził w nas nawet więcej emocji i nostalgii aniżeli poprzedniego dnia na cmentarzu, może dlatego, że wprawdzie uwięziony, ale tu jeszcze żył i może pełen nadziei marzył, że po skończeniu wojny wróci do Polski i do nas.

Wiesław zamknął kajet.

Czytał teraz to, co wczoraj zapisał. Świeciło mocne poranne słońce. Łabędzi nie było widać przed oknem. Kawa smakowała doskonale, ale tego poranka zapomniał się nią delektować.

Nasi ojcowie mogli się spotkać. Tam, w Kapitanówce. Nie da się uciec od własnych wspomnień... Kapitan Jan Adamczyk, mój ojciec, mieszkał w Kapitanówce przez sześć miesięcy. Może nawet się zaprzyjaźnili z ojcem Basi. Chodzili razem po małym podwórku. Z pewnością rozmawiali, na pewno często o powrocie do swoich rodzin i do swoich domów. Może pokazywali sobie zdjęcia swoich małych dzieci, czyli nas. Czy gdzieś, na jakiejś matrycy świat, los, utrwalił tę chwilę? Być może kapitanowie zdążyli się zaprzyjaźnić. I być może czasami siedzieli w słońcu na podwórku w milczeniu, tylko patrząc sobie w rozszerzone lękiem oczy. Znali się zapewne do samej śmierci... i może nawet są pochowani w tym samym masowym grobie.

Tego samego dnia Basia jeszcze raz odwiedziła Wiesława, by dokończyć opowieść.

Na przedmieściach Chicago, w mieszkaniu na parterze z oknami wychodzącymi na piękny prywatny park, znowu dwoje dzieci pochylało siwe głowy nad kilkoma zdjęciami. Obojgu drżały dłonie, obydwoje nie walczyli już nawet ze wzruszeniem, które ściska krtań, choć dzieje się to niezliczony raz. I obydwoje, Wiesław i Barbara, wiedzieli, że jeszcze nie raz tak zasiądą, by oglądać pamiętniki i zdjęcia.

Rozdział 5

Przemysław Inglot
(Peter Inglot)

Ludzie fascynują się słynnymi osobami, czy to odważnymi rycerzami z poprzednich wieków, czy też ludźmi z dzisiejszej epoki, którzy walczyli bez zbroi o wolność ojczyzny. Waleczny, dzielny i prawy rycerz – któż by nie chciał nim być.

W czasach młodości Wiesława zdarzało się jednak, że wiele by człowiek dał, żeby nie musiał być bohaterem. Stawał się nim wbrew własnej woli, często niezauważalnie dla siebie. Jedną z takich osób był 15-letni chłopiec z Lubaczowa.

Nie znałem go. Nie spotkałem go ani na Syberii, ani potem. Spotkałem za to jego żonę, piękną, perfekcyjnie zadbaną kobietę, cudowną ogrodniczkę i panią domu, kultywującą polskie tradycje i uczestniczącą we wszelkich inicjatywach szerzących wiedzę o polskich działaniach zbrojnych oraz pielęgnujących pamięć o AK. Pani Danuta Inglot robiła duże wrażenie. Nieskazitelna polszczyzna, nienaganne maniery, ogromny takt i wyczucie stylu. To ona opowiedziała mi o dzielnym chłopcu, swoim mężu Przemysławie. Poznałem ją podczas bankietu Stowarzyszenia Podziemnej Armii Krajowej. Wiedziałem już, że jej mąż w młodych latach był deportowany na Sybir. Dzisiaj znany jest nie tylko wśród amerykańskiej Polonii, ale także w Polsce, gdzie prowadził aktywną działalność charytatywną, szczególnie na rzecz społeczności swojej rodzinnej miejscowości, Lubaczowa. Pani Danuta bardzo się ucieszyła, że pytam o jej męża. Odkąd zmarł, w Chicago w 1998 roku, nie potrafi cieszyć się życiem. Jak kwiat, który ścięty stoi w wazonie, nadal piękny, ale on sam nie może cieszyć się urodą świata i pełnym słońcem ogrodu...

Rodzina pani Danuty mieszkała w Warszawie podczas II wojny światowej. W czasie Powstania Warszawskiego Niemcy wywieźli ją razem z jej matką do obozu pracy w Niemczech. Po wyzwoleniu przez Amerykanów wyszła tam za mąż za polskiego oficera i urodziła syna. Parę lat później przyjechała z rodziną do Ameryki, gdzie po pewnym czasie poznała Przemysława i jego żonę. Wiele lat później, po długiej chorobie, zmarła żona Przemysława, a mąż pani Danuty zmarł tydzień później. Przemysław Inglot i pani Danuta pobrali się.

Odwiedziłem ją po paru tygodniach. Usiedliśmy przy dużym stole z rozłożonymi artykułami, dokumentami, listami, plikiem wspomnień spisanych ręką pana Przemysława oraz kilkoma albumami ze zdjęciami. Powoli wracaliśmy do dawnych lat. Z wielką ciekawością przeglądałem leżące na stole materiały dotyczące życia człowieka, którego nigdy nie poznałem. Po pewnym czasie pani Danuta przyniosła jakiś mały przedmiot i wzruszona oznajmiła, że ma dla mnie niespodziankę. Był to mały dziennik jej męża. Zaczął go pisać, mając zaledwie 15 lat, kiedy Niemcy w 1939 roku, na początku II wojny światowej, wkroczyli do Lubaczowa, a siedemnaście dni później uczynili to samo Sowieci. Pani Danuta opowiadała, że dziennik podróżował z chłopcem przez cztery kontynenty, przez Syberię, Persję, Irak, Palestynę, Egipt, Włochy. Był z nim podczas bitwy pod Monte Cassino. Chłopiec trzymał go w małej kieszeni munduru, również wtedy, kiedy wędrował przez Anglię, aż przybył do Chicago. Nie zgubił go. Nie zapomniał o nim. Nie wyrzucił. Prawdopodobnie chronił najbardziej z wszystkiego, co posiadał...

Trzymałem w ręku zniszczony kajet. Moje palce czuły jego okładkę tak samo, jak musiały czuć ją palce tamtego chłopca. Byłem poruszony. Nie tylko tym, że jego właściciel przez tyle krajów trzymał go blisko serca, nawet podczas walk pod Monte Cassino, gdzie był dwa razy ranny, ale i tym, że dziennik ocalał nieuszkodzony. Widać takie było jego przeznaczenie.

Pani Danuta pozwoliła mi zabrać dziennik do domu. Oddałem go po kilku tygodniach, pod koniec lipca. A do zielonego zeszytu ocalającego historie dzieci przepisałem jego zawartość.

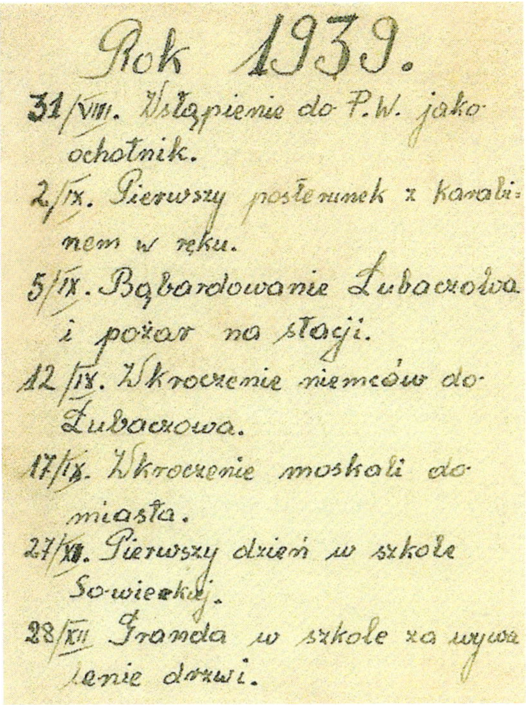
Rok 1939.
31/VIII. Wstąpienie do P.W. jako ochotnik.
2/IX. Pierwszy posterunek z karabinem w ręku.
5/IX. Bąbardowanie Lubaczowa i pożar na stacji.
12/IX. Wkroczenie niemców do Lubaczowa.
17/IX. Wkroczenie moskali do miasta.
27/XI. Pierwszy dzień w szkole Sowieckiej.
28/XII Granda w szkole za wywalenie drzwi.

Pierwsza strona dziennika Przemka Inglota

Dziennik piętnastoletniego Przemka Inglota*

Rok 1939.
31/VIII. Wstąpienie do P.W. jako ochotnik.
2/IX. Pierszy posterunek z karabinem w ręku.

* Zachowano oryginalny zapis.

5/IX. Bąbardowanie Łubaczowa i pożar na stacji.
12/IX. Wkroczenie niemców do Łubaczowa.
17/IX. Wkroczenie moskali do miasta.
27/IX. Pierwszy dzień w szkole Sowieckiej.
28/IX Granda w szkole za wywalenie drzwi.

Rok 1940.
28/VI Noc godzina 1.05 wchodzą żołnierze na ostro i wyczytują naszą rodzinę by się przygotowała do wyjazdu. 1.35 wyprowadzają nas z domu.
29/VI Stoimy na stacji w Łubaczowie. 10 wieczorem pociąg rusza z rodzinnego mego miasta. Godzina 12.30 dojeżdżamy do Rawy Ruskiej.
30/VI Stoimy we Lwowie a z nami z innych miast transporty. Następnie stacje Szepetówka, Żytomierz, Kijów, Charków, Kujbyszew, Ufa, Złotoust.
8/VII. Godzina 15 min 15 mijamy granicę Europy. Dalej mijamy Omsk, Nowosybirsk, Tolmenka, Szypicyno.
18/VII. Jesteśmy na miejscu przeznaczenia w lesie, w barakach gdzie tylko cztery ściany.
20/VII. Pierwsza robota składanie drzewa.
22/IX. Praca przy traktorze jako prycepczyk [pomocnik].

Rok. 1941.
24/VII. Mnie posadzili na traktor. Gdy wzięli trak. Cybulskiego do wojska, mnie mechanik Cybulskiego, Mylnikow, przyszedł i powiedział słowa „Partja prawitelstwa dowiera tobie maszynę sadis i diejstwuj kak Cybulski".
9/X. Dokumenty, że jesteśmy obywatelami Polskimi.
20/X. Wyjazd z baraków i w ogóle z Szypicyna.
21/X Marzniemy nad rzeką Ob i czekamy statku.
22/X Wyjazd statkiem do Bernauł.
24/X Wyjazd z Bernauł do Dżambułu.
31/X Przyjazd do Dżambułu.
20/XI Wyjazd mój do Mankientu z panią Zdrójkowską.

23/XI Przyjazd z Mankientu.
1/XII Pierwsza praca w Dżambule jako bańszczyk.
8/XII Telegram od puł. Okolickiego do mnie abym przyjechał do Tatiszczewa do wojska
9/XII Wojenkomat wydaje bilet.
11/XII Wyjazd z Dżambułu do wojska.
12/XII Złodziej w pociągu.
17/XII Buzołuk. pierwsze Polskie flagi i wojsko. Mój przyjazd.
23/XII Mundur wręczają mi który wygląda jak z brata.

Rok 1942.
13/I 42. Opuszczamy Buzołuk, a jedziemy jako zaczątki dywizji do Kiermine.
21/I Przyjazd do Kiermine.
11/II Raport w sprawie sprowadzenia rodziny.
14/II Wyjazd za mamą do Dżambułu.
23/II Powrót z Dżambułu do Kiermine.
12/III Kompanja sztabowa i choroba nogi.
20/III Powołanie do Szkoły Podchorążych.
29/III Otwarcie Szkoły Podch. Doktór skierowuje na Izbę Chorych.
8/IV Powrót z Izby Chorych do Szkoły Podch.
3/V Przysięga i naszycie sznurka podchorążych.
24/V Pierwsza warta.
4/VI Boże ciało maszerujemy jako komp. honorowa.
14/VI Przyjechał biskup Gawlina po raz drugi idę jako komp. honorowa.

W kajecie Przemka znalazłem włożone luźne strony zapisane tą samą ręką. Miały tytuł: „Wspomnienia".

Moja młodość związana jest z Kresami. Urodziłem się 16 stycznia 1924 roku nieopodal Lwowa, w Lubaczowie, gdzie w 1936 roku skoń-

Przemek Inglot, zdjęcie komunijne, Lubaczów, 1932 r.

czyłem szkołę powszechną. Następnie wysłano mnie do gimnazjum w Jarosławiu. Ukończyłem trzy klasy (...) Nazajutrz wybuchła wojna. Już 2 września odbyłem swój pierwszy w życiu posterunek z bronią. Doskonale zapamiętałem bombardowanie stacji kolejowej i pożar w dniu 5 września. Mimo strat oddziały generała Kustronia stawiały opór. Dość znacznie opóźnił on wejście Niemców do miasta, ale w końcu musiało nadejść nieuniknione. 12 września na ratuszu miejskim zawisła hitlerowska flaga. Jakie było nasze zdziwienie, gdy kilka dni później Niemcy zdjęli swoje posterunki, a na ich miejscu pojawili się żołnierze z czerwonymi gwiazdami na czapkach. Rychło nastąpiły masowe aresztowania wśród przedstawicieli polskiej inteligencji i przekonaliśmy się, co ta nowa okupacja dla nas oznacza. Szkoły przeorganizowano na system sowiecki i 27 listopada 1939 roku rozpocząłem naukę w nowych warunkach. Na początku czerwca 1940 roku skończyłem ósmą klasę w systemie rosyjskim. Kilka dni później, 28 czerwca 1940 roku, o godzinie 1.05 w nocy, w naszym domu pojawili się nieproszeni goście z NKWD. [...] Wraz z rodzicami i dwiema siostrami zostajemy wywiezieni na zsyłkę. O 1.35 pod lufami rosyjskich karabinów opuszczaliśmy nasz dom na zawsze. [...] Na stacji w Lubaczowie załadowano nas do bydlęcych wagonów, gdzie przetrzymywano nas przez cały następny dzień. Wreszcie, po 10 wieczorem, pociąg ruszył. Strażnicy, którzy pilnowali transportu, nie dawali nam żadnego pożywienia ani wody przez dwie następne doby. [...] Od tego momentu zaczęliśmy coraz bardzicj zagłębiać się w nieznane... Potem był Omsk, Nowosybirsk i przez Talmenkę wjechaliśmy do Kraju Ałtajskiego, do miejscowości Szypicyno, gdzie 18 lipca 1940 roku umieszczono nas w obozie pracy. Dookoła był tylko las. Wraz z całą rodziną zaczęliśmy pracować przy korowaniu drzewa. [...] To był czas, kiedy polskie władze w Londynie nawiązały kontakt ze Stalinem. Ku naszej wielkiej radości 9 października 1941 roku otrzymaliśmy wraz z rodzicami i dwiema siostrami papiery potwierdzające nasze polskie obywatelstwo. Tym samym zwolniono nas z obozu. [...] Byłem młody, może nawet trochę za młody, aby ubiegać się o szlify oficerskie. Ale i tym razem los w moim życiu okazał się łaskawy. Po rozmowie z przełożonym przyrzekłem, iż będę kontynuował naukę w późniejszym czasie. [...] Wszędzie, gdzie tylko się dało, otwierano gimnazja, licea, szkoły dokształcające. Ja sam trafiłem na jeden z takich kursów w Barbarze, w Palestynie. Tam zdobyłem tzw. małą maturę. Niedługo później promowano mnie na podporucznika. Zostałem dowódcą plutonu w 15. Batalionie Strzelców Wileńskich 5. Brygady 5. Dywizji. Potem przeszedłem szlak bojowy swojej jednostki, walcząc także pod Monte Cassino. Za zdobycie przyczółka w Predappio na osobisty rozkaz generała Andersa, gdzie po raz pierwszy odniosłem rany, odznaczono mnie krzyżem Virtuti Militari. Udekorowano mnie także Krzyżem Walecznych, za sprawne kierowanie ogniem artyleryjskim podczas zdobywania Ankony. Później znów zostałem ranny. Taki to wojenny los, który rozdaje rany i śmierć z jednej strony, a odznaczenia i awanse z drugiej... O końcu wojny dowiedziałem się we Włoszech. Niedługo potem odesłano mnie do Liceum

Podporucznik Przemysław Inglot, Palestyna, 1943 r.

Ogólnokształcącego w Matino, gdzie złożyłem egzaminy maturalne i 19 maja 1946 roku otrzymałem świadectwo dojrzałości. Do Polski nie chciałem wracać. Całą rodzinę miałem przy sobie, a w Polsce rządzili bolszewicy. Wraz z innymi pojechałem do Anglii. W 1947 roku wstąpiłem do Ośrodka Szkół Technicznych PKPR w Milom (Cumberland), gdzie 8 marca 1948 roku ukończyłem Liceum Elektrotechniczne. Później zostałem przyjęty na studia inżynierskie w Bournmouth. W tym czasie zmarł mój ojciec, którego pochowaliśmy w Anglii. Mama z siostrami złożyła podanie o wyjazd do USA, gdzie w Chicago mieszkał nasz wujek. Ja nie pojechałem z nimi, bo chciałem w Anglii skończyć studia. Gdy to nastąpiło, 24 czerwca 1952 roku, napisałem podanie do ambasady amerykańskiej z prośbą o połączenie z rodziną. Uzyskanie takiego pozwolenia nie było sprawą łatwą. Pisałem o poparcie do kongresmana Pucińskiego z Chicago, a także do prezydenta Stanów Zjednoczonych. I tym razem los okazał się łaskawy. 8 grudnia 1952 roku przybyłem do Stanów Zjednoczonych. [...] Otworzyłem swoją własną firmę pod nazwą Inglot Electronics Corp., która z powodzeniem funkcjonuje do dziś. Teraz jestem już na emeryturze, zarządzanie korporacją powierzyłem synom, a ja mam czas na inne rzeczy. Życie obeszło się ze mną łaskawie. Jestem z niego bardzo zadowolony. Chciałbym więc, aby nieco z tych dobrych rzeczy, którymi obdarował mnie los, trafiło do innych ludzi, a przede wszystkim do chorych dzieci w Polsce, które nie mają środków, a często i możliwości na leczenie. Wspomagam więc je przez Fundację Charytatywną Kongresu Polonii Amerykańskiej. Działam też skutecznie w Stowarzyszeniu Inżynierów Polskich w Chicago, w Polish American Immigration and Relief Committee i w Polskiej Pomocy Społecznej. Sercem jestem zawsze w Lubaczowie i dlatego przez trzy lata pomagałem szpitalowi. Zajmowałem się także organizowaniem pomocy dla Domu Opieki Społecznej w Lubaczowie, dla Domu Opieki Społecznej w Rudzie Różanieckiej, a także dla Domu Dziecka „Wielkie Oczy".

Przemysław Inglot, Chicago, lata 80.

Kilka kartek, ot i cała relacja z życia. Te wszystkie lata, myśli, rozpaczliwa walka o ojczyznę, ale przecież zawsze także o siebie – gdzie są? Być może nasiąkły nimi karty dziennika Przemysława, niewidocznym atramentem jest tam zapewne wpisana historia przetrwania i wewnętrznej siły. Ale skąd ta siła się brała w wychudzonym, dorastającym ciele? Skąd brał się hart? Nastolatek, co czuł pod Monte Cassino? Jakie obrazy podsuwał mu sen? Na pewno tęsknił do okolicy rodzinnej, do Lubaczowa.

Danuta i Przemysław Inglotowie, Chicago, lata 90.

Podczas kolejnych rozmów z panią Danutą dowiedziałem się, że jej mąż w 1997 roku po raz ostatni odwiedził ukochane miasto. Rok później zmarł. Gimnazjum nr 1 w Lubaczowie od 2000 roku nosi imię Przemysława Inglota. Na uroczystości nadania imienia była obecna już tylko pani Inglot z rodziną, która przekazała mundur nastoletniego męża i odznaczenia zdobyte podczas II wojny światowej muzeum w Lubaczowie.

Nadanie Gimnazjum nr 1 w Lubaczowie imienia Przemysława Inglota: Danuta Inglot (druga od lewej), dzieci P. Inglota: Ewa (pierwsza od lewej), i Krzysztof (pierwszy po prawej), Lubaczów, 2000 r.

Jakże silne korzenie zapuściło serce tego chłopca-żołnierza! Nie tylko w ukochanym krajobrazie rodzinnej okolicy, ale także w obyczaju i prawości. Mały bohater z Lubaczowa wyrósł na dużego bohatera.

Rozdział 6

Ewa Czarnecka
(Ewa Rokossowski)

Było gorące lato 2007 roku. Właśnie wróciłem do domu z Polski. Podróż okazała się męcząca: zbyt wiele emocji, zamkniętych nieznośnie długim lotem. Z miejsca poszedłem spać. Następnego dnia rano obudził mnie telefon. Kobieta bez przedstawienia się spytała, czy nazywam się Wiesław Adamczyk. Ledwo zdążyłem potwierdzić, usłyszałem żartobliwą wymówkę: „Gdzie pan był przez taki długi czas? Dzwoniłam do pana co kilka dni… mam dla pana coś interesującego".

Tajemnicza nieznajoma dowiedziała się z polskiego radia w Chicago, że zbieram pamiętniki „dzieci syberyjskich". Wieść o mojej kolekcji rozchodziła się coraz szerzej. Zdarzały się już u mnie wizyty ludzi, którzy zachodzili tylko po to, by je obejrzeć. Miewałem wykłady, na których pokazywałem stronice z pamiętników. Bywałem w szkołach z prelekcjami, które urozmaicałem wieloma ilustracjami. Te prelekcje stały się nawet dosyć popularne – przybliżały młodzieży los polskiego chłopca, przeciętnego, jakich było wielu, ale podręcznikowa historia drugiej wojny światowej zdobywała tym sposobem nieco inne, bardziej ludzkie oblicze. No i zapraszano mnie co jakiś czas na rozmowę do radia.

Nieznajoma, która owego dnia obudziła mnie nieprzytomnego po nagłej zmianie strefy czasowej, nazywała się Ewa Czarnecka, i okazało się, że jest moją całkiem niedaleką sąsiadką. Obiecała niespodziankę… Tydzień później się spotkaliśmy. Niespodzianek było więcej…

Wiesława przywitała kobieta nieco od niego starsza, szczupła, o gęstych kręconych włosach, utykająca na lewą nogę i podpierająca się laską. Nie chciała się spotkać na mieście, zaprosiła gościa do siebie. Dom od strony ulicy zasłaniały wielkie drzewa, niewidoczny był numer posesji i obecności budynku trzeba się było domyślać. Na to, że ktoś w tym dzikim ogrodzie może mieszkać, wskazywało chyba tylko stare, pokryte kurzem auto zaparkowane przed furtką. Pani Czarnecka najpierw pokazała mu ów duży ogród. Po jednej stronie bardzo stare drzewa i chaszcze tworzyły gąszcz, jaki można spotkać w lesie, ale po drugiej, z tyłu, rozciągały się zadbane rabaty bajecznie kolorowych kwiatów i krzewów. Cementowy chodnik prowadził między nimi do położonego na końcu ogrodu dużego garażu, który był teraz domem dla dzikich kotów, znajdujących w gospodyni czułą opiekunkę.

Podczas pierwszej wizyty Ewa Czarnecka miała tajemniczą minę. Kiedy weszli do domu i zasiedli przy herbacie, oznajmiła: „Chcę pokazać panu pamiętnik. Z czasu zsyłki. A nawet coś więcej: pokażę panu dwa pamiętniki! Mój oraz mojego brata Adama. Mam je dotychczas, kompletne".

Pamiętnik Adama Czarneckiego

Pamiętnik Ewy Czarneckiej

Zaprzyjaźniliśmy się szybko. Próbowałem przekonać Ewę, by ze względu na zdrowie zrezygnowała z opieki nad zwierzętami i oddała koty do schroniska. Padły wtedy w odpowiedzi sugestywne słowa: „Przecież to są zwierzęta! Tak jak my chcą żyć! Tylko w sowieckiej Rosji mordowano tysiące ludzi dla wygody rządu, bo w jego oczach byli niepotrzebni". W wytykaniu krzywd i piętnowaniu zła była tak samo nieustępliwa jak w czynieniu dobra.

Rzeczywiście to, co Ewa miała mi do pokazania, było niespodzianką. Dwa kompletne dziecięce sztambuchy z wpisami z Syberii i późniejszych lat tułaczki, pełne doskonale zachowanych rysunków. Ale nie tylko. Okazało się, że ma też wiele innych niespotykanych pamiątek. Spędziliśmy nad nimi kilka godzin. I znowu to, co oglądałem, kazało mi się zamyślić nad tym, jakie wartości i jaka tradycja pomagały naszym rodakom przetrwać Sybir i tułaczkę po świecie. Za oknem wszystko kwitło, przed wieczorem znowu jak szalone śpiewały ptaki. Miałem przed sobą zbiór religijnych pamiątek Ewy i jej rodziny. Patrząc na nie i myśląc, jaką przebyły drogę, nieomal widziałem, jak za oknem płonie świat przesycony nienawiścią, a człowiek człowiekowi jest wilkiem...

Religijne pamiątki Ewy, które miała z sobą podczas lat tułaczki

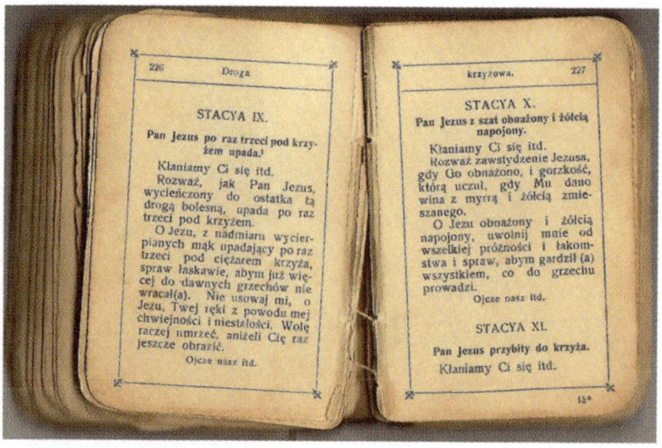

226 Droga

STACYA IX.

Pan Jezus po raz trzeci pod krzyżem upada.[1]

Kłaniamy Ci się itd.

Rozważ, jak Pan Jezus, wycieńczony do ostatka tą drogą bolesną, upada po raz trzeci pod krzyżem.

O Jezu, z nadmiaru wycierpianych mąk upadający po raz trzeci pod ciężarem krzyża, spraw łaskawie, abym już więcej do dawnych grzechów nie wracał(a). Nie usuwaj mi, o Jezu, Twej ręki z powodu mej chwiejności i niestałości. Wolę raczej umrzeć, aniżeli Cię raz jeszcze obrazić.

Ojcze nasz itd.

krzyżowa. 227

STACYA X.

Pan Jezus z szat obnażony i żółcią napojony.

Kłaniamy Ci się itd.

Rozważ zawstydzenie Jezusa, gdy Go obnażono, i gorzkość, którą uczuł, gdy Mu dano wina z myrrą i żółcią zmieszanego.

O Jezu obnażony i żółcią napojony, uwolnij mnie od wszelkiej próżności i łakomstwa i spraw, abym gardził (a) wszystkiem, co do grzechu prowadzi.

Ojcze nasz itd.

STACYA XI.

Pan Jezus przybity do krzyża.

Kłaniamy Ci się itd.

15*

Ponadstuletni modlitewnik, który przeszedł z rodziną Czarneckich przez dwanaście krajów i cztery kontynenty, aż do Ameryki

Pamiątka sakramentu Pierwszej Komunii Św.

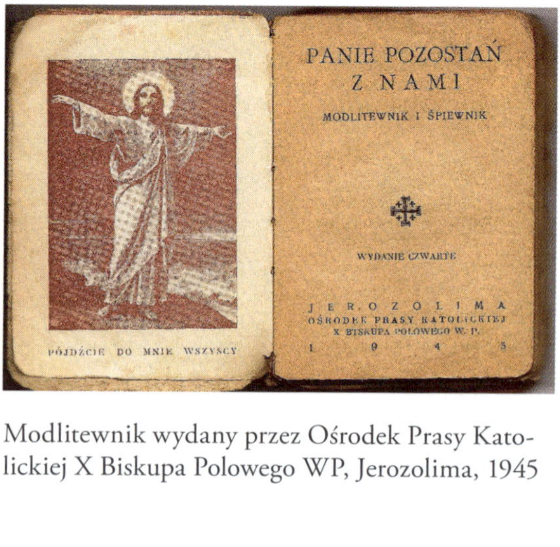

Modlitewnik wydany przez Ośrodek Prasy Katolickiej X Biskupa Polowego WP, Jerozolima, 1945

Lubiliśmy z Ewą oglądać pamiątki. Zacząłem przynosić do niej to i owo z własnej kolekcji. W tamtym czasie coraz częściej dostawałem listy od ludzi, którzy pisali o deportacji i o losie dziecka na zesłaniu. Przysyłali mi pamiętniki albo fotografie stronic z wpisami z wojennych i tużpowojennych lat. Kolekcja w przedziwny sposób zaczęła się sama rozrastać. Dostawałem przesyłki z całego świata. Wszędzie tylu z nas jeszcze żyje... Przyszedł na przykład do mnie list z Zakopanego. Był od kobiety, która jako dziecko również została deportowana na Sybir. List z Zakopanego...! Nie mogłem przestać się zdumiewać. Nawet nie tym, że ludzie skądś dowiadywali się o mojej rosnącej pasji i kolekcji, nie tym, że znajdowali mój adres. Pani z Zakopanego... Jakim cudem dowiedziała się o emerycie z Chicago? Ale jeszcze bardziej zaprzątało mnie: co kazało jej do mnie napisać? Do nieznanego człowieka? Jak by tego było mało... co pchnęło ją, osobę w podeszłym wieku, zapewne emerytkę, do wysłania do Chicago dziecięcego notesu, zeszyciku, w którym wpisywały się jej inne dzieci? Wpisywały się przed sześćdziesięciu albo więcej laty. Nie dość na tym. Fakt, że kobieta z Zakopanego przysłała mi swój dziecięcy sztambuch, oznaczał, że ów zeszycik nie tylko przetrwał lata wojny oraz powojennej tułaczki, chroniony i zachowany w najcięższym czasie walki o przetrwanie, po prostu o elementarne przeżycie. Oznaczało to, że sztambuch przetrwał wszystkie następne lata! Przechowany został przez lata dorosłego życia, starzenia się. To zdumiewało mnie najbardziej. W czym tkwi tajemnica owych dziecięcych pamiętników?

Ponieważ Wiesław i Ewa Czarnecka mieszkali niedaleko siebie, zaczęli spotykać się coraz częściej. Ze względu na niepełnosprawność pani Ewa przyjmowała Wiesława u siebie, w dużym domu, w którym mieszkała sama, a raczej z kotami, zajmującymi oprócz garażu całe drugie piętro budynku. Pani Ewa rozumiała pasję Wiesława, dlatego pokazała mu własne cenne pamiętniki. Nie tylko rozumiała jego pasję – w pewnym sensie nawet ją podzielała. Poświęcała się kotom, oddana im bezgranicznie, ale gdy zaczynali rozmawiać o zesłaniu, gdy oglądali stare pamiętniki i odcyfrowywali wpisy dzieci, traciła poczucie czasu. Wracał do niej i ożywał miniony świa. Pamięć wygrzebywała z zakamarków coraz więcej historii. Ewa Czarnecka podzielała przekonanie Wiesława, że te ich pamiętniki musiały pełnić zaiste ważną i nie całkiem zgłębioną rolę, pomagającą im wszystkim, dzieciom, którym zabrano dom, przetrwać. To był najbardziej pasjonujący dla obojga temat rozmowy.

Podczas jednej z wizyt u Ewy pokazałem jej rysunki otrzymane z Zakopanego. Cudowne, od razu przyznała. Oglądaliśmy uważnie jeden po drugim. W pewnej chwili Ewa się zatrzymała. Patrzyła na rysunek, potem na mnie, i znowu na rysunek. Widziałem, jak zmienia się jej wyraz twarzy.

– Czy wiesz, kto to narysował?

Spojrzałem uważniej, pragnąc odczytać podpis i udzielić odpowiedzi. Ale Ewa chwyciła mnie za łokieć. W jej oczach pojawił się zaskakujący wyraz, którego nie umiałem dobrze zinterpretować. Między innymi emocjami była w nich figlarność oraz wielka radość i wzruszenie.

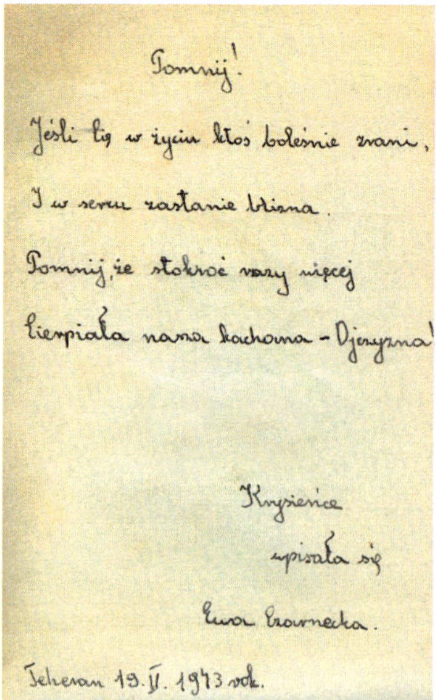
Pomnij!
Jeśli się w życiu ktoś boleśnie zrani,
I w sercu zostanie blizna.
Pomnij, że stokroć razy więcej
Cierpiała nasza kochana – Ojczyzna!

Krysience
wpisała się
Ewa Czarnecka.

Teheran 19.VI. 1943 rok.

Z pamiętnika Krystyny Dubowskiej

– To ja. To ja narysowałam! Dla Krystyny Dubowskiej, w 1943 roku w Teheranie, wkrótce po naszej ucieczce z niewoli sowieckiej.

Zaniemówiłem.

To dzięki pamiętnikom Wiesław poznał Ewę, człowieka o podobnym do jego losie. A teraz on przyniósł jej własny wpis sprzed ponad połowy wieku! Nakreślony jej własną dziecięcą ręką, opatrzony – przez nią samą – rysunkiem dziewczyny trzymającej naręcze świeżo ściętych kwiatów, jakby dopiero co wyszła z teraźniejszego, chicagowskiego ogrodu otaczającego dom, w którym siedzieli. Była ta sama pora roku, maj. Dziewczyna na rysunku miała jasne włosy, Ewa była brunetką... Wiesław się trzymał analizy szczegółów, by nie pozwolić łzie zakręcić się pod powieką. Dziewczyna z rysunku miała na sobie długą suknię i Ewa miała teraz na sobie długą letnią spódnicę. Czy kiedykolwiek przyszło autorce rysunku do głowy, że zobaczy go kiedyś jeszcze raz, po tak wielu latach? Na dalekim kontynencie, w dużym domu wypełnionym antykami oraz kotami, otoczonym wielkim ogrodem? Daleko od ojczyzny, w innym klimacie, wpośród innej mowy.

– To niezwykłe... – powiedziała Ewa, czytając w jego myślach. – Chyba już nigdy w życiu nie przeżyję tak wielkiego zdumienia! I tak wzruszającego.

Nieoczekiwanie dla Wiesława, z wdzięczności, podarowała mu dwa pamiętniki, swój i brata. Dodała do nich prośbę, by kontynuował to, co robi.

Byłem równie zaskoczony pamięcią mojej nowej znajomej i jej szczodrością. Rozpoznanie własnego rysunku sprzed sześćdziesięciu pięciu lat oraz to, że przyczyniłem się do tak niezwykłej chwili w pewien piękny wiosenny dzień w Chicago, sprawiły, że poczułem, iż dzieje się coś, czego być może jestem świadom tylko częściowo. Po raz kolejny poczułem się depozytariuszem historii zesłanych dzieci. Po raz kolejny poczułem, że mam obowiązek do spełnienia.

Historia dziewięcioletniej Ewuni Czarneckiej opowiedziana przez nią samą

11 kwietnia 1940 roku nasza rodzina została deportowana na Syberię. Nasza rodzina, to znaczy mama oraz moja starsza siostra Hania, urodzona w 1926 roku, moja druga starsza siostra Zosia urodzona rok po Hani, ja oraz nasz najmłodszy braciszek, ośmioletni Adam. Tata, który tuż przed wybuchem wojny został przeniesiony z rezerwy do służby

Rodzina Czarneckich, od lewej: matka Emilia, Adam (ur. 1932), Hania (ur. 1926), Zosia (ur. 1927), ojciec Franciszek, Ewa (ur. 1931). Łańcut, 1934 rok

czynnej, był już wówczas w niewoli, ale nie mieliśmy żadnych szczegółowych informacji na jego temat. Z początkiem zimy 1940 roku Sowieci przewieźli nas, wszystkich moich bliskich, z jednego obozu pracy do drugiego. Młodsza siostra była delikatna, chorowita, zawsze kojarzyła się ludziom z czymś kruchym, mama czasami mówiła do niej nawet nie „Kwiatuszku", lecz – „Płateczku"... Podczas buranu i zawieruchy syberyjskiej Zosia straszliwie przemarzła. Musieliśmy potem przez kilka godzin nacierać ją alkoholem, który nam dali dobrzy Kazachowie, by odżyła. Bolały nas potem straszliwie ręce od tego masowania, od oparów alkoholu kręciło nam się w głowach. Ale to było nic wobec koszmarnego lęku o jej życie. Wtedy jeszcze mało śmierci widziałam, tak... śmierć wydawała mi się wtedy końcem świata, czymś, na co człowiek może się nie zgodzić. Siostra niby się rozgrzała, wróciło jej czucie w członkach, ale od tego czasu z każdym tygodniem coraz bardziej podupadała na zdrowiu. Mama też słabowała. Z wiosną warunki się poprawiły, ale z kolei wtedy zaczęły ją boleć stawy kostek u nóg od deptania na bosaka całymi dniami od świtu do zmierzchu mokrej zimnej gliny przy produkcji cegieł, a oprócz tego bała się, że zaczyna dostrzegać pierwsze oznaki szkorbutu... 21 listopada 1941 roku, po ogłoszeniu amnestii dla Polaków i w drodze do wolności, Zosia zmarła. Trzeba nam było pochować ją na obcej ziemi. Druga siostra, Hania, zrobiła rysunek grobu – i ten rysunek był wszystkim, co nam zostało po łagodnej i kochanej siostrze Zosi.

Rysunek grobu Zosi wykonała siostra Hania.

Reszta z nas wyjechała z armią Andersa do Persji. Byliśmy jedną rodziną pośród stu piętnastu tysięcy zesłańców, z czego siedemdziesiąt pięć tysięcy stanowili żołnierze armii Andersa utworzonej w ZSRR. Mój ojciec, kapitan Franciszek Czarnecki, został nominowany na komendanta polskiego oddziału MP, czyli żandarmerii brytyjskiej w Teheranie. Mieszkaliśmy w służbowym mieszkaniu w pobliżu kwatery głównej. Ze względu na funkcję ojca bywało u nas w domu wielu wojskowych i w ogóle sławnych osobistości wszelkiego kalibru. Zachodzili politycy, lekarze, a także artyści. Na nich zwracałam szczególną uwagę... Przez chwilę bywała też polska pieśniarka i tancerka, piękna i promienna kobieta, Hanka Ordonówna, żona hrabiego Tyszkiewicza, który został sekretarzem poselstwa RP w Teheranie z ramienia rządu polskiego na uchodźstwie. Bywał też zaprzyjaźniony z nimi malarz Stanisław Frenkiel, młody przystojny mężczyzna, dwudziesto-

Hanka Ordonówna, żona hrabiego Tyszkiewicza w Buzułuk, styczeń 1942

Fot. Czesław Zembal, Instytut Polski im. Gen. Sikorskiego w Londynie/Ośrodek Karta

kilkuletni, który znajdował się w Teheranie pod dowództwem mojego ojca i bardzo zbliżył się do naszej rodziny. Poznałam go jako żołnierza polskich sił zbrojnych na Bliskim Wschodzie, ale przed wojną był w Krakowie studentem Akademii Sztuk Pięknych. Lubiłam słuchać opowieści o tamtych latach, a także o jego pobycie w Paryżu, podczas którego poznał paryskie kręgi artystyczne. Jego także deportowano do Rosji, do Kazachstanu, w pierwszych latach wojny. Stanisław Frenkiel ciągle coś rysował, uliczne sceny, wydarzenia. W Teheranie spędził rok, a potem przebywał w Bagdadzie, Jerozolimie, Kairze i Aleksandrii, wreszcie w Bejrucie, tam znowu utrzymywał bliskie kontakty z Tyszkiewiczami, czyli z Ordonką i jej mężem. I dokończył wreszcie regularną edukację artystyczną na tamtejszej Akademii Sztuk Pięknych.

Młody pan Frenkiel lubił się z nami, dziećmi, bawić. Teraz wiem, że potem się stał sławnym artystą, malował obrazy, rysował karykatury, pokazywał prace na wystawach, została po nim duża spuścizna. Ale w Teheranie był dla nas po prostu ulubionym kompanem. Nieczęsto mieliśmy go dla siebie, ale kiedy był tylko z nami, stawał się jakby na powrót trochę dzieckiem. Żartował, wygłupiał się wręcz. Zapominał o mundurze. Bawiliśmy się najchętniej na wewnętrznym dziedzińcu naszego domu, tam był mały ogród i stawik z rybkami. Nasz pies Puszek skakał zawsze dookoła nas. Pan Staś rysował śmieszne historyjki w trakcie opowiadania kolejnej anegdoty. Rysował czymkolwiek, ołówkiem kopiowym lub piórem, albo naszymi kredkami, które mamie udało się zdobyć jeszcze gdzieś w Rosji i które stały się dla nas częścią tego samego najważniejszego skarbu co i pamiętniki. To Adaś poprosił młodego wojskowego, żeby się dla nas wpisał. Pan Stanisław był zachwycony pomysłem – od razu się wziął do dzieła. Adaś był je-

Z pamiętnika Adama Czarneckiego

go ulubieńcem – brat interesował się armią, strategią, wojskowością i oczywiście – bronią. Pan Frenkiel ciągle musiał odpowiadać na jego pytania… Może dlatego w pamiętniku Adama są narysowani wojskowi w pełnym rynsztunku… ale w moim pamiętniku pan Stanisław sportretował mnie i naszego Puszka.

Z pamiętnika Ewy Czarneckiej

Młody artysta wyraźnie pragnął sprawić nam radość, chyba się starał, abyśmy zapomnieli o tułaczce i wielkiej niewiadomej wiszącej nad naszym losem. Wiele się nazbierało wpisów w naszych sztambuchach. Zwykle nie były takie wesołe i optymistyczne, jak te od plutonowego Frenkiela. Na przykład przyjaciel Adama wpisał mu się do pamiętnika, rysując obraz wojny, ale pisząc o szkole jak o znaku pokoju: „ Los nas pędzi w różne strony – jak wiatr morskie fale… My o szkole teherańskiej – pamiętajmy stale!" i podpisał razem z datą: „Teheran, 9 II 1943, «miejsce postoj» w drodze do Polski…".

Z pamiętnika Adama

Chłopcy w ogóle często odnosili się do wojny w pamiętnikowych dedykacjach. Dlatego zawsze mi się wydawało, że mój pamiętnik i Adama są to są dwie całkiem różne rzeczy… Niektóre chłopięce wierszyki robiły na mnie duże wrażenie. Jeden pamiętam nawet do dziś: „Bałtyku, każdy Polak o Ciebie będzie się bił! Do ostatniej kropli krwi i ostatnich sił! Gdyż łączysz Polskę z całym światem i jesteś dla niej najpiękniejszym kwiatem". Tak wpisał się bratu w styczniu 1947 roku kolega, na imię miał chyba Jędruś. Dziewczęta bardziej niż obronę ojczyzny za temat obierały pamięć o niej – i to, że zawsze będziemy nosić ją w sercu.

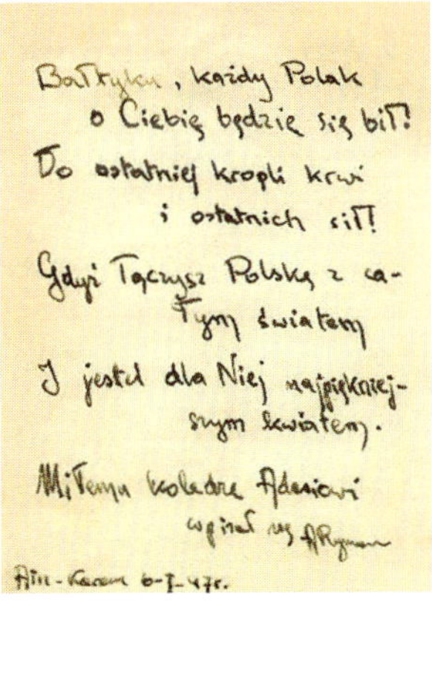

Z pamiętnika Adama

Z pamiętnika Ewy

A mój braciszek wpisał mi się tak:

/A. Mickiewicz/
„W słowach tylko chęć widzim, w działaniu potęgę.
Trudniej dzień dobrze przeżyć niż napisać księgę".

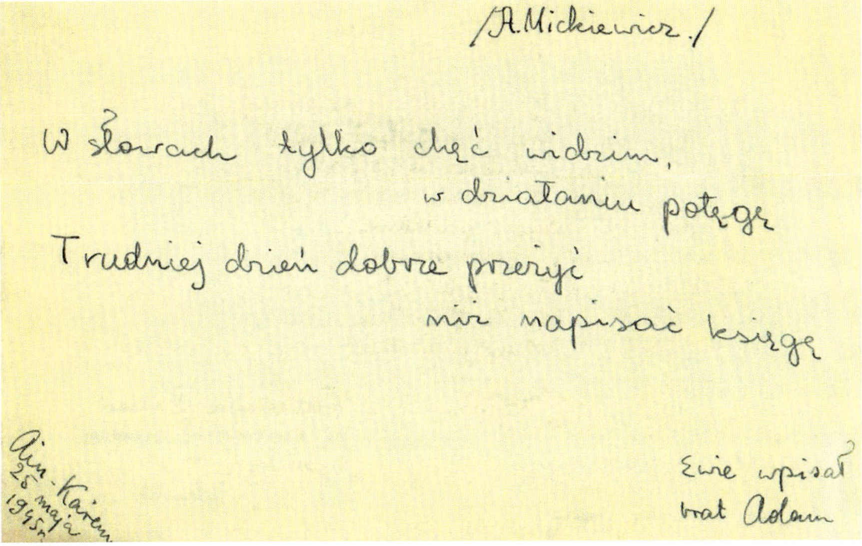
/A. Mickiewicz./
W słowach tylko chęć widzim,
w działaniu potęgę
Trudniej dzień dobrze przeżyć
niż napisać księgę
Ain-Karem
25 maja
1945 r.
Ewie wpisał
brat Adam

Z pamiętnika Ewy

Mam więcej wpisów od Adama. Na przykład jest pociąg... Brat narysował go w Ahwazie 20 stycznia 1944 roku. Pociąg taki łączył Teheran ze specjalnie przygotowanym w 1942 roku obozem blisko Ahwazu. Zatrzymywała się tam polska ludność cywilna, a stamtąd była transportowana do Zatoki Perskiej i przewożona okrętami do Afryki i Indii.

W drodze do Ahwazu, przedzierając się przez łańcuch górski Zagros, pociąg przejeżdżał przez sto czterdzieści siedem tuneli. Kiedy my nim jechaliśmy, w Persji panowały niesamowite upały i dla uzyskania choć trochę ochłody okna wagonów były cały czas otwarte. Ale w tunelach zamiast świeżego powiewu wpadały do środka wyziewy siarkowe loko-

Z pamiętnika Ewy

motywy napędzanej węglem i powodowały u wszystkich pieczenie oczu i łzawienie. Ledwie zdołaliśmy przetrzeć powieki i odkaszlnąć, zaczynał się kolejny tunel... Nie tylko polscy uciekinierzy z niewoli sowieckiej, tacy jak my, jechali tym pociągiem, lecz również wojska polskie, amerykańskie i brytyjskie. Pociąg przewoził wielką masę ludzi bez domu i bez swojego miejsca na ziemi...

* * *

Ewa Czarnecka przyjechała do Chicago w 1951 roku. Szybko zapisała się do polskich organizacji. Czuła potrzebę działania. W Związku Narodowym Polskim dawała dzieciom lekcje polskiego tańca ludowego. A kiedy już nie miała możliwości zajmować się dziećmi i ich uczyć – zaopiekowała się kilkudziesięcioma bezdomnymi kotami: nosiła dla nich wodę, jedzenie, woziła do weterynarza, szczepiła, sprzątała, sama ledwo poruszając się z powodu swojej postępującej niesprawności.

Ewa w wieku 22 lat w Chicago

Lubiłem chodzić do Ewy, ale nie było nam dane długo się znać, raptem kilka lat. Ewa zmarła w 2010 roku. Podczas jednego z naszych ostatnich spotkań opowiedziała mi o późniejszych losach swego młodszego brata. Ze zdjęcia patrzył na mnie inteligentnym spojrzeniem rosły, zgrabny mężczyzna o bujnej czuprynie siwiejących włosów i ciepłym uśmiechu. Może spotkaliśmy się w Ahwazie, a może w Pahlawi, gdzie z bandą chłopaków bawiliśmy się na pustyni? Jedynymi naszymi atrakcjami był piasek, kamienie, patyki i ewentualnie żywe skorpiony... No i oczywiście fantazja oraz przyjaźń. Czy był wśród nich jakiś Adam...? Pamięć nic mi nie podsuwała. Kiedy do naszego obozu uchodźców zajeżdżał wojskowy dżip, otaczała go ogromna zgraja chłopców, podekscytowanych możliwością dotknięcia maszyny. Może wśród nich był Adam? Nieodgadnione są koleje losów. Jego

Ewa z bratem Adamem Czarneckim, Chicago, ok. 2004 r.

pamiętnik, do którego zbierał wpisy aż do przyjazdu do Ameryki, należy teraz do mnie. Jest to pamiętnik chłopca, który miał wielu kolegów, ale i tak zawsze był ciekaw każdej napotkanej osoby, po której się starał zachować jakiś ślad. Ale w czasie rozmowy z Ewą się dowiedziałem, że jest to też pamiętnik poważnego naukowca, matematyka, jakim Adam Czarnecki został w dorosłym życiu. Po przyjeździe do Stanów Zjednoczonych najpierw służył przez dwa lata w wojsku amerykańskim, a potem skończył matematykę na Uniwersytecie DePaul w Chicago i wkrótce sam został profesorem matematyki, wykładającym na Illinois Institute of Technology, Northeastern University oraz University of Illinois w Chicago.

Wiesław prawdopodobnie nie poznał Adama na plaży Pahlawi ani w Teheranie, nigdy też nie miał okazji go poznać w Ameryce – Adam zmarł w 2007 roku. Słuchając o nim u Ewy Czarneckiej lub w rozmowach z jej siostrą Hanną Giercuszkiewicz, czuł, że chce przechować tego chłopca w sobie, tak jak wielu innych wygnanych chłopców i dziewczęta – chociaż nie ma ich już na świecie.

Ale jest na półce w jego mieszkaniu pamiętnik Adama, stoi obok pamiętnika Ewy i w obydwu te dzieci ciągle żyją.

Rozdział 7

Danuta Lorenc
(Danuta Plussa)

Krótkie kasztanowe włosy na bok zaczesane, ładnie umalowane oczy, kardigan w głęboko błękitnym kolorze narzucony na białą sukienkę, na szyi srebrna biżuteria w kształcie ażurowego, misternie wykonanego kwiatu w owalnej formie, pewnie to sekretnik.

Tym razem szedłem na bankiet sybiraków w Chicago chyba tylko dlatego, żeby poznać panią Danutę Lorenc! Przedstawił nas sobie przypadek – wspólnie dzielony stół w restauracji. Zanim usłyszałem, jak się nazywa moja sąsiadka, już poczułem odruch sympatii, ba, nawet przyjaźni w stosunku do niej. Tak szybko to się stało za sprawą poczucia humoru i skłonności do żartów oraz żywego sposobu opowiadania. Iskrzące oczy, zaraźliwy śmiech… Ale szybko, jeszcze podczas owego pierwszego wieczoru naszej znajomości, zobaczyłem kryjące się w tych samych oczach łzy, usilnie powstrzymywane pod powieką…

Czemu do tej pory się nie spotkaliśmy? Tak wypadło, ale przecież powinniśmy byli. Pani Danuta od początku pięćdziesiątych lat kolegowała się z moją siostrą Zosią. Poznały się zaraz po przyjeździe Zosi do Ameryki, do Chicago. Ja zaś znałem panią Danutę Lorenc tylko z opowieści. Kiedy więc poznałem nazwisko sympatycznej, eleganckiej i promiennej sąsiadki podczas bankietu, klasnąłem z radości. I pomyślałem, jak to jest wspaniale, kiedy przypadek przejmuje inicjatywę. Albowiem z tych siostrzanych opowieści znałem panią Danutę całkiem nieźle – a przynajmniej to dziecko, którym była wtedy, kiedy i ja byłem dzieckiem. I tam, gdzie ja nim byłem…

Tak, historia pani Danuty Lorenc szybko znalazła drogę do zielonego kajetu Wiesława. Kiedy później spotkali się po raz drugi, pani Danusia pokazała mu swój pamiętnik. Ona też zbierała podpisy i wierszyki od spotkanych ludzi, najczęściej dzieci, dostawała od nich rysunki. W ten sposób zbierała znaki, które pozwoliły jej później zachować tożsamość ze sobą z tamtych nieludzkich lat. Na pewno nie myślała tak, jak Wiesław teraz myślał. Wtedy, w Persji, na Syberii, w Anglii dziecko nie myślało o przyszłości inaczej niż w marzeniach i modlitwie, zachowywało się raczej wedle instynktu, a siła w nim ukryta pokazywała, co i jak można w sobie uchronić. Na przykład uczucie przyjaźni albo pamięć o tym, co dobre – wpośród tego, co dookoła wtedy było tak bardzo złe.

Wiesław usiadł w głębokim fotelu, ulubionym. Na kolanach miał zielony brulion, w ręku pióro. Zachodziło słońce. Zapalił stojącą lampę, wstał, poszedł zrobić sobie herbatę. Wyraźnie nie szło mu tym razem pisanie. Był rozproszony, nostalgicznie zadumany. Za dużym tarasowym oknem lekki wiatr czesał bujną zieleń, wysokie trawy, szuwary dookoła stawu, dobrze już wyrosłe kolorowe dalie. Mieszkanie Wiesława mieści się na parterze i większość okien wychodzi wprost na duży parkowy teren, zamknięty, służący wyłącznie mieszkańcom kilku stojących dookoła budynków. Wielu z mieszkańców Wiesław znał, z niektórymi się przyjaźnił, ba, nawet jeden z bohaterów jego „sztambucha dziecięcych historii" tutaj mieszkał, teraz spotyka wdowę po nim, dystyngowaną, ale zawsze bardzo serdeczną panią Danutę Inglot.

Tym razem jednak myślał o innej przyjaźni. Czy w ogóle może to nazwać przyjaźnią...? Chyba nie. Ale kiedy podchodziła pod jego okno piękna łabędzica, serce się w nim rozgrzewało tak, jakby się zbliżał przyjaciel. Tyle czerpał spokoju i otuchy z obserwacji małych zaaferowanych łabędziątek, drepczących w ślad za matką! Obserwował je każdego roku – od narodzin przez dorastanie aż po samodzielność. Godzinami mógłby na nie patrzeć, podziwiać mądrość łabędzicy, naukę małych, odbywające się według prastarych zasad dojrzewanie.

Wiesław sięgnął po pamiętnik Danuty Lorenc, który przyniósł tego dnia do domu. Otworzył na przypadkowej stronie, z której popatrzy-

Łabędzie na stawie przed domem, w którym mieszka Wiesław, Chicago, 2014 r.

ła na niego figlarnie dziewczynka w czerwonej sukience, przytrzymująca zielony kapelusz na głowie. Może miała to być wersja Czerwonego Kapturka. Przecież baśnie też z nami podróżowały, nie tylko wszy i pluskwy!, pomyślał. Na innej bukiet niezapominajek nic nie stracił

Z pamiętnika Danuty Lorenc

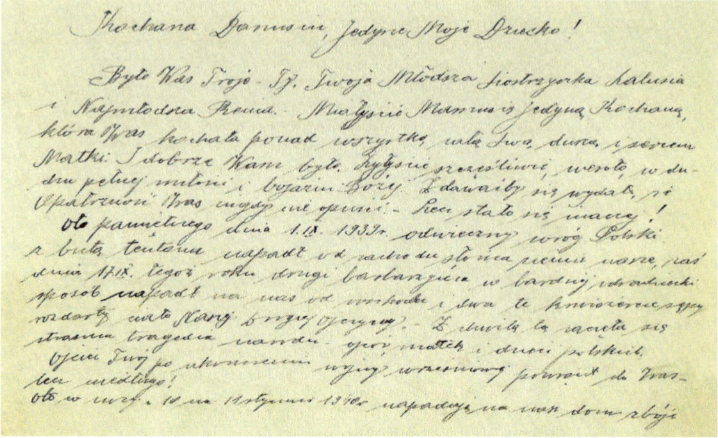
Kochana Danusiu, Jedyne Moje Dziecko!
Było Was Troje - Ty, Twoja Młodsza Siostrzyczka Lalusia
i Najmłodsza Renia.

Z pamiętnika Danuty Lorenc

ze swego intensywnego błękitu. Naraz Wiesław trafił na stronę zapisaną cienką stalówką, równym pochyłym pismem, bez żadnego rysunku, pismem, które było dojrzałe, kaligraficzne nieomal. I gęste.

Zacząłem czytać. Pierwszą moją reakcją było zdumienie. Zacząłem czytać jeszcze raz. Nerwowy tik powieki kazał mi na chwilę przymknąć oczy. Kiedy je otworzyłem, nie czytałem już dalej. Zamknąłem pamiętnik pani Danuty, wziąłem go razem z moim kajetem i piórem i przeniosłem się do stołu. Natychmiast wziąłem się do przepisywania, słowo w słowo, tak jak widniało na stronie pamiętnika – i podczas przepisywania czytałem:

Historia pięcioletniej Danusi Lorenc zapisana w jej pamiętniku przez ojca

Kochana Danusiu, Jedyne Moje Dziecko!

Było Was troje, Ty, Twoja młodsza siostrzyczka Lalusia i najmłodsza Renia. Miałyście Mamusię, Jedyną, Kochaną, która Was kochała ponad wszystko całą swą duszą i sercem Matki. I dobrze Wam było. Żyłyście szczęśliwie, wesoło, w duchu pełnej miłości i bojaźni Bożej. Zdawać by się wydało, że Opatrzność Was nigdy nie opuści – Lecz stało się inaczej!

Oto pamiętnego dnia 1 IX 1939 r. odwieczny wróg Polski z butą teutona napadł od zachodu słońca ziemie nasze, zaś dnia 17 IX tegoż roku drugi barbarzyńca w bardziej zdradziecki sposób napadł na nas od wschodu i dwa te krwiożercze sępy rozdarły ciało Naszej Drogiej Ojczyzny. Z chwilą tą zaczęła się straszna tragedia narodu – ojców, matek i dzieci polskich. Ojciec Twój po ukończeniu wojny wrześniowej powrócił do Was – lecz niedługo!

Oto w nocy z 10 na 11 stycznia 1940 r. napadają na nasz dom zbóje bolszewicy, zabierają Twojego ojca do więzienia, wywożą do łagrów pracy na Północnym Uralu. Niezapomniana chwila rozstania się z Wami, wśród płaczu Matki i drogich dzieci. Nie koniec na tym. Straszny barbarzyńca dokonuje dalszych zbrodni na Was niewinnych dzieciach i nieszczęśliwej Matce. Dnia 13 IV 1940 r. w nocy napadają zbóje bolszewicy na dom i wyrywają Was z Ziemi Ojców i wywożą daleko do Rosji, do Kazachstanu, daleko tam, gdzie wierzę, że Boga nie ma! Tam rzucają Was na pastwę straszliwego losu. Mamusia Twoja, by uratować Was od niechybnej, głodowej śmierci pracuje ciężko, otacza Was troskliwą opieką z myślą, byście wróciły do wolnej Polski zdrowe i piękne, do tej Polski, o której stale marzyła i śniła.

Na skutek amnestii ojciec Twój wraca z łagrów i znajduje Was nieszczęśliwych, biednych na Sybirze. Wstępuję do Wojska Polskiego w Rosji. Chcąc Was ratować z kraju nędzy, biedy, głodu, ubóstwa i strasznego bezprawia, w maju 1942 r. przywiozłem Was do Uzbekistanu – miasteczka Guzary. Tam umieszczono Was w sierocińcu w „Karkin Batan", gdzie nastąpiła straszna tragedia całej Rodziny. Na skutek tropikalnego klimatu wszyscy chorujemy, dnia 14 VII 1942 w szpitalu – w meczecie tak nagle i niespodziewanie umarła Twoja Mamusia – o godz. 5. 7' rano gaśnie życie Istoty Najdroższej dla mnie i dla Was, a wieczorem tego samego dnia o godz. 6. 7' w drugim szpitalu umarła Twoja najmłodsza siostrzyczka Renia. Na drugi dzień odbył się „pogrzeb". Zwłoki Mamusi i Reni leżą we wspólnej mogile – przytulone do siebie śpią snem wiecznym na ziemi obcej w drodze ku wolnej Polsce. W Guzarze na cmentarzach leży ponad 5000 polskich żołnierzy, niewiast i dzieci – w Karkin Batan umierało dziennie około 30 dzieci polskich. Zostałaś Ty i Lalusia chora – dziecko kochane, słodkie, mądre pragnie żyć. W ciężkim stanie zdrowia przewieziono ją do Persji miasta Pahlawi. Ja przyjechałem później, odnalazłem Was dnia 20 VIII 42. Lalusię ciężko chorą zabrano do szpitala, przebywałem z nią również chory przez kilka dni. Niezapomniane dla mnie ostatnie chwile jej istnienia, jej straszne pragnienie życia i zdrowia. Lecz los nieubłagany, straszny! Dnia 4 IX 1942 r. zgasło życie mego kochanego dziecka. Śmierć Lalusi dopełniła po brzegi piekielnej goryczy, którą zgotował mi los tak okrutnie niemiłosierny. Trzy ofiary barbarzyństwa bolszewickiego. Z ofiar tych i tysięcy innych musi wyróść mściciel, który dokona zemsty – dając wyraz sprawiedliwości tu na ziemi, a jęki konających po całej Rosji bolszewickiej dzieci polskich uderzą o tron Boży, poruszą słońce, księżyc i gwiazdy, aż nadejdzie chwila zemsty i dokona się sprawiedliwość Boska! – Polska powstanie potężna, mocarstwem, wolna i niepodległa, ale już niestety nie dla wszystkich! Z całej mojej Rodziny ocalałaś tylko Ty Danusiu, jedno jedyne dziecko, które kocham ponad wszystko, bo żywo przypominasz mi Mamusię – jesteś dla mnie dalszym ciągiem Jej Istnienia. Powierzam Cię opiece Opatrzności!

Wpisałem w Persji, jej stolicy Teheranie, dnia 23 kwietnia 1943 roku, w obozie cywilnym nr 1, szałas 35.

Skończyłem przepisywać. Mrok zgęstniał. Ledwo widziałem na oczy, coś mi w nich przeszkadzało patrzeć... Kiedy oddawałem pani Danucie pamiętnik, ona też się rozpłakała. Siedzieliśmy w milczeniu, a właściwie nie w milczeniu, ale w rozmowie mimowolnych szlochów.

No i jak tu nie wołać do świata: Spójrz! Zobacz, gdzie są te dzieci, które skazałeś na dramat jeszcze większy od tego, co jest na świecie największe!

Ciąg dalszy historii pięcioletniej Danusi Lorenc opowiedziany przez nią samą

„Jedyne Moje Dziecko!" – tak zaczął wpis dla mnie w pamiętniku mój ojciec, Kazimierz Lorenc. Co miał zrobić z bólem? Co mógł zrobić dla ukochanych, które odeszły? Pewnie nic... może to w akcie desperacji się wpisał – bo przecież to było jedyne, co mógł dla nich zrobić, zostawić gdzieś po nich ślad...

Matka Danuty Lorenc, zdjęcie sprzed 1939 r.

Pamiętam tamte chwile. Czasami, jak jest mi bardzo ciężko, nie wiem, co lepsze, czy żyć potem z takim bólem, czy może pójść tam, gdzie one... Kiedy tata się wpisał, miałam dziewięć lat! Po śmierci mamy i Reni tata musiał wrócić do wojska, a mnie i młodszą ode mnie o dwa lata siostrę Elżbietę, którą nazywaliśmy Lalą, zostawił pod opieką kobiety, która ze swoją córeczką mieszkała z nami. Był to dla mnie bardzo ciężki okres. Czułam się pokrzywdzona, opuszczona, zapomniana. Zrobiłam się nieufna, skryta i nieśmiała – a przecież wcześniej taka nie byłam. Siedziałam godzinami w kuckach przed lepianką i przez długi czas nie chciałam się bawić z dziećmi, tylko zajmowałam się Lalusią,

Danusia Lorenc z siostrami, Renią oraz Elżbietą, zdjęcie sprzed deportacji

która była chora na czerwonkę. Nikt i nic nie mogło mnie pocieszyć. Obie czułyśmy się zagubione w tłumie obcych ludzi.

Potem już zawsze tak było. Pamiętam, płynęłyśmy okrętem towarowym z Krasnowodzka przez Morze Kaspijskie do Persji, dwie sieroty. Okręt załadowany był Polakami uciekającymi z niewoli sowieckiej. Właściwie z całej podróży zapamiętałam najbardziej jedną straszną scenę – długi sznur dzieci sunących powoli w kierunku „dziury", gdzie można było załatwić potrzebę. Chore na biegunkę lub czerwonkę, także moja siostra Lala, załatwiały się tam, gdzie stały. Nie było możliwości umycia się po takim przykrym zdarzeniu. Niesamowity odór wisiał w powietrzu i towarzyszył nam przez dwa dni, aż dotarliśmy na drugi brzeg Morza Kaspijskiego, do Pahlawi.

Tam nadal pozostałyśmy pod opieką kobiety, z którą zostawił nas ojciec, lecz było tak, jakby nikt się nami nie opiekował. Po śmierci Lalusi w 1942 roku moja rozpacz i osamotnienie wzrosły. W 1943 roku tata przyjechał z Iraku do Persji, żeby mnie odwiedzić. Jakże się poczułam szczęśliwa, że mogę go zobaczyć, przytulić i z nim porozmawiać. Zabrał mnie wtedy na teherański bazar i kupił ubrania, buty i to, o czym zawsze marzyłam – bransoletkę i pierścionek. W tym dniu moja radość nie miała końca. Nie z powodu zakupów i pierwszej w życiu biżuterii – ale unosił mnie na skrzydłach ten splot wszystkiego prawie jak z baśni: tajemnicza i egzotyczna Persja, jej zapachy i kolory, obcy i muzyczny gwar bazaru, błysk świecidełek, które dostałam, i najbardziej z wszystkiego – schowanie całej mojej dłoni we wnętrzu dużej ręki silnego, kochanego człowieka, który był dla mnie nie tylko jedyną, jaka mi została, rodziną, ale wszystkim: bezpieczeństwem, domem, całym światem. Radość tamtej chwili była tak nieziemska, niezwykła, pełna jakiegoś uniesienia i lekkości, że zapamiętałam ją na zawsze, takiego rodzaju radości chyba już nigdy więcej nie przeżyłam...

Danuta z ojcem podczas jego odwiedzin w Teheranie

Po wyjeździe ojca, który znowu musiał wrócić do wojska, poczułam się jeszcze bardziej osamotniona. Wkrótce potem delegatura polska w Teheranie dodała mnie do listy wywozowej z Persji do Afryki, dokąd wysyłano większość uciekinierów z Syberii. W tej podróży nadal byłam pod opieką tej samej pani, dojechałam jednak tylko do obozu przejściowego w Ahwazie, blisko Zatoki Perskiej. Zamiast do Afryki odwieziono mnie z powrotem do Teheranu. Na początku nie wiedziałam dlaczego. Przyczyna mogła być i dobra, i zła… ciekawość walczyła we mnie z przestrachem. Wkrótce się dowiedziałam. Znajoma taty z Syberii, pani Maria Lepsza, zawiadomiła go, że moja opiekunka nie

Z pamiętnika Danusi

dość się mną opiekuje. Ojciec w związku z tym za wszelką cenę chciał, abym już więcej nie była pod jej opieką, i dlatego, po jego staraniach, zawrócono mnie do Teheranu. Lecz nie zostałam tam długo, bo zaraz wysłano mnie do Isfahanu, dawnej stolicy Persji, którą w tym czasie nazywano „miastem polskich dzieci". Ponieważ od razu się rozchorowałam, posłano mnie do sanatorium. Pielęgniarką była tam pani Maria Góralczyk, dawna znajoma rodziców. Jak dziwnie losy splatają ludzkie

Z pamiętnika Danusi

drogi… Mieszkała w Skałacie – mieście, w którym i my mieszkaliśmy przed deportacją. Gdy znalazłam się pod jej opieką, od razu zaczęłam się lepiej czuć. Nie dokuczało mi już tak boleśnie sieroctwo. Był ze mną choćby nie wiem jak ulotny kawałeczek naszego świata z czasów, kiedy życie było dla nas jeszcze dobre. Nową opiekunkę nazywałam ciocią. Opiekowała się mną tak, jakbym była jej własną córką. Była kochająca i wyrozumiała. Poznałam wtedy jej trzy siostrzenice – Polakówny: Krysię, Marylę i Basię, które traktowały mnie jak rodzoną siostrę. Pod koniec 1945 roku część polskich tułaczy została wywieziona do Libanu, między innymi ja, Krysia, Maryla i Basia. Wyjechała również z nami Maria Góralczyk. Wkrótce potem tata, który walczył we Włoszech, przyjechał z wizytą. I tam, w Libanie, poślubił „ciocię" Marię! Jakoś się to wszystko scaliło, jakoś próbowaliśmy odbudować dom… Tam również, w 1947 roku, urodził się mój przyrodni brat Zbigniew. Od tego czasu czułam się coraz lepiej i byłam może nawet czasami szczęśliwa…? Po dwóch latach pobytu w Libanie przewieźli nas do Anglii, gdzie w 1949 roku urodził się mój drugi brat, Kazimierz.

Z pamiętnika Danusi, pobyt w Anglii

Z pamiętnika Danusi, pobyt w Anglii

Z Anglii przybyliśmy do Chicago w kwietniu 1951 roku i na początku mieszkałam z ojcem, aż do swojego ślubu. 3 października 1953 roku wyszłam za mąż za Jerzego Plussa, który był oficerem w Pierwszej Polskiej Brygadzie Spadochronowej. Urodziło się nam dwoje dzieci – córka Renia i syn Marek. A tata troszczył się o mnie nawet wtedy, gdy już byłam mężatką…

Od 1988 roku jestem wdową, ale nie mniej się krzątam, wiem, że o dom trzeba dbać, chronić go od zła zewnętrznego świata… Zadbany dom dookoła znaczy prawdziwy dom w duszy… Zawsze ważne były dla nas tradycje – Bożego Narodzenia, Wigilii, Wielkanocy i wszystkich innych świąt religijnych i narodowych. Moje dzieci uczęszczały do polskich sobotnich szkół, a w domu rozmawialiśmy tylko po polsku. Kiedy teraz spotykam się podczas świąt z braćmi i ich rodzinami, też mówimy po polsku. Jesteśmy przecież wtedy bardziej u siebie… Zasiadamy wspólnie przy wigilijnym stole, śpiewamy polskie kolędy, razem świętujemy, łamiąc się opłatkiem. Dbam o dom i o rodzinę i dzię-

Danuta z mężem Jerzym Plussą, Chicago, lata 80.

ki temu w moim życiu kwitnie radość i szczęście. Ale tamto wszystko też w moim domu jest. Pamiętnik jest talizmanem, a w nim wpis ojca moim wianem…

Kiedy czytałam ów list od taty, wpisany do mojego pamiętnika, powracałam do bolesnych chwil śmierci mamy i moich najdroższych siostrzyczek. Płakałam niejeden raz z żalu i tęsknoty. Już jako dorosła, sama będąc matką, zrozumiałam nieco inaczej, od innej strony, tę ogromną boleść w sercu mojego ojca – i znów płakałam, że tyle wycierpiał. Powracałam myślami do dawnych lat, kiedy byliśmy szczęśliwą rodziną w Skałacie. Jestem wdzięczna ojcu, że pozostawił po sobie tak drogocenny skarb, własnoręcznie napisany list w moim pamiętniku, list pełen rozpaczy i prawdy o nas.

Przez dziesiątki lat marzyłam o tym, żeby odwiedzić grób mamy i Reni. Kiedy się to stało możliwe, poczułam ulgę, ale równocześnie serce miałam po brzegi wypełnione bólem, ponieważ powróciły do mnie jeszcze mocniej tamte straszne chwile. Pojechaliśmy dużą delegacją na cmentarz w Guzarach, w Uzbekistanie, ale pełna byłam trwogi. Minęło już sześćdziesiąt pięć lat od czasu, kiedy po raz ostatni ukochana mama tuliła mnie do piersi. Miałam wtedy zaledwie osiem lat. Wspomnienie jej śmierci powróciło z taką siłą, jakby to było wczoraj. Serce

Danuta Lorenc, Chicago, 2005 r.

biło mi mocno, jakby miało za chwilę wyskoczyć. Zbliżaliśmy się do bramy cmentarza.

Przywitała nas płyta z nazwiskami tysięcy polskich żołnierzy, którzy zmarli na tyfus lub inne choroby zakaźne z powodu okropnych

Bezimienne zbiorowe mogiły w Guzarach, Uzbekistan, 2007 r.

warunków higienicznych i trudnego dla nas tropikalnego klimatu. Inni ludzie, nie tylko wojskowi, którzy codziennie umierali z tych samych powodów, zostali pochowani na tym samym cmentarzu. W tamtym czasie nie stawiano tablic z wyróżnieniem nazwisk osób cywilnych. Były to masowe groby, bez indywidualnych nagrobków. Stojąc na cmentarzu, gdzie leżą mama i Renia, czułam, jak na powrót budzi się we mnie groza, narasta rozpacz i ból serca. Położyliśmy kwiaty w różnych częściach cmentarza, nie wiedząc, w którym dokładnie miejscu mama i siostra zostały pochowane. I akurat wtedy salwa polskich żołnierzy oddała cześć wszystkim, których męczeńska droga znalazła epilog na tym cmentarzu. Wzięliśmy udział we Mszy Świętej, podczas której modliłam się za dusze mamy i Reni oraz Lalusi pochowanej w Persji.

I tak pożegnałam się na wieczność z mamą i siostrami. Wyszłam z cmentarza. W tym momencie zamknęłam jeden rozdział mojego życia, ten, który skończył się dawno temu, ale wciąż nie mógł się domknąć.

Po powrocie zrozumiałam, że jeszcze jednego brakuje mi do całkowitego zamknięcia tragicznego rozdziału.

Po raz pierwszy przyleciałam do Polski w 1958 roku. Gdy znalazłam się w Warszawie, dostałam ataku płaczu ze wzruszenia: wróciłam do rodzinnego kraju. Mama wpajała w nas polskość; kiedy opowiadała o Polsce, opowiadała bajki, uczyła modlitw, wierszyków i piosenek. Ale regularne lekcje języka polskiego zaczęłam pobierać dopiero na wygnaniu, tak samo jak historii Polski i polskiej kultury. Tata, kiedy przyjeżdżał na urlop z wojska, opowiadał o Polsce i jej krajobrazach. Nigdy nie przestał kochać Podola. Latami marzyłam, żeby zobaczyć na własne oczy kraj, w którym się urodziłam.

Początkowo po ucieczce z niewoli sowieckiej czułam gorycz i nienawiść, ale gdy dorosłam, doszłam do wniosku, że gniew i złość bardziej niszczyłyby mnie niż niewola. Trzeba przetrwać wszystkie burze i dążyć tam, gdzie blaski... Należę do pokolenia, które przeżyło II wojnę światową. Nie zapomniałam krzywd wyrządzonych mi przez Sowietów, ale staram się prowadzić normalne życie, bez goryczy i nienawiści...

A dzieci kocham ponad wszystko, tak jak mój tata kochał mnie całym sercem i duszą przez całe życie.

Czarna noc, łabędzie śpią, śpią trawy i kwiaty, ustał wiatr. Za oknem czarno. Herbata ostygła. Myślę wciąż o życiu pani Danuty. Patrzę na piękną akwarelę przedstawiającą perski meczet, datowaną na kwiecień 1943 roku, w Teheranie. To piękny, może najładniejszy rysunek w pamiętniku pani Danuty, choć jakże tu przykładać kategorie ładny czy nieładny… Głęboki szafir glazurowej fasady meczetu, zielone drzewa, pięknie zaróżowione niebo. Duży talent miała ręka trzymająca pędzelek. Pani Danusia nie pamięta, kto go narysował, ktoś dorosły, powiedziała. Ale jej imię

Z pamiętnika Danusi

i nazwisko ponad rysunkiem zapisał ojciec, wtedy, kiedy dawał jej w prezencie pamiętnik. Widocznie rozumiał, że pamiętnik jest potrzebny, bo może pomóc. Ciepła, dowcipna osoba, a skrywa ból i dramat przekracza-

jący wytrzymałość ludzkiego serca. Zaczynam widzieć towarzyszący pani Danucie cień lęków i nieśmiałości w odkrywaniu mrocznych strun duszy, a za nimi wrażliwe serce. I trochę inaczej ważę słowa, w których przyznała, że nigdy wcześniej nie dzieliła się z nikim z rodziny tym, co mi opowiedziała i pokazała. Czuję odpowiedzialność. Ale wzmacnia mnie myśl, że wiemy już teraz oboje, że trzeba głośno wołać, by piach czasu nie zasypał pamięci o naszej sierocej doli.

Pani Danuta Lorenc, tragicznie osierocona, kochająca dzieci i świat, nie uważała, aby należało ciągle przypominać o okrucieństwie, do jakiego zdolny jest człowiek. Pamiętnik z rozdzierającym listem od ojca trzyma jako relikwię, ale na co dzień nigdy z niego nie czerpała, nikomu nie pokazywała. Takie niby-nic, zwykły dziewczyński pamiętnik, mógłby ktoś powiedzieć, a jak silnie oddziałuje, jak spaja teraźniejszość z przeszłością, z korzeniami i minionym losem. Pani Danuta nie opowiadała dookoła o tragedii, choć wtedy, gdy zaczynała jednak o niej mówić, musiała ocierać łzy. Ale tragedia w niej żyła i żyje, krzywda i utrata są razem z nią, jak cień. Pewnie dlatego podczas kolejnego spotkania z Wiesławem pani Danuta zrozumiała jego intencję przypomnienia światu historii cierpienia tułaczych dzieci i uwierzyła, że trzeba wypowiedzieć ból i bezradność wobec zła.

Bo jakże inaczej wynagrodzić krzywdę tym, których ono zagarnęło...?

Rozdział 8

Krystyna Polak
(Krystyna Ziemło)

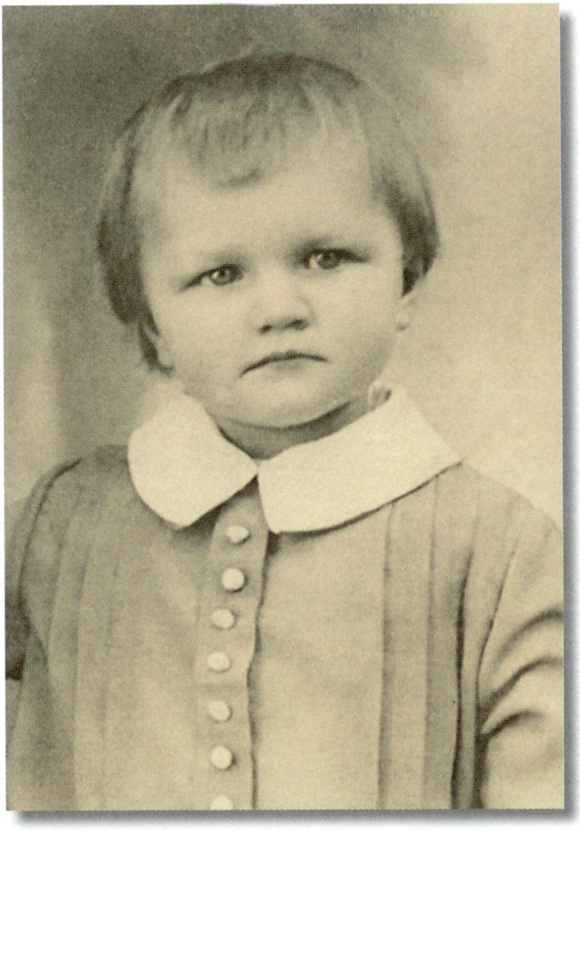

Dzisiaj też obserwowałem łabędzie. Małe są wciąż „brzydkimi kaczątkami", ale coraz bardziej pojętnymi. Ludzkie niemowlęta nie potrafią same dobrze umyć rąk, czasami nawet dwuletnie dzieci nie są w stanie tego zrobić. Tymczasem malutkie łabędzie, naśladując matkę, doskonale dają sobie radę z czyszczeniem piór parę tygodni po wykluciu. Zadaję sobie pytanie: skąd łabędzie niemowlę wie, o co chodzi z tym czyszczeniem i czemu ma to służyć? I natychmiast sam udzielam odpowiedzi: jeśli robi to mama, to jest całkowicie nieistotne, o co w tym wszystkim chodzi. Dla łabędziątek to wystarczy…

Łabędzica oraz jej małe przed oknami apartamentu Wiesława, Chicago, 2014 r.

Wiesław kąpał wzrok w zieleni odbijającej się w stawie. Człowiek od razu czuje więcej swobody i zapomina o zmęczeniu w otoczeniu bujnej i soczystej zieleni. W Rosji zesłańcy cierpieli głód elementarny, ale w pustym wyschłym stepie musiał to być też głód pięknej i harmonijnej, soczystej natury. Wiesław długo tego nie rozumiał, dopiero w Libanie…

Kiedy w czterdziestym szóstym trafiliśmy z siostrą do Libanu, zaczęło się inne życie. Po słonych, oblepiających ciało wiatrach i wciskającym się wszędzie piasku Iranu zielony Liban zdawał się odmienną rzeczywistością. Wjechaliśmy w nią klekoczącym pociągiem o wąskich drewnianych ławkach, który nas wiózł przez pustynie, arabskie oazy. A najpierw przez łańcuch górski Zagros i owe sto czterdzieści siedem tuneli, w których niemiłosiernie piekły oczy i policzki od zostawianych przez lokomotywę siarkowych spalin. Ktoś je niedawno wspominał. Zielony kajet podpowiedział: Ewa Czarnecka. Rzeczywiście. Ona też zapamiętała, jak wtedy piekły oczy. Zastanawiam się, ile dzieci pokonało tę samą trasę. Przebyliśmy ją: ja, moja siostra Zosia i teraz wiem, że także mała Ewa. Ile jeszcze? Odpowiedź jest prosta: wystarczy sprawdzić w historycznej monografii albo na przykład na stronie internetowej Karty… Ale mnie nie o taką chodzi odpowiedź, nie o cyfrę. Ile dzieci, ile marzeń, ile sieroctwa, ile zawieszonych przyszłości, często właściwie już przekreślonych, ile niepoczochranych główek, ile nieucałowanych na dobranoc dziecięcych powiek, ile par dłoni, które nie znały żadnej zabawki, ile dzieci, na które nikt nie wołał zdrobniałym imieniem i które nie miały do kogo się zwrócić ze swoimi pytaniami… W każdym pojedynczym dziecku też jest mnogość, jest w nim dziecko, które nie może grać w piłkę, bo nie ma piłki, któremu się nie opatruje skaleczonego kolana, któremu się nie pierze pościeli… któremu nikt nic nie czyta, nie śpiewa, nikt nic nie kupuje, nikt nic nie tłumaczy ani nie opowiada… które nie ma adresu na planecie Ziemia, nie ma domu, ma parę butów (dobrze, jeśli ma), czasem jakiś zeszycik, być może ołówek albo i nawet kredkę, ma koszulę, ma wspomnienia. Już w pojedynczym dziecku jest tyle dzieci… A więc ich razem, tych wszystkich, ile? Człowiek ani maszyna tego nie policzą. A przecież można zarazem powiedzieć, że tamte wszystkie dzieci to było jedno Dziecko, jedno osierocone, ciężko doświadczane, samotnie mierzące się z okrucieństwem losu, historii i ludzi.

W tym momencie fotelowych rozmyślań przed tarasowym oknem z widokiem na zieleń, staw i piękny świat Wiesław zdał sobie sprawę, że zna jeszcze kogoś, kto tam był. Zieleń przywołała przed oczy Liban. Tam poznał dziewczynkę, która teraz mieszka w Chicago i która na pewno w sierocych latach miała sztambuch.

Sześćdziesiąt pięć lat temu w Libanie poznał Krystynę Polak. Była koleżanką jego siostry Zosi. Poznały się jeszcze w Teheranie, mniej więcej wtedy, kiedy przemieszczanie polskich uchodźców z sowieckiej Rosji do nowych miejsc pobytu w Iranie na pewien czas rozdzieliło go z siostrą – Wiesław wraz z polowym szpitalem, do którego trafił, musiał zostać, a Zosię przeniesiono do Teheranu z resztą obozu. Jego siostra była w rozpaczy. Brak wiadomości o ojcu, zgubiona gdzieś w Persji podczas ewakuacji z Rosji mama, starszy brat Jerzy z armią Andersa na froncie, a mały braciszek, chory, nagle przepadł... Zosia desperacko szukała jakichkolwiek wiadomości o Wiesiu i o nich wszystkich, samotna nastolatka w obcym perskim świecie. Na pewno szukała w kimś oparcia. Wybór koleżanki był zapewne dziełem po trosze przypadku, po trosze instynktu... ale niewątpliwie był to wybór dobry. Od czasu poznania w Ghazirze, a zwłaszcza później, przez pięćdziesiąt lat w Ameryce, Wiesław znał Krystynę Polak jako energiczną, wesołą, zawsze uśmiechniętą osobę i pojęcie, które pierwsze przychodzi mu zwykle do głowy, kiedy o niej myśli, to: źródło otuchy.

Nie widziałem Krystyny Polak od dosyć dawna. Już w Ameryce spotykały się z Zosią prawie codziennie, jeździły z dziećmi na wspólne wakacje, więc i ja miałem okazję ją widywać. Jednak po śmierci Zosi już nie spotykaliśmy się tak często. Ale teraz, kiedy wiele moich myśli znowu wraca do naszego losu tułających się dzieci, Krysia stanęła mi przed oczyma – dobra, silna, uśmiechnięta. Przecież ona także przeszła szlak zsyłki i szukania w świecie ojczyzny… Nie jest możliwe, aby cierpiała mniej i dlatego było w niej więcej uśmiechu. Nikt z nas nie cierpiał mniej. Coś ją jednak różniło od innych dzieci w podobnej sytuacji…

W dorosłym życiu Krystyna Polak nie zwykła rozmawiać o czasie deportacji i późniejszej tułaczki. Czy ukrywała bolesną przeszłość przed światem, czy ukrywała ją przed sobą, bo chciała zapomnieć o udręce zniszczonego przez Sowietów dzieciństwa, by móc żyć teraźniejszością? Czy to była świadoma maska? Pani Krystyna, sama równie młodziutka, była w Libanie dużym wsparciem dla innych małych polskich zesłańców. Garnęli się do niej, potem zapamiętali ją z wdzięcznością. Wiesław odczuł potrzebę zgłębienia, w czym tkwiło i nadal tkwi źródło jej optymizmu i siły. Z bukietem róż wybrał się w odwiedziny. Był dżdżysty dzień. Ulice opustoszały, wzmagał się wiatr. Powietrze intensywnie pachniało późną, mocno rozkwitłą wiosną.

W drodze do Krystyny obracałem w głowie jedną wyłącznie myśl, niedającą mi spokoju od kilku dni. Czy jest możliwe, aby dziecko, które przeżyło deportację na Syberię, stratę domu i kraju, stworzyło maskę wiecznej pogody ducha, czy to może jakaś dodatkowa nowa siła?

U Krysi, w jej przestronnym mieszkaniu, popijając angielską herbatę, delektowałem się świeżo usmażonymi polskimi pączkami, podanymi na ładnej porcelanie. Za oknami cieszyła się lekkim prysznicem bujna zieleń. Jak się czasy zmieniły! Czasy, ale nie ona. Patrzyłem na nią i była jak niegdyś – pogodnie uśmiechnięta i energiczna. Ale – do czasu… Kiedy zacząłem mówić, że kalendarz nas nie oszczędzi, że przemijamy, a wiem, że pamięć o nas powinna trwać – Krystyna schowała się w pancerz milczenia. Przed chwilą się śmiała perliście, a teraz? Jej oczy zasnuły bezradność i lęk…

Historia czternastoletniej Krysi Polak opowiedziana przez nią samą

Urodziłam się w 1926 roku w Pleszewie, w województwie poznańskim, w stronach, z których Sowieci nie deportowali ludzi, ale mój ojciec – chorąży w Wojsku Polskim – został po kilku latach oddelegowany do służby w przygranicznym Skałacie, podówczas w województwie tarnopolskim. Pięknie tam było, rzeka, dawna ziemia halicka to były bujnie

Trzyletnia Krysia z mamą Zofią, Pleszew, 1929 r.

zielone okolice, do tego zamek, cerkiew, synagoga, kościół rzymskokatolicki. Dzieciństwo wiodłam szczęśliwe, pod opieką kochających rodziców i dziadków. Z biegiem czasu nasza rodzina powiększyła się o cztery siostry i brata: Marylkę, Basię, Jasię, Wojtka i najmłodszą Jadwigę, którą nazywaliśmy Dzidzią, a która urodziła się niecałe dwa miesiące po wybuchu II wojny światowej. Pamiętam, że wychowanie w domu było typowo polskie, rodzice wpajali nam szacunek dla starszych, grzeczność, wiarę w Boga oraz z zaangażowaniem podtrzymywali wszelkie tradycje. Byliśmy szczęśliwi – moje siostry, brat i ja.

Chorąży Stanisław Polak po lewej, z rodziną podchorążego Rojny; strażnica Osowik na polsko-radzieckiej granicy, 1939 r.

Jednak w naszym domu szczęście trwało tak samo krótko jak w innych polskich domach. W 1939 roku wyczuwało się nadchodzącą grozę. Obserwowałam ojca, kiedy siadał z gazetą i śledził bieg wypadków, niezapowiadających spokojnej przyszłości – i tuliłam się do niego w przeczuciu, że stanie się coś złego. Blisko taty czułam się bezpieczniej, ale po prawdzie nie było ucieczki od cienia, jaki legł na naszym domu.

Ojciec, obawiając się kolejnej deportacji po wywózce w lutym i kwietniu, postanowił przenieść nas wszystkich do Lwowa, licząc, że tam będzie bezpieczniej. Zawiózł najpierw 4-letnią Jasię i 3-letniego Wojtusia, ale gdy wrócił po nas do Skałatu, uratowanie pozostałych członków rodziny przed deportacją było już niemożliwe.

Dom rodzinny w Skałacie, Krysia z psem; początek lat 30.

Mama błagała ludzi z NKWD, którzy po nas przyszli, żeby nas nie deportowali, ponieważ dwójka jej małych dzieci jest odłączona od rodziny – nazwała to: „na wakacjach" – u jej siostry we Lwowie. Ale NKWD tylko odpowiedziało, że dostarczą jej dzieci w późniejszym czasie.

29 czerwca 1940 roku mama Zofia, ojciec Stanisław, ciotka Maryla Lorenc, siostry Marylka, Basia i dziewięciomiesięczna Dzidzia oraz ja zostaliśmy w bydlęcych wagonach wywiezieni w nieznane. Tatę, mimo że był wojskowym, deportowano razem z nami.

Pamiętam tragiczną jazdę, okropne warunki: prycze, okna z żelazną siatką, brak jedzenia, wody, papieru toaletowego, mydła i dziurę w podłodze pośrodku wagonu w funkcji klozetu. Miałam wtedy czternaście lat, pamiętam swój dziewczęcy wstyd, tak silny, że nie chciałam używać tej dziury, ale nie było innego wyjścia.

Podczas podróży rodzice pocieszali nas i starali się wzbudzić nadzieję, że wrócimy do Polski, ale z siostrami ciągle płakałyśmy.

Po sześciu tygodniach jazdy w bydlęcym wagonie Sowieci dowieźli nas do celu. Była to typowa syberyjska tajga – Nirenza, niedaleko granicy z Chinami i Mongolią. Pierwszy miesiąc mieszkaliśmy w namiocie. Ojca zmuszono do ciężkiej pracy w kopalni złota, mama zostawała z małą Jadwigą, która miała dziesięć miesięcy. Mnie, Marylę i Basię NKWD zabrało do rosyjskiej szkoły, blisko miasta Oraton, 52 km od posiołku*, w którym nas umieszczono. Chodziłyśmy do tej sowieckiej szkoły przez rok. Ciężko nam tam było. Nauka, jakakolwiek, stanowiła dobrodziejstwo w tamtych czasach, ale oddalenie od rodziców bolało. Wyrwani z domu siłą, a teraz jeszcze my, trzy siostry odłączone od najbliższych… Żeby wierzyć w odmianę losu, żeby wierzyć w siebie i w to, że tkwi w nas własny duch, który nie zginie i czeka nas lepsza przyszłość, często myślałam o poprzednich dobrych latach. W myślach i sercu łączyłam się z tymi, którzy nie zostali deportowani: siostrą Jasią, z bratem oraz ukochaną babcią. Byłam już duża i sporo rozumiałam. Jakże się bałam, że zło nas pokona! Pisywałam listy, najchętniej do babci, pamięć o jej dobroci i mądrości zdawały się być przeciwwagą dla okrucieństwa ludzi, z którymi się stykaliśmy w Rosji. Najbardziej wtedy, kiedy byłyśmy same, bez rodziców, trzeba nam było w coś wierzyć i czegoś się trzymać… Babcia Marysia, taka kochana, na szczęście udało jej się przeżyć wojnę, zmarła w 1969 roku. Dawniej rodzice odsyłali mnie do babci, gdy byłam zanadto rozbrykana. Cudowna „kara”…!

Kartka pocztowa napisana przez Krysię do cioci Broni Góralczyk, która została w Skałacie, 1941 r.

* *Posiołok* (ros.) – przysiółek, osada.

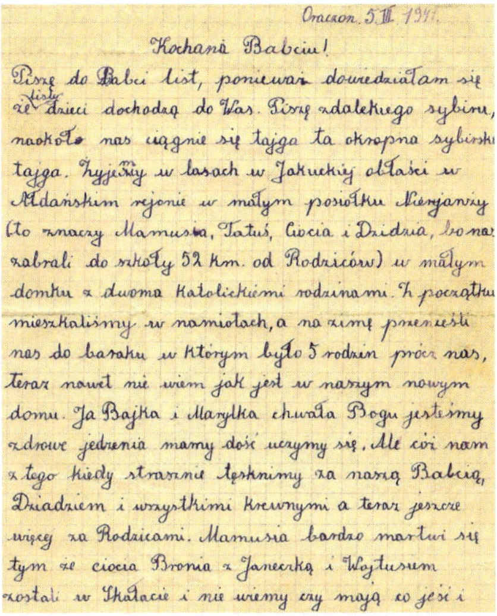

Oraczon. 5 III. 1941.

Kochana Babciu!

Piszę do Babci list, ponieważ dowiedziałam się że listy dzieci dochodzą do Was. Piszę z dalekiego sybiru, naokoło nas ciągnie się tajga ta okropna sybirski tajga. Żyjemy w lasach w Jakuckiej obłaści w Aldańskim rejonie w małym posiołku Nierjanszy (to znaczy Mamusia, Tatuś, Ciocia i Dziadzia, bo nas zabrali do szkoły 52 km. od Rodziców) w małym domku z dwoma katolickiemi rodzinami. Z początku mieszkaliśmy w namiotach, a na zimę przenieśli nas do baraku w którym było 5 rodzin prócz nas, teraz nawet nie wiem jak jest w naszym nowym domu. Ja Bajka i Marylka chwała Bogu jesteśmy zdrowe jedzenia mamy dość uczymy się. Ale cói nam z tego kiedy strasznie tęsknimy za naszą Babcią, Dziadziem i wszystkimi krewnymi a teraz jeszcze więcej za Rodzicami. Mamusia bardzo martwi się tym że ciocia Bronia z Janeczką i Wojtusem zostali w Skałacie i nie wiemy czy mają co jeść i

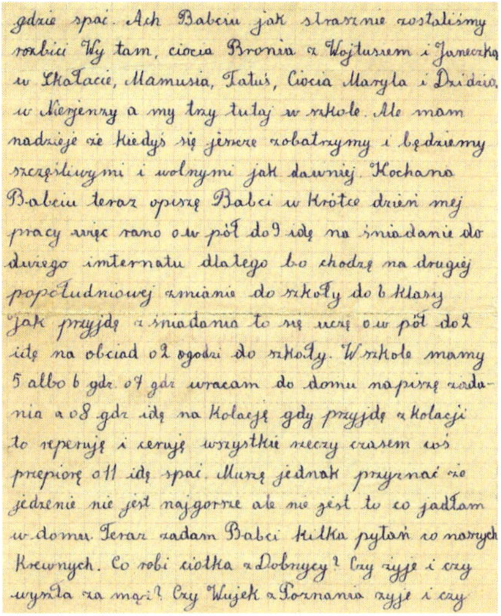

gdzie spać. Ach Babciu jak strasznie zostaliśmy rozbici Wy tam, ciocia Bronia z Wojtusiem i Janeczką w Skałacie, Mamusia, Tatuś, Ciocia Maryla i Dziadzia w Nierjenszy a my trzy tutaj w szkole. Ale mam nadzieje że kiedyś się jeszcze zobaczymy i będziemy szczęśliwymi i wolnymi jak dawniej. Kochana Babciu teraz opiszę Babci w krótce dzień mej pracy więc rano o w pół do 9 idę na śniadanie do dwiego imternatu dlatego bo chodzę na drugiej popołudniowej zmianie do szkoły do 6 klasy Jak przyjdę z śniadania to się uczę o w pół do 2 idę na obciad o 2 ogodzi do szkoły. W szkole mamy 5 albo 6 gdz. o 7 gdz wracam do domu napiszę zadania a o 8 gdz idę na kolację gdy przyjdę z kolacji to reperuję i ceruję wszystkie rzeczy czasem coś przepiorę o 11 idę spać. Muszę jednak przyznać że jedzenie nie jest najgorsze ale nie jest to co jadłam w domu. Teraz zadam Babci kilka pytań co naszych Krewnych. Co robi ciotka z Dobrzycy? Czy żyje i czy wyszła za mąż? Czy Wujek z Poznania żyje i czy

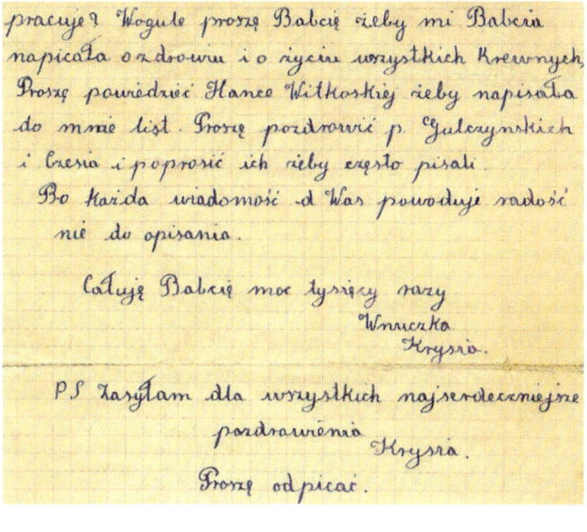

pracuje? Wogule proszę Babcię żeby mi Babcia napicała o zdrowiu i o życiu wszystkich Krewnych. Proszę powiedzieć Hance Witkoskiej żeby napisała do mnie list. Proszę pozdrowić p. Gulczynskich i Czesia i poprosić ich żeby często pisali.

Bo każda wiadomość od Was powoduje radość nie do opisania.

Całuję Babcię moc tysięcy razy

Wnuczka

Krysia.

PS Zasyłam dla wszystkich najserdeczniejsze pozdrowienia

Krysia.

Proszę odpicać.

List z Syberii do babci napisany przez Krysię

Pisanie listów zawieszało na moment okrutny los – powrót do czynności tak bardzo normalnej w normalnym świecie pomagał. Nie pamiętam, ile było tych listów. Pisałyśmy je także dlatego, że krążyły plotki, iż listy od dorosłych są przechwytywane, ale te od dzieci dochodzą do adresatów. Jeden z nich mam do dzisiaj. Jakim trafem? Po śmierci babci siostra Jasia przechowywała ten list przez kilkadziesiąt lat. I na moją prośbę 7 czerwca 2007 roku wyprawiła z Polski list w podróż, do mnie, do Chicago, samolotem odrzutowym…

W sowieckiej szkole na Syberii nauka była prowadzona w języku rosyjskim, jeśli chodzi o ogólne przedmioty, ale oczywiście także nas indoktrynowano. Na przykład od czasu do czasu nauczycielka mówiła, patrząc w sufit i zerkając na dzieci: „Boże, Boże, daj cukierki", ale cukierki nie leciały. A zaraz potem mówiła: „Stalin, Stalin, daj cukierki" – i pokazywała cukierki, które miała w torebce. No i oczywiście rozdawała je dzieciom. W szkole nie pozwalali nam się modlić z rana, nie pozwalali rozmawiać o Bogu ani nawet o tym, czy jest czy go nie ma. Kiedy moje młodsze siostry, dziewięcioletnia Maryla i siedmioletnia Basia, oraz ja klękałyśmy przed spaniem przy łóżku, żeby zmówić pacierz z rękami złożonymi do modlitwy, tak jak kiedyś w domu, byłyśmy strofowane, żeby tego nie robić, bo Boga nie ma. Nauczyciele mówili, że tutaj nie możemy się modlić, a my nie mogłyśmy tego zrozumieć. Buntowałyśmy się przeciwko zakazom Rosjan. Gdy szłyśmy spać, w łóżku modliłyśmy się po cichu, ze złożonymi pod kocem dłońmi.

Pamiętam, że w czerwcu 1941 roku, kiedy wybuchła wojna niemiecko-sowiecka, Sowieci aresztowali tatę, ponieważ znał język niemiecki i oskarżono go, że jest niemieckim szpiegiem. Wzięli go do więzienia i jako „wroga ludu" torturowali. Jesienią Stalin podpisał z polskim rządem umowę o amnestii dla Polaków deportowanych w 1940 roku. Na szczęście po amnestii wypuścili ojca z więzienia. Gdy wrócił do domu, matka nasza nie mogła go poznać. Przyszedł w łachmanach, z wybitymi zębami. Zamorzony głodem wyglądał jak szkielet. Nasza podpora, otucha, opiekun całej rodziny był załamanym człowiekiem.

Nam w szkole o amnestii nie powiedziano nic. Dowiedziałyśmy się o niej dopiero wtedy, kiedy tata po nas przyjechał i zabrał z powrotem do posiołku. A wtedy znowu łzy leciały nam po twarzy, ale z radości.

Kiedy ojciec dołączył do polskiego wojska, nie pamiętam. Ale gdy wyjeżdżałyśmy z posiołku w stronę Uzbekistanu późną zimą w 1942 roku, taty z nami już nie było. Dotychczas to był ciężki, okrutny los, ale wtedy zaczęła się najgorsza tragedia.

Ojciec był wówczas w Wojsku Polskim w Uzbekistanie, około 16 km od miejsca, w którym nas tymczasowo zakwaterowano w lepiance. Mama i my, jej cztery córki, mieszkałyśmy w jednym pomieszczeniu.

Mama zachorowała na tyfus plamisty. Tata został zawiadomiony przez ciocię Lorenc, która dotarła na piechotę do miejsca, gdzie stacjonowała 5. Dywizja generała Andersa. Ojciec przyjechał na drugi dzień furmanką i zawiózł mamę do rosyjskiego szpitala, a potem wrócił i nocował z nami. Nagle w środku nocy wszyscy się nieoczekiwanie i z niewiadomej przyczyny równocześnie obudziliśmy. Tata wiedziony złym przeczuciem natychmiast wskoczył na furmankę i pędem pojechał do szpitala. Mamy łóżko było puste. Zapytał rosyjską pielęgniarkę: „Gdzie jest moja żona?", na co ona odpowiedziała cynicznie: „*Podochła*" i dodała, że zmarła została wyniesiona do stodoły. Tata przybiegł na miejsce, ale z początku nie mógł jej odnaleźć pośród stosu zwłok. Kiedy ją zobaczył... była naga, częściowo przykryta ciałem martwego mężczyzny, na którym leżało jeszcze zmarłe dziecko. Odciągnął zwłoki mężczyzny i dziecka na bok, owinął mamę w koc i przeniósł jej chude ciało na furmankę. Z pomocą jakiegoś życzliwego polskiego żołnierza zbił trumnę z desek i zabrał nas oraz ciocię na miejscowy cmentarz, gdzie polski ksiądz odprawił modlitwę za zmarłych i wydał metrykę śmierci z datą 9 marca 1942 roku. Początkowo tata nie opowiadał nam, w jakich warunkach znalazł ciało mamy, dopiero po wielu latach wydusił z siebie tę opowieść, i to tylko wobec mnie.

Następnym etapem był wyjazd do Krasnowodzka. W końcu, po dwóch latach niewoli, załadowaliśmy się na okręt, który płynął do portu Pahlawi w Persji. Nareszcie pierwszy krok w stronę wolności.

Nikt z nas nie przypuszczał, że to nie koniec tragedii. Ale czy tego można się spodziewać? Wszystko wydawało się płynąć ku lepszemu. W Teheranie opiekowała się nami ciocia Maria Góralczyk, siostra mamy, kochająca i oddana, ojciec był w polskim wojsku w Iraku, ale co jakiś czas mógł przyjeżdżać w odwiedziny. Tymczasem parę miesięcy po przybyciu do Teheranu zachorowała nasza ukochana trzyletnia siostrzyczka Dzidzia. Umieszczono ją w polskim szpitalu. Leżała, jak wszyscy chorzy, w namiocie. Pamiętam spotkania z nią, ale najbardziej jedno... Odwiedzałam ją codziennie. Tego dnia, jak zawsze, ostrożnie uchyliłam płachtę namiotu i weszłam do środka. Było ciszej niż zwykle. Rozglądnęłam się, pełna niepokoju i lęku. Dzidzia leżała nie-

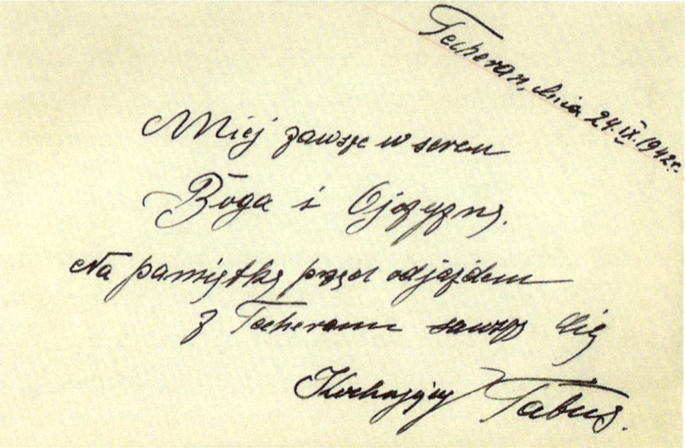
Teheran, dnia 24.IX.1942 r.
Miej zawsze w sercu
Boga i Ojczyznę.
Na pamiątkę przed odjazdem
z Teheranu [illegible] Ci
Kochający Tatuś.

Z pamiętnika Krysi – wpis ojca

ruchomo na jednym z pobliskich łóżek polowych. Podeszłam do niej i dotknęłam wystających spod prześcieradła chudziutkich stópek. Były lodowate, mimo że w namiocie panował upał. Ze zgrozą cofnęłam rękę i poczułam, jak łzy zasłaniają mi wszystko. Pochyliłam się nad

Siostra Jadwiga, czyli Dzidzia, Teheran, 1942 r.

łóżkiem. Przez mgłę łez ujrzałam bladą, wychudłą twarzyczkę z zamkniętymi oczami. Przytuliłam ją i pocałowałam. Wtedy się zorientowałam, że siostra żyje! Spojrzała na mnie łagodnym wzrokiem, a mnie łzy pociekły teraz już wielką strugą, łzy radości. Mocno ją przytuliłam jeszcze raz, roztarłam chłodne nóżki, okryłam dobrze prześcieradłem. Siostrzyczka się nie odezwała, była wyczerpana. Nie wiedziałam, że to był ostatni raz... Mała, ukochana siostra zmarła dwie godziny później. Zmarła sama, nikogo przy niej nie było, bo ja, pełna nadziei, wróciłam do domu. Samotna dusza uleciała z niej, a nam w sercach otworzyła się kolejna wielka rana...

'ablica na grobie Jazi Polak, cmentarz)ulab, Teheran

Po krótkim pobycie w Teheranie przenieśli nas do Isfahanu. Dopiero tam poczuliśmy prawdziwą wolność od sowieckiej niewoli. W Isfahanie przebywało wielu polskich nauczycieli. Zaczęłyśmy chodzić do polskich szkół, gdzie uczono nas według podobnego programu jak w szkołach w Polsce. Braliśmy udział w przedstawieniach, ubrane w kostiumy ludowe, wystawialiśmy w szkole jasełka, uczyliśmy się narodowych tańców. Nadal mieszkałyśmy z ciocią Marią, która starała się stworzyć nam dom. Ciocia wzięła pod opiekę jeszcze jedną dziewczynkę, Danutę, która pochodziła z tego samego miasteczka co my i która też straciła matkę. Jedna z moich koleżanek, Marysia, narysowała w moim pamiętniku portret Danusi. Jest zabawny, ale bardzo udatny! Lubiłyśmy się. Było idealnie, prawie… Ciocia nas kochała, a my byłyśmy gromadką uwielbiających swoje towarzystwo dziewcząt, a jednak każda dźwigała swój ciężar. Nic nie mogło przynieść prawdziwej ulgi – nosiłyśmy w sobie ciężar śmierci mamy i Dzidzi, i nieobecności ojca.

Z pamiętnika Krysi – portret Danusi Lorenc

Potem trochę nam pomogła zmiana miejsca i krajobrazu – następnym przystankiem był Liban. Cieszyłam się, kiedy przybyliśmy do tego pięknego, przychylnego nam kraju. Odżyłam fizycznie i emocjonalnie. Prawie... bo nadal czułam nienawiść do Sowietów i ustawicznie nawiedzały mnie myśli o tragedii i niewoli. Tej udręki nie umiałam się pozbyć. Bolało mnie jeszcze jedno... Zachód też nas skrzywdził. Jak człowiek zdradzony przez przyjaciela może się czuć? Rozgoryczony, rozdarty duchowo i bezradny.

Rozpamiętywanie tragedii, od którego nie potrafiłam się uwolnić, miało być może również jakąś dobrą stronę. Nigdy tak nie doceniałam życia i jego wartości oraz urody, jak wtedy. To truizm? Wypowiadany w zwyczajnych okolicznościach zapewne tak, ale dla mnie właściwie do dzisiaj to jest trudna i głęboka prawda. Obecność bliskich ludzi, udział w życiu, oglądanie świata stawały się dla mnie darem, nie w przenośni, lecz w sensie dosłownym. Ciągle pamiętam drobne zimne stópki siostry. Zrozumiałam, że całe życie jest tak kruche. Być może każdy nasz zachwyt nad światem jest naszym ostatnim zachwytem. Bo życie może zgasnąć nagle i nieoczekiwanie. Bardzo silnie to odczuwałam po śmierci siostrzyczki, potem już zawsze. Patrząc na świat, jestem przerażona jego kruchością, której na pierwszy rzut oka wcale nie widać, i zachwycona tym, że ów świat jednak wciąż istnieje, różnorodny i piękny. Doznaję głębokiej rozpaczy i zarazem wielkiej radości. Ale było coś, co ustawicznie mnie wzmacniało. Zawsze miałam młodsze siostry pod opieką, miałam zawsze komu dawać miłość, o kogo się troszczyć, za kogo czuć odpowiedzialność, o kogo się lękać.

W Libanie powoli zaczęłam nabierać sił po ośmiu latach tułaczki po świecie, a zwłaszcza po tragedii, której zaznała nasza rodzina. Wokół mnie była przyjazna przyroda, dobry klimat i rodacy – nieszczęśliwi, poturbowani przez los, ale pełni wzajemnej życzliwości, przyjaźni. Ojciec spędzał z nami urlopy i za każdym razem przywoził słowa pocieszenia. Ale długo to nie trwało. W 1947 roku musieliśmy wyjechać do Anglii. Niebawem, w 1951 roku, dotarliśmy do Nowego Jorku, a później przenieśliśmy się na stałe do Chicago. Nie mieliśmy pieniędzy, nie znaliśmy języka. Najpierw mieszkaliśmy wszyscy razem z ojcem w piw-

Z pamiętnika Krysi, wpis z okresu pobytu w Libanie

nicy. Ojciec od lat się troszczył o nas, myślał o wszystkim naprzód. W Ameryce nie było inaczej. Na przykład mawiał: „Dzieci, musicie odłożyć od zarobku jedną trzecią na jedzenie, jedną trzecią na ogólne wydatki, a jedną trzecią na wydatki ślubne, bo nie jestem w stanie tyle zaoszczędzić, żeby was wydać za mąż". Tata nigdy się powtórnie nie ożenił, a nami opiekował się zawsze, nawet po tym, jak wszystkie wyszłyśmy za mąż.

Musiałam pójść do pracy, żeby pomóc ojcu w utrzymaniu pozostałych, młodszych ode mnie sióstr, i z tego powodu nie mogłam się uczyć. Najpierw byłam kelnerką, a potem aż do emerytury pracowałam w sklepie z odzieżą. Wyszłam za mąż za Stefana Ziemło, urodzi-

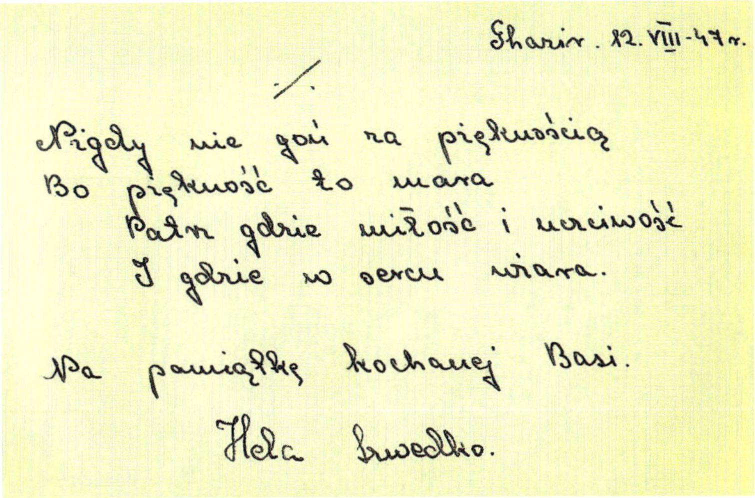

Sharir. 12. VIII-47 r.

Nigdy nie goń za pięknością
Bo piękność to mara
Patrz gdzie miłość i uczciwość
I gdzie w sercu wiara.

Na pamiątkę kochanej Basi.

Hela Szwedko.

Z pamiętnika Basi Polak

ło się nam dwoje dzieci, syn i córka. Dzieci posłaliśmy do polskiej sobotniej szkoły.

Siostry, Basia, Marylka i Jasia, również wyszły za mąż. Jasia do tej pory mieszka w Polsce, Wojtek jako już dorosły człowiek przyjechał do Ameryki i tu zamieszkał. Nasz ojciec zmarł w Chicago 7 sierpnia 1966 roku.

Z pamiętnika Basi Polak, wpisy z okresu pobytu w Anglii

Krystyna Polak w Anglii, 1948 r.

Zdjęcie ślubne Krystyny i Stefana Ziemłów

Co roku w dniu Wszystkich Świętych zamawiam mszę św. za dusze najbliższych, za każdą z nich osobno.

Przeglądałem pamiętniki panien Polakówien kilkakrotnie. Siostry wpisywały się też sobie nawzajem: na przykład kiedy były w Isfahanie, w 1944 roku, Marylka narysowała ładną miniaturkę, przedstawiającą prostą żaglówkę. Zza horyzontu wylewa się różowe światło wschodu, na brzegu rosną palmy. „Nie ten zwycięża, kto zaczyna, ale ten, kto kończy". Wpisywał im się ojciec. Pamiętnik jak ludzka pamięć – łapie kilka wyjętych z życia chwil, i trzyma. Może nawet trzyma dłużej niż ludzka pamięć. Ojca Krystyny już nie ma, ale jego słowa skierowane do niej w 1942 roku w Teheranie i utrwalone na papierze pozostały: „Miej zawsze w sercu Boga i Ojczyznę, Na pamiątkę przed odjazdem z Teheranu zawsze Cię kochający Tatuś". Jednemu z wpisów towarzyszy piękny, z talentem wykonany rysunek przedstawiający dużą łódź żaglową na spokojnym morzu,

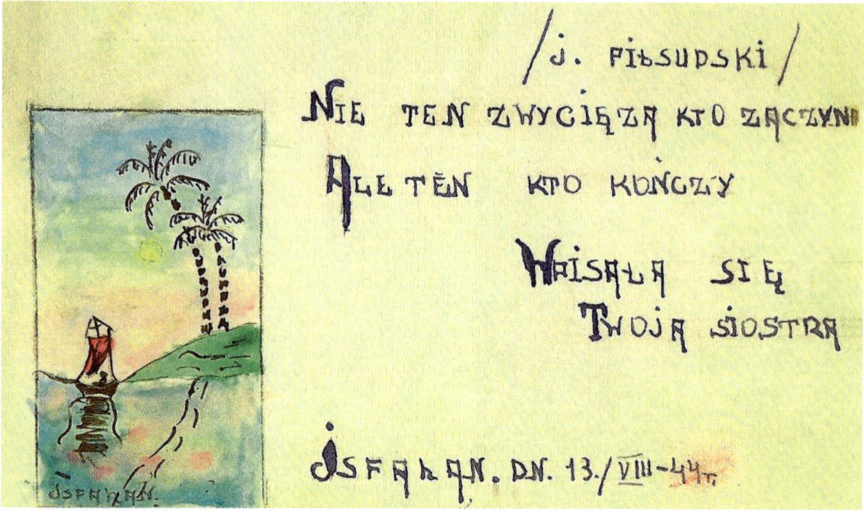

/J. PIŁSUDSKI/

NIE TEN ZWYCIĘŻA KTO ZACZYNA

ALE TEN KTO KOŃCZY

WPISAŁA SIĘ

TWOJA SIOSTRA

ISFAHAN. DN. 13./VIII-44 r.

Z pamiętnika Krysi

wszystko skąpane w mlecznym różowobłękitnym świetle. Obok umieszczony jest długi wpis z 14 września 1943 roku, drobnymi literkami, ale w języku francuskim. Powoli, korzystając czasem ze słownika, odcyfrowałem ze zdumieniem dedykację. To było wyjątkowo prywatne wyznanie! Krysty-

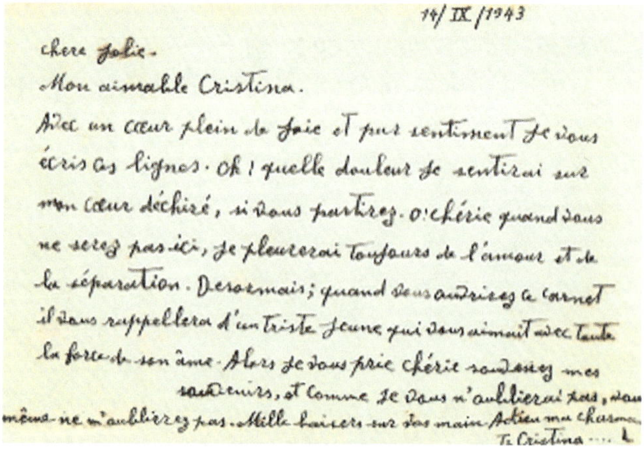

14/ IX /1943

chere Jolie.

Mon aimable Cristina.

Avec un cœur plein de joie et pur sentiment je vous écris ces lignes. Oh! quelle douleur je sentirai sur mon cœur déchiré, si vous partirez. O! chérie quand vous ne serez pas ici, je pleurerai toujours de l'amour et de la séparation. Desormais; quand vous ouvrirez ce carnet il vous rappellera d'un triste jeune qui vous aimait avec toute la force de son âme. Alors je vous prie chérie souvenez mes souvenirs, et comme je vous n'oublierai pas, vous même ne m'oubliez pas. Mille baisers sur vos main. Adieu ma charmante Cristina.... L

Z pamiętnika Krysi

na z wielką otwartością pożyczyła mi swój pamiętnik... Zastanawiałem się, czemu nigdy nie opowiadała o uczuciu napotkanym w Libanie. Ale wiele było rzeczy, o których wyraźnie nie chciała opowiadać.

Czy wyjaśniłem tajemnicę siły i optymizmu Krysi Polak? Nie. Po prostu nie. Tak to jest z tymi, którzy noszą w sobie przeżytą tragedię. A może źródłem jej optymizmu jest zrozumienie, jak wielkim darem jest życie, zrozumienie zrodzone z lęku... głębokie zrozumienie, o którym w zabieganej codzienności się zapomina i bierze za oczywistość. Może jej tajemnicą jest to, że cudu życia właśnie nie bierze za oczywistość – i to na co dzień.

Kilka dni później Wiesław znowu odwiedził Krystynę Polak, przyjęty jak zawsze radośnie. Gawędzili przy herbacie. Wreszcie Wiesław wyjął pożyczone pamiętniki sióstr, ale nim je zwrócił pani domu, przerzuciwszy strony, położył na stole zeszyt Krystyny otwarty na rysunku łodzi żaglowej. Zapadła cisza. Krystyna podniosła pytająco wzrok. „Nigdy nie opowiadałaś o nim", rzekł, „o autorze tego wpisu". Spojrzała na rysunek i po krótkiej chwili odparła: „To jest wpis od naszego perskiego nauczyciela rysunku z Isfahanu". „Czy ciężko było ci się z nim rozstać?", zapytał, zbierając się na odwagę. „Z nauczycielem? Nie pamiętam... Chyba nie. Dlaczego o to pytasz?" Krystyna dolała do filiżanek herbatę i uśmiechnęła się swoim promiennym i dobrym uśmiechem.

Patrzyłem na nią, usilnie się zastanawiając, czy to, co mi przychodzi do głowy, jest możliwe. Jej uśmiech był taki pogodny, niewinny... Niemożliwe, żeby coś w tej chwili ukrywała. Z drugiej strony, czy mogła zapomnieć o głębokim uczuciu? Ona, osoba wrażliwa i pielęgnująca uczucia? Patrzyłem jej w oczy. Dobroć i otwartość. Jedno nie pasowało do drugiego. Naraz uderzyła mnie myśl z pozoru całkowicie absurdalna. Niemożliwe...!

– Krystyno – zapytałem – czy znasz francuski?

– Nie.

– A kiedyś znałaś?
– Nie, nigdy nie miałam okazji się go nauczyć.
– Jak w takim razie odczytałaś wpis od nauczyciela rysunku?
Roześmiała się wdzięcznie i całkowicie beztrosko.
– Ale ja nigdy go nie odczytałam!

W pokoju jakby zatrzymał się czas. Jedna osoba rozbawiona śmiała się szeroko. Druga miała wysoko uniesione brwi i najkomiczniejszy wyraz twarzy bezgranicznego zdumienia i niedowierzania. Po chwili zegary ruszyły w dalszą drogę, Krystyna wzięła do ręki pamiętnik siostry Basi i zaczęła go kartkować. Wreszcie znalazła. Pokazała Wiesławowi inny rysunek morza, wschodzącego słońca i płynącego ku niemu żaglowego statku. Ten najwyraźniej wyszedł spod dziecięcej niewprawnej ręki. „Popatrz, tu też jest statek. Narysowała go Basia Szypuła dla mojej siostry. Wiesz, co mi on przypomina? Marzenie mojego życia… i jego spełnienie. Żebym kiedyś, dopóki żyję, mogła zobaczyć swój kraj

Z pamiętnika Basi Polak

i rodzinny dom! I tak się stało. Ruszyłam w podróż, jak ten stateczek ku tarczy jasnego słońca. Pojechałam do Polski. Czułam się jak nigdy przedtem... dorosła kobieta, byłam znowu w Pleszewie, moim mieście, w kamienicy, w której niegdyś mieszkałam, w pokoju, w którym się urodziłam. Drżącą ręką uchyliłam drzwi... czy moje marzenie się spełni? Z biciem serca weszłam do środka. Rozglądnęłam się po pokoju. Mój Boże! Nic się nie zmieniło. Na łóżku leżała mama, tuląc mnie w ramionach. Koło niej, na krześle, siedział uśmiechnięty tata. Byliśmy razem!"

Co za wieczór! Wróciłem do domu pełen wrażeń. Jak widać, pamiętnik może utrwalać nie tylko chwile i ludzi, ale potrafi pokazać nawet obrazek przyszłości, zilustrował to, co dobrego dopiero miało Krystynę spotkać. Czułem, jak ożywają wkoło mnie przedmioty i znaki, jakbym był w środku fantastycznego filmu! Nie dawała mi tylko spokoju historia perskiego nauczyciela. Jak miał na imię? Jakie były jego dalsze dzieje? I co najbardziej niezwykłe: dlaczego Krystyna nie odczytała nigdy jego wpisu?!

Biłem się z myślami, ale w końcu po kilku dniach postanowiłem pójść do niej powtórnie. Zaraz od progu przeszedłem do zasadniczego tematu.

– Krysiu, jak mogłaś przeżyć tyle lat, nie próbując przetłumaczyć wpisu nauczyciela? Gdybyś to od razu zrobiła, być może zaznawałabyś szczęścia przez resztę swego życia u boku tego człowieka!

Krystyna się zarumieniła i po dobrej chwili z wahaniem zapytała:

– Czy potrafisz przeczytać ten wpis?

– Tak. Nie mówiłbym tego wszystkiego, gdyby było inaczej...

– Czy mógłbyś go przetłumaczyć dla mnie...?

– Posłuchaj:

„Moja piękna ukochana Krystyno,

Serce me jest pełne radości i uczuć dla ciebie, gdy piszę te słowa. O, jaki ból mam w rozdartym sercu, że mnie opuszczasz. Moja droga, kiedy Cię tu nie będzie, zawsze będę opłakiwał niezrealizowaną miłość i nasze rozstanie. Lecz kiedy otworzysz ten pamiętnik, zawsze będziesz sobie przypominać smutnego młodego mężczyznę, który kochał Ciebie całą siłą swej duszy. Dlatego błagam Cię, ukochana, byś mnie zachowała w swojej pamięci – tak jak ja nigdy nie zapomnę o Tobie, tak Ty również nie zapomnij o mnie. Całuję Twe ręce tysiące razy.

Adieu, moja czarująca Krystyno..."

Rozdział 9

Iwona Gronkowska
(Iwona Rzeczkowski)

Ostatnie spotkanie z Krystyną Polak, poznaną dawno temu w Libanie, przywiodło mi na myśl jeszcze jedną osobę. Oto pączkowanie wspomnień!

Pamiętam, miałem w Ghazirze 13 lat. Mieszkaliśmy najpierw razem z siostrą w wynajętym pokoju, za który płaciła UNRRA, na zboczu sporego wzgórza. Po drodze ze szkoły mijałem stojący obok klasztoru, tuż pod szczytem, gigantyczny posąg Chrystusa ogarniającego wzrokiem oraz gestem ramion cały świat, a mnie w nim. Później przeniosłem się do innej miejscowości, do starożytnego Baabdad, i zamieszkałem u pary polskich nauczycieli, ponieważ Zosia zaczęła studiować na Uniwersytecie Amerykańskim w Bejrucie i musiała mieszkać w akademiku, w którym nie było wolno kwaterować dzieci. Zosia dzieliła pokój z Iwoną Gronkowską, swoją rówieśniczką, którą poznała w Teheranie i z którą jeszcze tam się serdecznie, głęboko zaprzyjaźniła. Bywało, że wskakiwałem na rower i pędziłem górskimi serpentynami w dół, w kierunku morza. Wkoło piętrzyły się rumowiska skalne, między nimi królowała bujna przyroda, kwitnące anemony i jaśmin, rozłożyste cedry, a na niektórych zakrętach rozpościerała się przede mną błękitna, zamglona panorama Morza Śródziemnego i Bejrutu. Gnałem tak dwadzieścia kilometrów do dziewcząt, potem razem z nimi odwiedzałem czasami rodziców Iwony, którzy przeżyli sowiecką deportację. Była to namiastka rodziny. Ojciec Iwony relacjonował nowe wiadomości na temat Katynia, analizował sytuację deportowanych Polaków na Syberii. Ale nie tylko to mnie ciągnęło na łeb na szyję w dół po serpentynach – dłonią wyczuwałem początki zarostu na brodzie, a Iwona była prześliczną, pełną kobiecego wdzięku dziewczyną, sześć lat różnicy wieku jakoś nie osłabiało mojego młodzieńczego entuzjazmu do tych wycieczek...

Gdy Iwona Gronkowska wróciła z Florydy na parę miesięcy do Chicago, Wiesław postanowił ją odwiedzić. Jej historia jest niezwyczajna. A może nie tyle jej samej, co całej jej deportowanej rodziny.

Historia piętnastoletniej Iwonki Gronkowskiej przez nią samą opowiedziana

Urodziłam się w Gdańsku. Mój ojciec, Leon Gronkowski, był właścicielem dużej firmy handlowej. Matka, Helena z Arciszewskich, zajmowała się wychowywaniem dzieci oraz prowadzeniem domu, a także pracowała charytatywnie w Polskim Czerwonym Krzyżu w Gdańsku.

Iwonka Gronkowska, pierwszy dzień szkoły, Gdańsk, 1934 r.

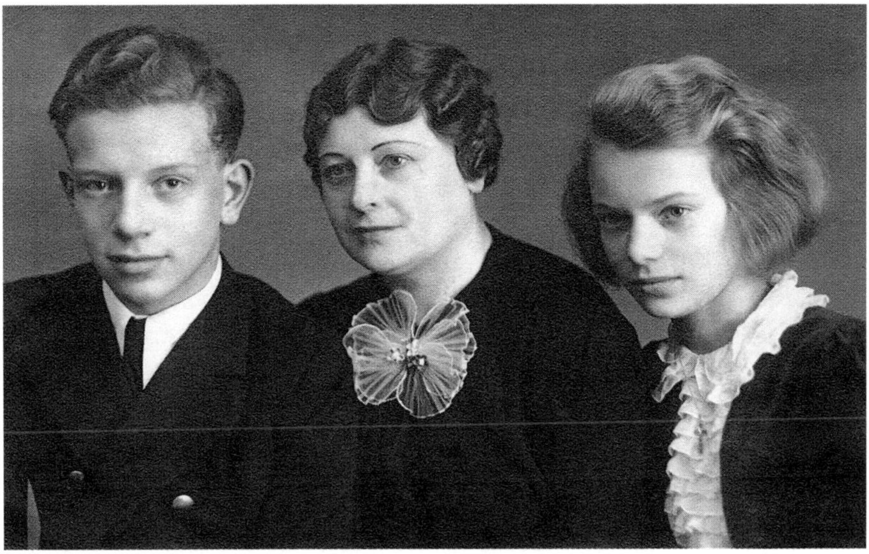

Helena Gronkowska z synem Leonem i córką Iwoną, Gdańsk, 1939 r.

Mój dom zachowałam w pamięci jako krainę baśni. Spędziłam w nim piękny, beztroski i szczęśliwy etap życia. Mieszkaliśmy w Gdańsku, więc jak to się stało, że trafiliśmy na Syberię...? Świadomość zbliżającego się ataku Niemców na Polskę w 1939 roku spowodowała decyzję ojca o tymczasowym przeniesieniu naszej rodziny do domu dziadków w Białymstoku. Gdy dwa tygodnie po napaści z zachodu Sowieci zaatakowali Polskę od wschodu, ucieczka przed nimi i powrót do Gdańska stały się już niemożliwe.

Trzynastego kwietnia 1940 roku cała rodzina Gronkowskich: moi rodzice, siedemnastoletni brat Leon i ja, oraz sześcioro Arciszewskich z rodziny mamy: dziadkowie, ciocia, bratowa matki i dwoje małych kuzynów (jedenaście i pięć lat) zostali przez Sowietów deportowani. Dowieziono nas do państwowego sowchozu nastawionego na hodowlę owiec. Osada była oddalona o sto kilometrów od najbliższego miasta Pawłodar w Kazachstanie. Naszej dziesięcioosobowej rodzinie przyznano pół pomieszczenia w drewnianym baraku. Następnego dnia zjawił się kierownik sowchozu. Z butną miną oświadczył, że kto nie pracuje, ten nie je, dlatego spodziewa się, że wszyscy oprócz starców i dzieci do lat jedenastu, zgłoszą się nazajutrz do pracy. Za to mieliśmy otrzymać dzienną rację chleba i miesięczną zapłatę. W razie niestawienia się do pracy groziły kary pieniężne, obcinanie racji żywnościowych, a za trzecie takie „przestępstwo" czekało więzienie. Szybko zrozumieliśmy powagę tych kar. Nieustannym towarzyszem na Syberii był głód. Nasze wyżywienie składało się z dwóch posiłków w ciągu dnia: kawałka racjonowanego chleba i zacierki. Zesłańcy przywieźli z sobą jakieś rzeczy, które wymieniali na żywność. Gdy moi rodzice nie mieli już nic na wymianę, mama zaczęła wróżyć, za co otrzymywała skromny prowiant. Najgorzej warunki syberyjskie znosili dziadkowie (co przypłacili życiem) i ojciec, który zachorował na malarię oraz cierpiał z powodu szkorbutu.

Praca w warunkach, jakie tam panowały, była dla wszystkich udręką. Mnie przydzielono trzody owiec do pasienia. Miałam już wtedy prawie piętnaście lat. O świcie trzeba było najpierw wyczyścić owczarnię, dać świeżą podściółkę, napoić bydło i dopiero wówczas wyprowadzić owce w step. Wracałam z pracy dopiero o zmroku. Najgorsza w tej pracy była dla mnie samotność. Bardzo z jej powodu cierpiałam. Nawet ciągły głód nie doskwierał mi tak, jak otaczająca pustka, bezkresne monotonne stepy, ogromne puste niebo i rozbiegane owce. Do dziś nie jem baraniny, mam uraz.

Matkę zatrudniono na początku przy bieleniu owczarni. Praca była niebezpieczna, a ponieważ mama nie miała doświadczenia z lasowanym wapnem, potworzyły się rany na jej rękach. Później zatrudniono ją do strzyżenia owiec. Wymagana była określona liczba ostrzyżonych zwierząt na dzień, za niewykonanie norm znowu groziła kara pieniężna, w związku z tym rzadko zdarzało się otrzymać zapłatę bez potrąceń. Ojciec pracował, rozwożąc wodę w beczkach wozem zaprzężonym w parę wołów, albo nocą pilnował owczarni przed podkopami wilków. Brat, tak jak ja, był pasterzem i latem koczował wraz z Kazachami przy trzodach owiec i kóz wyprowadzanych na stepowe pastwiska.

Wszyscy panicznie baliśmy się śmierci, która na zesłaniu, zwłaszcza zimą, zdarzała się często. Najbardziej narażone były osoby najstarsze i dzieci. Na nas spadła śmierć dziadka. Zrozpaczonych rodziców zmobilizowała do energiczniejszej walki o nasze przetrwanie. Brat i ja byliśmy w wieku, w którym rozumieliśmy swoje położenie. Staraliśmy się nie przysparzać rodzicom zmartwień i nie narzekać. I z całych sił żyć marzeniami i obrazami z przeszłości. Wspominając dobre czasy, tęskniliśmy za domem. Marzyliśmy o lepszej przyszłości. Duchowym wsparciem stała się modlitwa, cóż innego nam pozostało...? Mieliśmy nadzieję, że Bóg nas nie opuści i wyprowadzi z domu niewoli, że ma taką moc, On jeden... Na początku mieliśmy też wiarę, że Stany Zjednoczone pomogą nam powrócić do wolnej Polski...

Na zesłaniu bardzo odczuwałam brak książek i rozrywek kulturalnych, wspominaliśmy uroczyste i bogate w radość dni świąteczne. Kolory życia przed deportacją, niegdyś uważanego za całkiem zwyczajne, teraz wydawały się iście królewskie... Na Syberii panowała szara, ponura rzeczywistość i rosnąca pustynia duchowa. Ta pustka dookoła nas, prawdziwa pustka, brak kolorów, zróżnicowanej roślinności – podkreślała pustkę, która zawładnęła naszym losem. Tylko w sercach płonęło światło utraconych pejzaży, nie pozwalając o nich zapomnieć. Bezmiar stepu znaczył dla nas bezdomność, znaczył samotność, był nam wrogi, groził śmiercią i głodem, szydził z naszej bezsilności, wytykał nam słabość i drwił z jakiejkolwiek myśli o ucieczce i wolności.

Sowieci próbowali stosować wobec nas pranie mózgu. Od czasu do czasu zjawiał się w sowchozie przedstawiciel władzy i zwoływał obowiązkowe zebranie Polaków, aby nas przekonać, jaki dobry i hojny jest kraj radziecki i jacy powinniśmy być wdzięczni, że w nim mieszkamy. Zwracał się szczególnie do młodzieży, aby ją sobie zjednać, ale my nie wierzyliśmy perfidnym perswazjom radzieckich „mentorów", nie mogliśmy znieść tych kłamstw.

Na wiadomość o wybuchu wojny niemiecko-sowieckiej w czerwcu 1941 roku zrodziła się w nas nadzieja, iż nastąpią korzystne dla Polaków zmiany. Rzeczywiście, ogłoszona amnestia otworzyła bramy więzień, obozów jenieckich i łagrów, i w ogóle – przynajmniej oficjalnie – wolną drogę dla polskich zesłańców. Brat dowiedział się o organizowaniu

Leon Gronkowski, u góry po prawej; nazwiska trzech pozostałych osób nieznane, 1940 r.

polskiej armii. Razem z kolegą postanowili natychmiast wyruszyć. Pamiętam wzruszające pożegnanie – smutne, bo czekało nas rozstanie, a zarazem radosne, bo pełne nadziei na odzyskanie wolności z udziałem naszego wojska. Jesienią tego samego roku, po wyjeździe brata, sowchoz przemieścił całą moją rodzinę na inny teren. Były tam trzy owczarnie, mieszkania – ziemianki, podłogi – klepiska. Zamieniliśmy tylko wszy i pluskwy na pchły i karaluchy, a praca wciąż była udręką.

Pomimo wmawiania nam, że pozostaniemy na Syberii do końca życia, starałam się nie dopuszczać do siebie myśli o takim losie. Ale lęk podkopywał nadzieję. Z Sowietami kojarzyło się wszystko, co najgorsze, nieludzkie. Tęskniłam, tak jak inni, za normalnym życiem. Czułam ból zadany przez los, który zamienił beztroskie dzieciństwo w „golgotę wschodu".

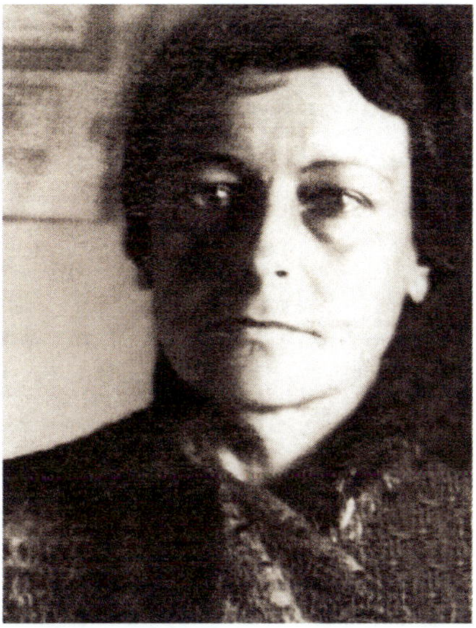

Leon i Helena Gronkowscy w sowchozie w ZSRR, 1942 r.

Bo tamto życie nie było normalne – warunki egzystencji zesłańców były poniżające, degradujące. W połowie baraku mieszkało stłoczone dziesięć osób naszej rodziny. W zimie używaliśmy wiadra i beczki jako ubikacji. Może i praktyczna, ale jakże niehigieniczna konieczność. Po krótkim czasie obrzydła nam taka metoda i zaczęliśmy wychodzić na dwór za potrzebą. Zdawałoby się, nic niezwykłego, ale tam... Ponieważ owczarnia miała tysiące owiec, trzymano również wiele psów do ich pilnowania. W zimie wygłodzone i wymarznięte zwierzęta zaczęły się rzucać na ludzkie ekskrementy! Psy rzucały się, by chwycić w powietrzu ciepłe odchody, zanim spadną i przymarzną do ziemi... Odpychanie zdziczałych z głodu psów było niebezpieczne, sporo osób się o tym boleśnie przekonało. Trzeba sobie było budować małe igloo, szerokości najwyżej człowieka, wchodzić do niego tyłem i kijem bronić się z przodu przed psami.

Wstyd, wielki wstyd i poniżenie. Rosła we mnie, dorastającej panience, nienawiść do ludzi, którzy nas porwali z ojczystego kraju i rzucili w miejsce, w którym warunki uwłaczały człowieczeństwu – i to za nic! Uciekałam od złych emocji w marzenia i tęskniłam za tym, czego potrzebują dzieci: za domem i poczuciem bezpieczeństwa.

W marcu 1942 roku ambasada polska otworzyła delegaturę w Pawłodarze. Ojcu zaproponowano pracę. Delegatura miała organizować pomoc finansową i materialną (dary amerykańskie) dla Polaków. Razem z mamą też przyjechałyśmy do Pawłodaru i we troje zamieszkaliśmy w wynajętym u Rosjan małym, przejściowym pokoju. Ojca zarejestrowano jako urzędnika delegatury ambasady polskiej. Późną jesienią 1942 roku, po otrzymaniu od NKWD pozwolenia na podróż, ojciec w związku z nową pracą udał się do Kujbyszewa.

Pracownicy ambasady polskiej; Leon Gronkowski, ostatni rząd od góry, piąty z prawej; Kujbyszew, ZSRR, 1942 r.

Tymczasem trwała ewakuacja Polaków. Ale my w 1942 roku nie wyjechałyśmy z mamą wraz z wojskiem polskim do Persji z dwóch powodów.

Dochodziły do nas hiobowe wieści o losie polskich uciekinierów, pragnących się połączyć z polskim wojskiem, które się tworzyło pod koniec 1941 roku na północy, w Tockoje, niedaleko Buzułuku. Ci, którzy przybyli tam późną jesienią, masowo umierali z powodu braku warunków na zakwaterowanie, a okrutny mróz, głód i choroby dopełniały pogromu w szeregach Polaków gnanych nadzieją na wolność. Kiedy wojsko przemieściło się na południe, w stronę Uzbekistanu i Turkmenistanu, tłumy uciekinierów z różnych stron Związku Radzieckiego miały nadzieję, że łagodny czas lata będzie łatwiej przetrwać. Niestety, spotkały się z jeszcze bardziej tragiczną sytuacją, bo klimat był tam zabójczy, a warunki zdrowotne (epidemia tyfusu) okazały się groźniejsze niż mróz na dalekiej północy. Jak grzyby po deszczu rosły mogiły i cmentarze polskie.

Po usłyszeniu tych straszliwych wiadomości rodzice, wycieńczeni udręką życia na Syberii, zdecydowali się poczekać na wyjazd w korzystniejszym czasie, zwłaszcza że ojciec był teraz pracownikiem ambasady polskiej. Miałyśmy nadzieję, że wraz z ojcem uda się i nam, jego najbliższej rodzinie, wyjechać z sowieckiej niewoli. Wtedy jeszcze nie wątpiłyśmy, że ze stalinowskiego imperium wydostaniemy się wszyscy razem...

Niestety stało się inaczej. Sowieci, zaraz po wyjeździe polskiego wojska z ich terytorium, zaczęli zmuszać pozostających Polaków do przyjęcia radzieckiego obywatelstwa. „Propozycja" tragiczna, odcinająca ludziom jakąkolwiek szansę na powrót do ojczyzny. Ojciec miał przygotować dla nas paszport, który umożliwiłby nam ewakuację. Telegram, który dostałyśmy od niego z ambasady, informował nas, żebyśmy szykowały się do wyjazdu jak najszybciej.

Tata niestety musiał kontynuować pomoc Polakom, którzy nie wyjechali w 1942 roku, więc nie mógł wrócić z Kujbyszewa. W lutym 1943 roku przysłał nam paszport polski do Pawłodaru. Był do odbioru na milicji, razem z pozwoleniem na podróż do Aszchabadu w Turkmenistanie, skąd moglibyśmy jechać do Persji. Tymczasem w kwietniu 1943 roku wybuchła sprawa masakry oficerów polskich. Niemcy odkryli w lesie katyńskim groby pomordowanych Polaków i oskarżyli Sowietów o ten mord. Oburzeni Sowieci oskarżyli Niemców o kłamstwo, a Zachód i Polskę o poniżenie komunizmu i rządu radzieckiego. Wkrótce nastąpiło zerwanie stosunków dyplomatycznych Związku Radzieckiego z Polską. Ogarnęła mnie rozpacz. Ze zgrozą myślałam, co się teraz z nami stanie. Matka poszła na milicję upomnieć się o nasz paszport i pozwolenie na podróż. Urzędnicy zaprzeczyli, jakoby posiadali te dokumenty, natomiast kazali nam przyjąć obywatelstwo radzieckie. Matka kategorycznie odmówiła i... została aresztowana!

Całkowicie sama wśród obcych ludzi, przerażona, ale niepogodzona z tym, co się działo... czułam w pierwszej kolejności bunt. Nie, nie mogę się załamać! Rozmyślałam, co robić. Jak żyć? Z determinacją przypominałam sobie obiegowe opinie o naszych cechach narodowych. W polskiej tradycji kobiety były zawsze odważne i patriotyczne. Jak mam zastosować tę wiedzę w życiu, teraz? Jak mam z niej skorzystać...? To jest moja spuścizna, która wspierać może teraźniejszość i przyszłość – ale co to dla mnie oznacza? Jakie mam podjąć działanie? Skąd czerpać przykład, gdzie szukać wskazówki, rady?

W tym czasie gospodyni, lękając się represji ze strony władz, wymówiła mi mieszkanie. Na szczęście przyjęła mnie zaprzyjaźniona rodzina polska. Córka owej gospodyni Rosjanki pracowała na poczcie. Pewnego dnia przyszła do mojej nowej kwatery podniecona i wręczyła mi telegram, nadany przez ambasadę polską, adresowany do Heleny Gronkowskiej.

Telegram zawierał pismo prawne, w którym podany był paragraf kodeksu prawnego ZSRR, nakazujący, po zerwaniu stosunków dyplomatycznych z Polską, natychmiastowy wyjazd za granicę najbliższych członków rodziny urzędnika ambasady wydalonego z kraju. Obejmował nazwisko matki i moje. Następnego dnia, z telegramem w jednej kieszeni i sucharami w drugiej (na wszelki wypadek, przecież byłam zapobiegliwą, dzielną Polką), wybrałam się na milicję. Siedziałam cały dzień w poczekalni, ale nikt nie chciał ze mną rozmawiać. Na drugi dzień to samo. Dopiero trzeciego dnia, widząc moją determinację i upór, urzędnicy zapytali, czego chcę. Prosiłam o widzenie z matką. Zaprzeczyli, twierdząc, że nikt o takim nazwisku nie jest zatrzymany w areszcie!

Pełna determinacji i nowej siły zdecydowałam, że pójdę do NKWD. Z drżeniem serca weszłam do mrocznego gmachu. Poczekalnia była pusta, tylko w ścianie otworzyło się małe okienko i usłyszałam pytanie: W jakiej sprawie? Poprosiłam o to samo co na milicji: o widzenie z matką. Po kilku godzinach okienko ponownie się otworzyło i ktoś powiedział, że mam pójść na trzecie piętro. Szłam z nadzieją... i obawą. Panowała wroga cisza...

Znalazłam podany numer pokoju. Zapukałam, ale nikt nie otworzył. Nacisnęłam ostrożnie klamkę. Weszłam do środka... i znowu pusto. Usiadłam na krześle i postanowiłam czekać. Wreszcie otworzyły się boczne drzwi i wszedł umundurowany oficer NKWD. Znowu padło pytanie: W jakiej sprawie? I moja odpowiedź: Proszę o widzenie z matką. Znów usłyszałam, jak wcześniej, zaprzeczenie: „Takoj żenszcziny u nas niet". Urzędnik na początku straszył mnie, że jak wyjadę do Persji, to tam mnie zamordują na ulicy – nawet wiedział jak: nożem w plecy. Po chwili zmienił ton. Zamiast straszyć, począł mnie agitować. Zapytał, czy nie chciałabym studiować w Moskwie lub Leningradzie. Namawiał na zostanie „w naszym pięknym kraju". Obiecywał pomoc. „W Związku Radzieckim wszystko jest osiągalne, tylko trzeba chcieć" – perswadował. Właśnie tego doświadczałam – przecież chciałam, nawet bardzo...

Po długiej oracji zaproponował kolejne spotkanie, na co, mimo irytacji, przystałam. Czy miałam inne wyjście...? Przypuszczałam, że albo mi pozwolą zobaczyć się z mamą, albo mnie aresztują. Wróciłam w umówionym czasie i już bez kilkugodzinnego czekania rozmawiałam z tym samym funkcjonariuszem. Nadal mnie namawiał na pozostanie w radzieckim raju.

Szybko się zorientowałam, że i tym razem z mamą się nie zobaczę, tylko będę musiała wysłuchiwać nowych tyrad. W desperacji pokazałam urzędnikowi telegram. Po przeczytaniu zrobił się czerwony na twarzy i wyszedł z pokoju. Gdy wrócił, powiedział, że potrzebuje trochę czasu, by znaleźć mamę. Pożegnał mnie grzecznie – ale telegramu nie oddał. Byłam przygnębiona. Na domiar złego aresztowano córkę gospodyni! Telegram był, na szczęście, nieocenzurowany, więc po kilku dniach zwolniono Czesię z aresztu.

W tym samym tygodniu, kilka dni później, w nocy z piątku na sobotę spałam u znajomych. Nagle usłyszałam pukanie. Podeszłam do drzwi pełna lęku, a tam stała moja zapłakana mama z byłą gospodynią, która znała mój adres. Jakże szybko strach przerodził się w radość! Zwolnili mamę z aresztu! Zwolnili z instrukcją – nakazem! – opuszczenia Pawłodaru w ciągu dwudziestu czterech godzin. Byłyśmy podminowane. Pociąg odchodził o godzinie drugiej w nocy! Już stoi na stacji, a my jeszcze bez biletów! Zostało nam mało czasu, a kolejka taka długa! Nagle zjawia się enkawudzista, wręcza nam bilety z oficjalnie na czerwono ostemplowanym świstkiem papieru, z wyznaczonym celem naszej podróży: Aszchabad.

Zaczęła się nasza kolejna, trzytygodniowa wędrówka. Podejrzane o szpiegostwo, trzykrotnie byłyśmy zatrzymywane przez kontrolera pociągu. Wyrzucane z wagonu, byłyśmy zabierane na milicję, która z kolei kontaktowała się z pawłodarskimi władzami NKWD dla potwierdzenia legalności naszej podróży. Każda przesiadka znaczyła kolejkę do ostemplowania biletów i potwierdzenia dezynfekującej kąpieli w bani. Mimo tych przeszkód dotarłyśmy do Aszchabadu. Tam znajdował się wciąż funkcjonujący polski sierociniec, z którego dzieci, podobnie jak my, nie zdążyły wyjechać do Persji przed zerwaniem stosunków dyplomatycznych. Personel sierocińca był w większości aresztowany. Został tylko nowy kierownik, łącznik miedzy sierocińcem i władzami radzieckimi, oraz obsada usługowa. Starsze dzieci opiekowały się młodszymi...

Jakież było nasze zdumienie, kiedy wśród nich ujrzałyśmy mojego kuzyna – czternastoletniego Zbyszka Arciszewskiego! Po latach się dowiedziałam, że ciocia Hela z bólem serca oddała starszego syna do sierocińca w Pawłodarze, w nadziei, że może on jedyny się uratuje.

W Aszchabadzie przebywałyśmy do września 1943 roku. Na uporczywe pytania matki, dlaczego wciąż nie możemy wyjechać, odpowiedź urzędników brzmiała, że musimy czekać na nasz paszport. Niestety nigdy go nam nie zwrócono. Później, w Teheranie, otrzymałyśmy nowy, z wytłumaczeniem, że oryginał został zatrzymany w Pawłodarze.

We wrześniu matka wraz z kierownikiem ośrodka dla sierot, panem Orłowskim, została wezwana do NKWD. Tam otrzymali polecenie: przygotować dzieci do ewakuacji. Ciężarówki przyjadą o szóstej rano, aby załadować je oraz innych członków rodzin urzędników. Nie powiedziano, dokąd nas zawiozą. To był nowy rodzaj szykan władz, aby psychicznie wykończyć Polaków. Starsze dzieci przypuszczały, że kierują nas do „dzietdomu" [sierocińca]. Wiele z nich miało smutne doświadczenia z tych placówek. Martwiłam się razem z nimi. Myślałam strwożona: Tyle już było nieszczęść i łez! I tyle nadziei! Czy wszystko na darmo? Czyżby nasz los miał zatoczyć koło do początku…?

Nadszedł nowy dzień. Wreszcie wyruszamy! Miałyśmy pod swoją opieką ciężarówkę z dwadzieściorgiem dzieci. Po karkołomnej jeździe górską drogą dotarliśmy do granicy perskiej. Po jej przekroczeniu – kiedy zdaliśmy sobie z tego sprawę – smutny nastrój zamienił się w euforię. Łzy smutku przeobraziły się w łzy radości. Popłynęły modlitwy dziękczynne, śpiewy, okrzyki. Nie mogłam uwierzyć, że to rzeczywistość, że naprawdę opuszczam ten kraj naszego nieszczęścia, udręki, kraj straszny, krainę zła niemożliwego do wyobrażenia, rządzoną zasadami perfidnymi, pokrętnymi i skazującymi człowieka na zagładę, niedającą mu szans. W Meszhedzie czekała nas dwutygodniowa kwarantanna. Przeszłam badania lekarskie i dentystyczne. Oprócz awitaminozy, która zaatakowała moje dziąsła i zęby, na szczęście nie miałam poważniejszych dolegliwości.

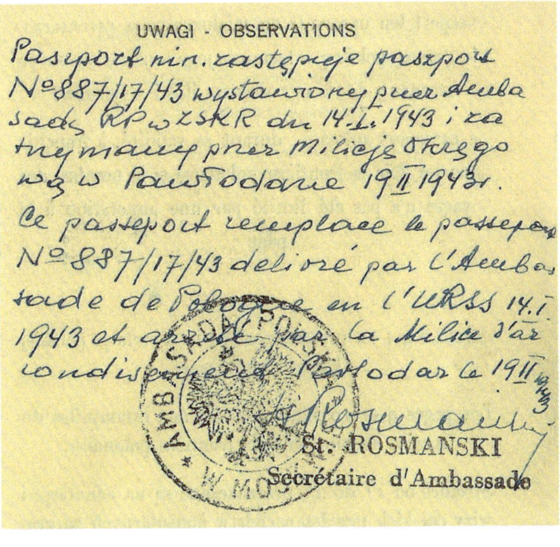
UWAGI - OBSERVATIONS

Paszport nin. zastępuje paszport
No 887/17/43 wystawionego przez Amba
sadę RP w ZSRR dn. 14.I.1943 i za
trzymanego przez Milicję Okręgo
wą w Pawłodarze 19.II.1943 r.
Ce passeport remplace le passeport
No 887/17/43 délivré par l'Amba
sade de Pologne en l'URSS 14.I.
1943 et arrêté par la Milice d'ar
rondissement de Pavlodar le 19.II.1943

St. ROSMANSKI
Secrétaire d'Ambassade

Dokument zastępczy, wystawiony przez ambasadę polską w Iranie dla Heleny Gronkowskiej jako paszport, stemplowany wcześniejszą pieczątką z Rosji, 1943 r.

Od pierwszych dni w Persji przeżywałam euforię. Znalazłam się nareszcie w wolnym kraju! Wszystko tu było inne, nawet powietrze zdawało się mieć inną gęstość. Radość z odzyskania wolności była niewyobrażalna. W tym czasie miałam wiele marzeń. Ponieważ straciłam trzy lata nauki, która była tak ważna w Polsce, pragnęłam jak najszybciej nadrobić te braki. Czy dam sobie radę? Wiedziałam z doświadczenia, że rzeczy materialne są nieważne. Istotne, kim się jest i kim będzie. Co się ze mną stanie? Moje marzenie – nauka – czy będzie mogło się spełnić?

W Teheranie czekał na nas ojciec, który – po zerwaniu dyplomatycznych stosunków Polski z ZSRR – razem ze wszystkimi pracownikami ambasady musiał natychmiast opuścić ZSRR. Byliśmy znowu razem! Ojciec pokazał nam list i zdjęcie brata, który służył w wojsku Andersa, w karpackiej dywizji w Iraku. Zbyszek Arciszewski po krótkim pobycie u nas wyjechał do Egiptu, do technicznej szkoły junaków. Ja zapisałam się do trzeciej klasy gimnazjum. Odnalazłam cząstkę utraconej młodości! Miałam nareszcie koleżanki, urządzałyśmy spotkania, organizowano uroczystości, przedstawienia, tańce narodowe. Nareszcie można było cieszyć się, śmiać i głośno marzyć o powrocie do domu!

Zbyszek Arciszewski, kuzyn Iwonki, Teheran, 1943 r.

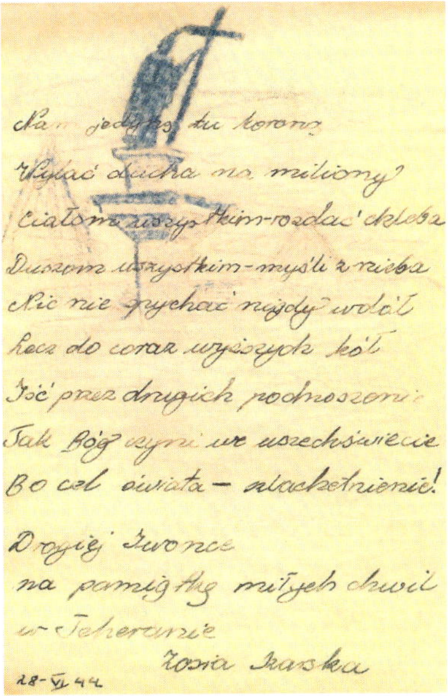

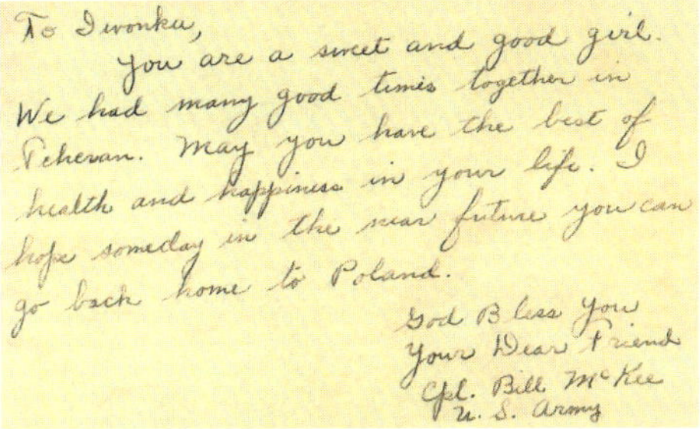
To Iwonka,
You are a sweet and good girl.
We had many good times together in
Teheran. May you have the best of
health and happiness in your life. I
hope someday in the near future you can
go back home to Poland.
God Bless You
Your Dear Friend
Cpl. Bill McKee
U. S. Army

Z pamiętnika Iwony

W grudniu 1945 roku nastąpiła ewakuacja do Libanu. Zamieszkałam w Ghazirze, gdzie było już zorganizowane polskie gimnazjum. W maju 1946 roku otrzymałam świadectwo dojrzałości. Duma, miłe uczucie… Znając stosunkowo nieźle język angielski, zapisałam się na AUB – American University of Beirut. Byłam stypendystką polskiego konsulatu. Dostałam od urzędu miasta Bejrut zniżkę na przejazdy tramwajem, tak jak inni polscy studenci.

Pobyt w Libanie był po latach tułaczki okresem dojrzewania intelektualnego. Stworzono tam warunki bezpiecznego życia wśród przychylnej nam ludności i kontynuowania nauki. Tylko powrót do kraju stawał się coraz bardziej nierealny, bo rządy komunistyczne, które zaistniały w Polsce, przekreśliły plany powrotu. Jako rodzina wojskowa skorzystaliśmy z możliwości wyjazdu do Wielkiej Brytanii.

Z tego powodu w lutym 1948 roku, będąc na trzecim roku studiów, musiałam zrezygnować z kontynuowania z nauki. W obozie, w nowym miejscu pobytu, poznałam Janusza Rzeczkowskiego, byłego partyzanta

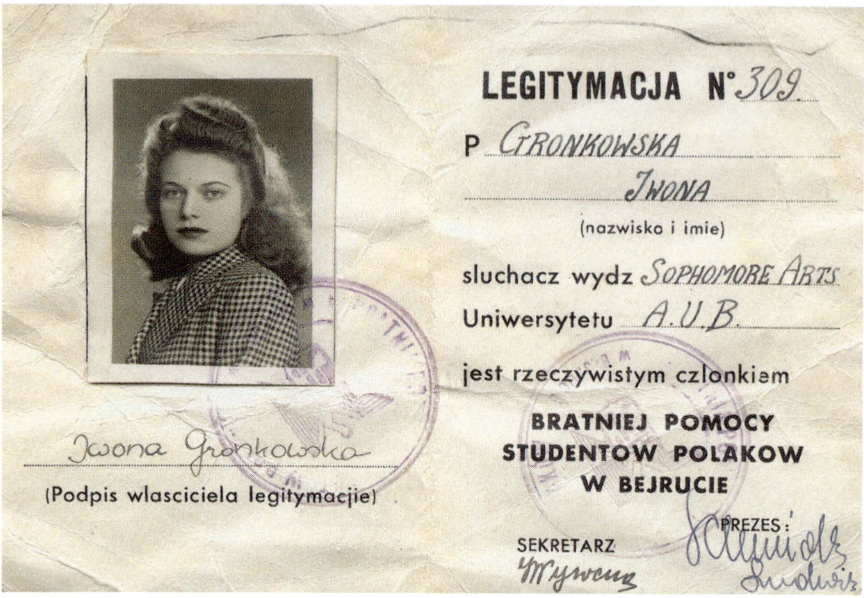

LEGITYMACJA N° 309

P GRONKOWSKA IWONA

(nazwisko i imie)

sluchacz wydz SOPHOMORE ARTS

Uniwersytetu A.U.B.

jest rzeczywistym czlonkiem

BRATNIEJ POMOCY STUDENTOW POLAKOW W BEJRUCIE

Iwona Gronkowska

(Podpis wlasciciela legitymacjie)

PREZES:

SEKRETARZ

Legitymacja studencka Iwony z okresu studiów w Bejrucie

1393

ÉLECTRICITÉ DE BEYROUTH TRAMWAYS

II cl.

Abonnement délivré à:

Signature

Cet Abonnement n'est valable que pour le Trimestre oblitéré

Le Directeur Le Chef Recette

Non valable le Dimanche à partir de 13 h.

2 Timbre 3 Timbre

4 ÉLECTRICITÉ DE BEYROUTH LL. 6.00 VALIDITÉ UN TRIMESTRE

1 ÉLECTRICITÉ DE BEYROUTH LL. 6.00 VALIDITÉ UN TRIMESTRE

Trzymiesięczny studencki ulgowy bilet tramwajowy Iwony z Bejrutu

Zdjęcie ślubne Iwony i Janusza Rzeczkowskich, Anglia, 1949 r.

Armii Krajowej. Po krótkim czasie zrodziła się miłość. W roku 1949 odbył się nasz ślub w Brompton Orator przy ołtarzu z obrazem Matki Boskiej Kozielskiej. Rok później urodziła się nasza córka Basia. W maju 1959 roku opuściliśmy Anglię i przybyliśmy do Chicago, gdzie po tylu latach tułaczki zaczęliśmy prowadzić normalne życie.

Państwo Rzeczkowscy po przybyciu do USA, 1958 r.

Wiesław zamyka oczy, odkłada pióro, przeciera twarz, luzuje gumkę na kitce. Bierze łyk całkowicie ostygłej herbaty. Czuje zmęczenie. Jakże pełna w treści jest historia Iwony! Gasi światło, żeby oczy odpoczęły. Iwony, pięknej dziewczyny z dostatniego domu, światłej, zdolnej dokonać wielu rzeczy w życiu. I jak ciężki balast otrzymała w jego zaraniu. Przetrwała. Uratowała się. To dobrze. Wiesław wie, że każde z nich, zesłanych dzieci, przeżyło historię własną i niepowtarzalną. A jednocześnie przecież rozsądek mu podpowiada, że nie można tak myśleć, że to była taka sama powtarzająca się historia: zimno, głód, pluskwy, indoktrynacja i propaganda, zastraszenie, nędza, pustka, mur enkawudowskiej biurokracji, zaszczucie, prześladowania. I bezdomność. Wszyscy przeżyli to samo, lecz każdy – coś wyjątkowego i niepowtarzalnego… Coś wyjątkowo tragicznego i okrutnego. Czy on, zbierając te historie, zaczyna się powtarzać, zaczyna gonić za własnym ogonem? Ależ nie. Nic takiego nie odczuwa. Wprost przeciwnie. Tylko dodając indywidualne głosy i imiona do owego zwielokrotnionego dramatu, masowego nieszczęścia, może pokazać jego ludzką twarz i rzeczywiście bijące prawdziwe ludzkie serce, takie serce, które może z bólu stanąć…

Coś mi podpowiadało, że nie tak powinna się kończyć historia Iwony w moim kajecie, że taki jej koniec nie wystarczy. Zawsze czułem, że Iwona nosi w sobie cień. Ten cień należy do tamtego złego czasu. Próbuje się go pozbyć czy go zaakceptowała? Deportowane dziecko zdaje się być jej ciągle przy niej obecną bliźniaczą siostrą. Cień Iwony nie jest wyłącznie opłakiwaniem utraconych bliskich oraz utratą domu dzieciństwa. Być może jest to niezwerbalizowany, ale nieustający ból spowodowany lękiem, że świat zapomni. Że piekło, przez które dziecko musiało przejść i podołało, skurczy się do gładkiej, równym rządkiem zapisanej czarno na białym strony historycznej książki. Czyż nie dzieje się tak z każdą historią bitwy ludzkości o przetrwanie…? Myślę i myślę o tym wciąż. Ostatnio rozprasza moje myślenie łabędź, który wojowniczo wali dziobem w szybę mojego tarasowego okna. Najpierw nie rozumiałem, o co mu chodzi, odczułem to jako atak na mnie, siedzącego po drugiej stronie. Aż naraz pojąłem: ojciec-

-łabędź odgania potencjalnego agresora, innego łabędzia, i zaczyna walić w tamtego dziobem. Walić w swoje odbicie w szybie...

Czasami nie wiemy, co w nas jest. Zastanawiam się, jak dalece Iwona rozumie swój ukryty ból. Co mogłoby go złagodzić?

A czy ja, myśląc o bólu Iwony, nie próbuję załagodzić własnego głębokiego bólu...?

Postawiłem przed sobą to pytanie w pokoju oświetlonym boczną lampą, kąty spowijał gęsty mrok, a ja siedziałem naprzeciwko własnego odbicia w szybie, późnym wieczorem, prawie nocą, późnowiosennego dnia na przedmieściach Chicago.

Co może załagodzić mój ból?

Wstałem od stołu, odłożyłem zielony kajet na półkę. Muszę wyjąć historie deportowanych dzieci z podręczników i monografii, muszę je zwrócić ich bohaterom. Muszę pieczołowicie docierać do źródeł zbiorowej pamięci...

Poszedłem do Iwony jeszcze raz w sprawie jej historii i poprosiłem, żeby ją dokończyła. Koniec jej opowieści okazał się listą środków łagodzących ból, receptą na przetrwanie pokaleczonego dziecka.

wona, Chicago, 2011 r.

Dalszy ciąg historii piętnastoletniej Iwonki przez nią samą opowiedziany

Syberyjskie przeżycia odebrały mi zdolność do spontanicznej radości. Moi najbliżsi w Ameryce, także mąż, twierdzili, że okres niewoli zostawił niezatarte ślady w mojej psychice. Nie umiałam się śmiać tak jak w Polsce. Nawet w chwilach radosnych, gdy wszyscy wokół mnie okazywali zadowolenie, nic nie potrafiło mnie rozweselić. I tak jest do dziś.

A jaki był wpływ deportacji na moje życie? Mimo że udało mi się założyć rodzinę, wychować dobrą córkę, znaleźć zajęcia, które mi dały satysfakcję, nie potrafiłam uwolnić się od powracających obrazów z czasu zesłania. Niektóre powracały jak natrętny sen i wyzwalały lęki i niepokoje, których nie da się opanować. Do dzisiaj pamiętam stosunek Sowietów do nas: pogardę i to nie tylko do zesłanych Polaków, ale również wobec radzieckich obywateli, których karmiono kłamstwem, że mieszkają w „raju robotników". To była ważna lekcja o komunizmie, którą poznawałam na własnej skórze, a nie w salach uniwersyteckich.

Smutno mi o tym mówić, choć wiem, że w takiej diasporze znalazło się tysiące Polaków. Moi bliscy, którzy przetrwali na Syberii, rozproszyli się po całym świecie. Dziadek, jak już mówiłam, zmarł w niewoli radzieckiej wkrótce po wywiezieniu z Polski. Ale babcia, która mogła opuścić ZSRR z wojskiem Andersa albo z nami, nie zdecydowała się na to. Bała się! Czuła się za słaba na podróż do nieznanych, obcych krajów. Bała się już nawet szansy na wolność! Dowiedzieliśmy się później, że zmarła w 1944 roku. Tak więc dwa groby rodziców mamy – Ambrożego i Karoliny Arciszewskich – zostały w Kazachstanie.

Moi rodzice zamieszkali po wojnie w Anglii i tam umarli; ojciec w roku 1982, a mama w 1995. Brat Leon, po rozwiązaniu Wojska Polskiego, poślubił Angielkę i został w jej kraju. Zbigniew, który był w junakach, przybył do Ameryki, ożenił się z dziewczyną, która też przeżyła deportację, i zamieszkali w Stanach Zjednoczonych. Jego matka, ciocia Helena, z młodszym synem wróciła do Polski. Również siostra mamy, ciocia Zofia, wróciła do ojczyzny, ale jest samotna. Nie miała siły pokonać poczucia alienacji. Nie umiała.

Ja sama dwukrotnie odwiedziłam Polskę ze swoją rodziną: z Basią, moją jedyną córką, oraz jej dwoma synami. Śladami dzieciństwa wędrowałam po ukochanych zakątkach rodzinnego miasta Gdańska. Pragnęłam pokazać potomkom obrazy, które nosiłam w sercu i pamięci. Ważne święta: Boże Narodzenie, Wielkanoc, Wszystkich Świętych staraliśmy się oboje z mężem obchodzić z wszelkimi zapamiętanymi z Polski rytuałami. Pamiętaliśmy też o uszanowaniu religijnych nakazów, by świętem były niedziele i ważne rocznice państwowe. Córka mówi płynnie po polsku, choć jej synowie, którzy urodzili się w Ameryce, już tylko rozumieją.

W Ameryce należę do trzech polonijnych organizacji: Fundacji Armii Krajowej, Związku Sybiraków w USA i Klubu Przyjaciół Warszawy, którego jestem sekretarzem. Fundacja AK i Związek Sybiraków propagują niezafałszowaną polską historię i kulturę przez przyznawanie stypendiów dla studentów. Moja praca społeczna w tych instytucjach jest kontynuacją działań moich rodziców. Jest też formą buntu przeciw milczeniu świata wobec cierpień zadanych moim rodakom.

A moja współpraca z Fundacją Armii Krajowej? Jest to akt zrozumienia dramatu, jaki toczył się w duszy mojego męża. Okrutne traktowanie patriotów przez niewolniczo poddane Rosji władze w Polsce po wojnie, więzienia zapełnione bohaterami, wyroki śmierci wydawane na niewinnych ludzi... to bolało. Z tym poczuciem krzywdy mój towarzysz życia borykał się przez lata całe i ja czułam podobnie. Praca w Klubie Przyjaciół Warszawy? Tam wyrażam miłość do stolicy Polski, która jest sercem Ojczyzny.

W niewoli i na tułaczce świadomość, że jestem Polką, utrzymywała mnie przy życiu. Wiedząc, że jestem Polką, wiedziałam – kim jestem. Człowiek potrzebuje takiej wiedzy: kim jest. Chroniłam więc tę polskość w sobie, a siły płynęły z niewyczerpanej wiary, że kiedyś wrócę do własnego domu, do Ojczyzny. To moje święte przekonanie nadawało sens usilnym staraniom, ale niestety, nie mogłam wrócić do kraju. Dzisiaj, w jesiennych latach życia, dziękuję Bogu za to, że się urodziłam Polką i nadal nią jestem, a ukochanej Ojczyźnie dziękuję za to, że nadal jest moja. I że wciąż wiem, kim jestem.

Rozdział 10

Wanda Barbara Kociuba
(Barbara W. Bik)

Miałem brata. Jurka, starszego ode mnie o dziesięć lat, deportowano ze mną, mamą i siostrą Zosią. Byliśmy razem w Kazachstanie, on, młodzik, służył potem w armii Andersa, walczył o Monte Cassino i Piedimonte San Germano. Później żył w Anglii, na koniec w Stanach Zjednoczonych. Nie potrafił się dogadać z przeszłością tak, by go nie zniszczyła. Uległ. Ciężar niedoli zesłania oraz zdrady sojuszniczych państw przygniótł go. Zabrał mu oczy na urodę świata, zabrał mu serce na nadzieję, zostawił pustkę. Kiedy po zakończeniu wojny znalazł się na Wyspach Brytyjskich, nie mógł wrócić do rodzinnego domu, nie mógł nawet wrócić do ojczyzny, bo nie za taką ojczyznę został trzykrotnie ranny. Anglia przyjęła polskich żołnierzy, ale praca, jaką Jurkowi, żołnierzowi zwycięskich sojuszniczych wojsk, zaproponowano, to było sprzątanie pociągów pasażerskich albo praca górnika w kopalni. Ból, oto z czym brat został po zwycięskiej wojnie. Zmarł w 1998 roku.

Brat to też mój ból, taki, który mogę tylko nieść, nie da się inaczej. Dlatego uważnie przyglądam się ludziom, którzy ostatecznie znaleźli drogę pozwalającą po tym wszystkim żyć, godnie i – przynajmniej po części – w zgodzie z sobą. Obok historii, pomimo historii, choć znaleźli się w jej środku. Być może zrozumiem tajemnicę przetrwania i zdolności do szczęścia mimo cierpienia i uczestniczenia w tragedii na nieludzką skalę. My wszyscy, skrzętne ocalałe z pogromu mróweczki, rzucone bezlitosną ręką na drugi koniec świata, nadal pracowicie wydeptujemy swoje ścieżki. Niektórzy z nas. Jurek nie dał rady. Są tacy, którzy dają. Na czym polega ich – nasz – sekret oraz siła? Jaka część człowieka odpowiada za to, że przetrwała jego umiejętność tworzenia własnego miejsca na ziemi, pomimo najcięższej niedoli? Chciałbym to kiedyś zgłębić i zostawić o tym wiadomość...

Na ślubie brata Wiesław poznał siostrę Cesi, czyli Czesławy, panny młodej. Było to w Cleveland, w stanie Ohio, około roku 1956. Wanda Barbara, ładna kobieta, modnie ubrana i zadbana była wówczas przełożoną pielęgniarek w szpitalu w Cleveland. Nie bez powodu, była bowiem doskonałą matką i żoną, rozumiała ludzi, jej serce nie znało

Wanda Barbara jako pielęgniarka, Cleveland, ok. 1956 r.

granic. A dostało to serce okrutną szkołę. Wanda Barbara była jedną z „nich", deportowanych dzieci.

Wanda Barbara Bik z domu Kociuba urodziła się 28 września 1928 roku w osadzie Wola Piłsudskiego na Wołyniu, jako drugie z trojga dzieci Wiktora oraz Franciszki Kociubów.

U góry: Franciszka Kociuba przed domem rodzinnym w Woli Piłsudskiego, 1934 r.

U góry po prawej: Wanda Barbara z młodszą siostrą, Wola Piłsudskiego, ok. 1938 r.

Po prawej: Zdjęcie komunijne Wandy Barbary, Wola Piłsudskiego, 1936 r.

Wanda Barbara z mamą oraz siostrą Jadwigą, 1939 r.

10 lutego 1940 roku cała rodzina została deportowana na Syberię. W 1942 roku rodzinie udało się opuścić Związek Radziecki razem z armią gen. Andersa. Ojciec Wandy Barbary walczył pod Monte Cassino, gdzie został ranny; otrzymał odznakę za męstwo. Wanda przebywała wówczas w Persji; mieszkała głównie w Isfahanie, uczęszczała tam do polskiej szkoły i wstąpiła do harcerstwa polskiego. W 1945 przeniosła się do Libanu, do miejscowości Zuk, gdzie kontynuowała naukę w pol-

Wanda Barbara w Libanie, 1946 r.

skiej szkole. W 1947 roku osiadła w Anglii, a w roku 1951 przeniosła się do Stanów Zjednoczonych i zamieszkała w Cleveland. W 1954 roku wyszła za mąż za Victora Bika, absolwenta DePaul University, byłego więźnia niemieckiego obozu koncentracyjnego, z którym miała trzech synów: Christophera, Andrew i Daniela. Obecnie Barbara Wanda Bik jest na emeryturze, do niedawna mieszkała z mężem w Sarasocie na Florydzie. W tej chwili mieszka w domu spokojnej starości z całodobową opieką medyczną. Jest schorowaną, cichą, wycofaną z czynnego życia osobą... Niedługo być może mąż się do niej przeprowadzi – teraz odwiedza ją codziennie, a Wanda Barbara przyjmuje go z radością, zadbana, nie zapomina o makijażu, cieszy się, że są razem.

Kiedy moja siostra pokazała mi swój pamiętnik z czasu deportacji, a potem własny dziennik prowadzony w tamtych latach, od razu pomyślałem, że przecież Zosia na pewno nie była jedyną dziewczynką zbierającą wpisy. Zresztą pamiętałem kajeciki u innych dzieci. Czemu sam ani jednego nie założyłem? Kto to wie... Być może przed zesłaniem byłem za mały, interesowałem się wtedy prawie wyłącznie przyrodą, polowaniami, zwierzętami, opowieściami ojca. Jeszcze nie rozmyślałem wówczas o przyjaźni, nawet jeszcze nie szukałem przyjaźni... Ale później, kilkadziesiąt lat później, zacząłem niemal ustawicznie rozmyślać o pamięci i zapomnieniu. Los oraz tragedia zesłanych dzieci coraz częściej odchodziły z ich bohaterami. Niepostrzeżenie, anonimowo, po cichu. Głęboko nad tym bolejąc, zacząłem dostrzegać fenomen pamiętników i wpisów „ku pamięci", „na wieczną pamiątkę", „byś o mnie nie zapomniała". Dziecko, wpisując się i rysując na przykład krasnoludka albo bukiet kwiatów, zapewne nie zdaje sobie sprawy, w jak poważnym uczestniczy procesie. Ale może nieco starsze dziecko sprawę sobie jednak zdaje... Tyle jest wpisów śmiertelnie poważnych, wręcz podniosłych, o miłości, o „oddaniu ojczyźnie", o tym, że należy być prawym. Oczywiście to część obyczaju, aby wpisywać się strofą z wielkiego poety albo maksymą. Ale nic z tych rozważań nie umniejsza mojej fascynacji i zdumienia nad wielością ról, jakie tak błaha rzecz – zapisywany tu i tam notesik – była w stanie wypełniać.

Im więcej o tym myślałem, tym mocniejszy czułem imperatyw, by pójść dalej. Chciałem zobaczyć pamiętniki innych dzieci z tamtego okresu. Pragnąłem poznać dolę tych dzieci, aby wyobrazić sobie, gdzie pamiętnik im towarzyszył. No i tak zaczęła powstawać moja kolekcja. Czasami rozrastała się sama, ale rosła także w wyniku moich poszukiwań. Pamiętam, że zacząłem szukać wśród rodziny i znajomych.

Zadzwoniłem do Cesi, wdowy po moim bracie Jerzym, która jako dziecko także przeszła tułaczy szlak. Czy miała pamiętnik? Nie. A któraś z jej dwóch sióstr? Nie. Lecz po kilku dniach Cesia oddzwania i mówi, że owszem, jej siostra Wanda Barbara prowadziła pamiętnik. Wszakże inny niż te, jakich poszukuję.

Był to zapis wspomnień, rozmyślań i okolicznościowych wierszy Wandy Barbary, który zaczęła prowadzić tuż po deportacji. We wspomnieniach opisywała, co się przydarzało jej i rodzinie, oraz rysowała. Albo malowała. Było to bardzo interesujące, lecz Wiesław szukał sztambuchów.

Dopiero po dziesięciu latach, wciąż zajmując się kolekcjonowaniem pamiętników, po wielu odczytach, wykładach, prezentacjach z nimi związanych, przyszło do niego przypomnienie tamtej rozmowy. Jaka potrzeba podsunęła dwunastoletniej dziewczynce pomysł spisywania własnych refleksji? Najpewniej, by uchronić je od zapomnienia... Być może przeczuwała, że w dalekiej przyszłości trudno będzie jej samej zrozumieć czas zesłania, pojąć, jak możliwe było przetrwanie, a z pewnością będzie to tragedia nie do pojęcia dla jej dzieci.

Zadzwonił do Wandy Barbary. W przeciwieństwie do większości osób, z którymi się kontaktował, przyjęła go z rezerwą. Może nawet niechętnie. Jej wspomnienia przeleżały kilkadziesiąt lat w paczce owiniętej płótnem. Nikt ich nie wyjmował. Papier lekko zżółkł. Ale ogólnie przechowały się doskonale...

Kiedy zapytałem, czy mogę zobaczyć, przeczytać, skopiować jej zapiski, usłyszałem, że to było „pisane dla dzieci i wnuków", którzy mieli je do-

stać po jej śmierci. Ciężka i tragiczna scheda – ale dla nikogo innego nieprzeznaczona.

Jednakże po kilku dniach Wanda Barbara skontaktowała się ze mną. Nasza rozmowa nie dawała jej spokoju. Zgodziła się udostępnić mi tekst!

I po dalszych paru dniach przyszła paczka – zapakowana z nadzwyczajną dbałością o bezpieczeństwo, pocztą kurierską. 210 zapisanych ręcznie niebieskim atramentem stron liniowanych kartek formatu A4, ręcznie zszytych, zawierających około pięćdziesięciu ilustracji, z których część to proste jednobarwne szkice, a część to drobiazgowo dopracowane przepiękne akwarele.

Okładka pamiętnika, pisanego i ilustrowanego przez Wandę Barbarę

Fragmenty wspomnień Wandy Basi Kociuby przez nią samą spisane oraz zilustrowane

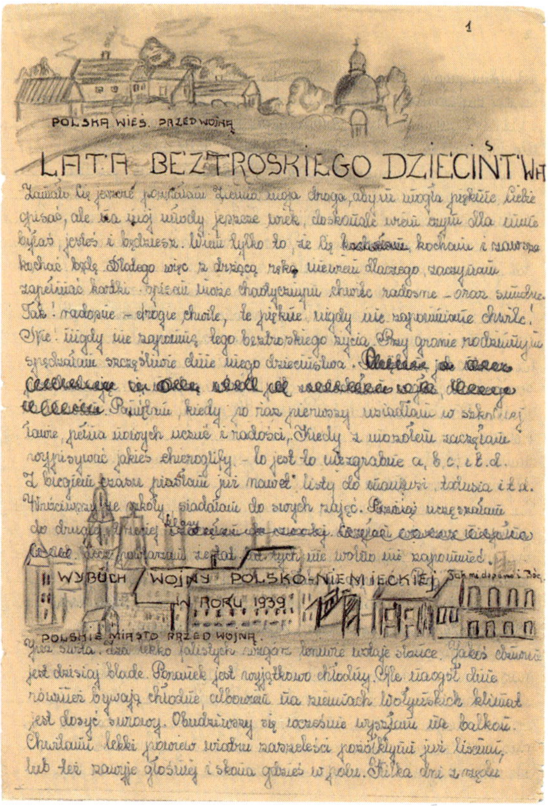

Strona z pamiętnika Wandy Basi

[POLSKA]
[1939–1940]

Lata beztroskiego dzieciństwa

Za mało Cię jeszcze poznałam, Ziemio moja droga, abym mogła pięknie Ciebie opisać, ale na mój młody jeszcze wiek doskonale wiem, czym dla mnie byłaś, jesteś i będziesz. Wiem tylko to, że Cię kocham i zawsze kochać będę. Dlatego więc, z drżącą ręką, nie wiem dlaczego, zaczynam zapełniać kartki opisem może chaotycznym chwil radosnych oraz smutnych. Tak! Radosne – drogie chwile, te piękne, nigdy niezapomniane chwile! Nie! Nigdy nie zapomnę tego beztroskiego życia. W gronie rodzinnym spędziłam szczęśliwie sporą część mego dzieciństwa. Pamiętam, kiedy po raz pierwszy usiadłam w szkolnej ławie, pełna nowych uczuć i radości. Kiedy z mozołem zaczęłam wypisywać jakieś hieroglify – to jest to niezgrabne a, b, c itd. Z biegiem czasu pisałam już nawet listy do mamusi, tatusia itd. Wróciwszy ze szkoły, siadałam do swych zajęć. Uczęszczałam do drugiej, trzeciej klasy. Lecz powtarzam, że lat tych nie wolno mi zapomnieć.

Tak mi dopomóż Bóg.

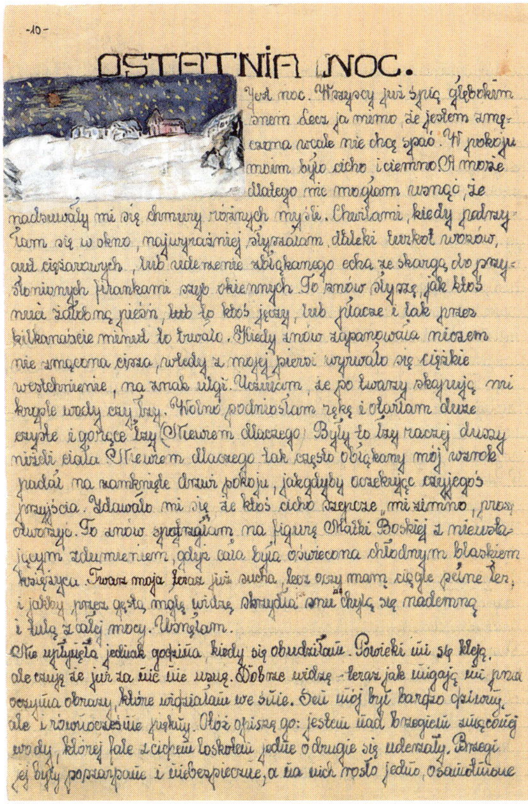

-10-

OSTATNIA NOC.

Jest noc. Wszyscy już śpią głębokim snem. Lecz ja mimo, że jestem zmęczona wcale nie chcę spać. W pokoju moim było cicho i ciemno. A może dlatego nie mogłam usnąć, że nadsuwały mi się chmury różnych myśli. Chwilami, kiedy patrzyłam się w okno, najwyraźniej słyszałam daleki turkot wozów, aut ciężarowych, lub uderzenie błąkanego echa ze skargą do przysłonionych firankami szyb okiennych. To znów słyszę, jak ktoś nuci żałobną pieśń, lub to ktoś jęczy, lub płacze i tak przez kilkanaście minut to trwało. Kiedy znów zapanowała nieraz nie zmącona cisza, wtedy z mojej piersi wyrwało się ciężkie westchnienie, na znak ulgi. Uczułam, że po twarzy skapują mi krople wody czy łzy. Wolno podniosłam rękę i otarłam duże czyste i gorące łzy (Nie wiem dlaczego). Były to łzy raczej duszy niżeli ciała. Nie wiem dlaczego tak często błąkany mój wzrok padał na zamknięte drzwi pokoju, jakgdyby oczekując czyjegoś przyjścia. Zdawało mi się że ktoś cicho szepcze „mi zimno, proszę otworzyć". To znów spoglądam na figurę Matki Boskiej z nieustającym zdumieniem, gdyż cała była oświecona chłodnym blaskiem księżyca. Twarz moja teraz już sucha, lecz oczy mam ciągle pełne łez, i jakby przez gęstą mgłę widzę skrzydła snu chylą się nademną i tulą z całej mocy. Usnęłam.

Nie upłynęła jednak godzina, kiedy się obudziłam. Powieki mi się kleją, ale czuję że już za nic nie usnę. Dobrze widzę – teraz jak migają mi przed oczyma obrazy, które widziałam we śnie. Sen mój był bardzo dziwny, ale i równocześnie piękny. Otóż opiszę go: jestem nad brzegiem nucącej wody, której fale z cichym łoskotem jedne o drugie się uderzały. Brzegi jej były poszarpane i niebezpieczne, a na nich rosło jedno, osamotnione

Strona z pamiętnika Wandy Basi

Ostatnia noc

Jest noc. Wszyscy już śpią głębokim snem. Lecz, ja mimo że jestem zmęczona, wcale nie chcę spać. W pokoju moim było cicho i ciemno. A może dlatego nie mogłam usnąć, że nasuwały mi się chmury różnych myśli. Chwilami, kiedy patrzyłam się w okno, najwyraźniej słyszałam daleki turkot wozów, aut ciężarowych lub uderzenie zbłąkanego echa ze skargą do przesłonionych firankami szyb okiennych. To znów słyszę, jak ktoś nuci żałobną pieśń, to ktoś jęczy lub płacze i tak przez kilkanaście minut to trwało. Kiedy znów zapanowała niczym niezmącona cisza, wtedy z mojej piersi wyrwało się ciężkie westchnienie, na znak ulgi. Uczułam, że po twarzy skapują mi krople wody czy łzy. Wolno podniosłam rękę i otarłam duże, czyste i gorące łzy. Nie wiem dlaczego były to łzy raczej duszy niżeli ciała. Nie wiem, dlaczego tak często obłąkany mój wzrok padał na zamknięte drzwi pokoju, jak gdyby oczekując czyjegoś przyjścia. Zdawało mi się, że ktoś cicho szepcze „zimno mi, proszę otworzyć". To znów spostrzegałam figurę Matki Boskiej z nieustającym zdumieniem, gdyż cała była oświecona chłodnym blaskiem księżyca. Twarz moja teraz już sucha, lecz oczy mam ciągle pełne łez i jakby przez gęstą mgłę widzę, jak skrzydła snu chylą się nade mną i tulą z całej mocy. Usnęłam.

Nie upłynęła jednak godzina, kiedy się obudziłam. Powieki mi się kleją. Ale czuję, że już za nic nie usnę. Dobrze widzę teraz, jak migają mi przed oczyma obrazy, które widziałam we śnie. Sen mój był bardzo dziwny, ale równocześnie piękny. [...] opiszę go: jestem nad brzegiem zmąconej wody, której fale z cichym łoskotem jedne o drugie uderzały. Brzegi jej były poszarpane i niebezpieczne, a na nich rosło jedno, osamotnione i w tej chwili jakby rozpłakane drzewo. Patrząc tak bez przerwy w dal brudnej wody, zatrzymałam wzrok na słońcu, które odbijało się w niespokojnej tafli rzeki. Była to chwila zachodu. I co widzę? Białą, piękną postać. Ubrana była w lekką, długą suknię, boso, włosy jej złotawego koloru spoczywały na plecach. Wzrok owej Pani był spokojny, twarz miała wyraz niewymownej dobroci, ale równocześnie

Rysunek z pamiętnika Wandy Basi

na tej pięknej twarzy odbijało się zatroskanie. Po chwili ta zjawa wolno pochyla się, wyciąga ręce do podniesienia owego odbitego słońca. Czeka, nie podnosi, tylko stoi ciągle pochylona. Aż teraz poznałam, że owa bogini była właśnie aniołem. Ja, widząc jego troskę, podnoszę się i chcę w jakiś sposób mu dopomóc, ale cóż ja zrobię, nie przejdę przecie po falach wody, daję więc znak ręką, że stanę jakoś z pomocą. Piękna ta postać, widząc moje skinienie, od razu zrozumiała, o co mi chodzi, sama przybliżyła się do mnie. Ja na tę chwilę osłupiałam, w oczach mi zrobiło się ciemno. Teraz czuję dotyk na swoim ramieniu anioła i szept. „Ja dam sobie radę, a ty, dziecino, bądź zawsze taką i idź dalej tą drogą wysłaną różami, nie zważaj na jej kolce". To powiedziawszy, poczęła wolno się cofać. Kiedy uszła kilka kroków, zatrzymała się w tym samym miejscu, odwróciła raz jeszcze głowę, uśmiechnęła się, zrobiła w moją stronę znak krzyża św. i znikła. Ja stałam, sama, ze łzami w oczach, że owa piękna boginka już znikła.

[Pożegnanie Polski]

Cała ziemia była otulona pierzyną świeżego śniegu. Chwilami srebrne gwiazdki płatków śniegu delikatnie spadały, układając coraz to grubsze warstwy na ziemi, lub spadały nam na ubrania, na nasze twarze, przynosząc ochłodę i ulgę rozgorączkowanemu ciału. Stajany śnieg na policzkach zlewał się ze łzami i spływał ciurkiem po twarzy. Czekaliśmy, milcząc, na podanie nam komendy do wsiadania na sanie... [...] Usiedliśmy. [...] Ruszamy...

Rodzina pawi podniosła straszliwy krzyk, kiedy przejeżdżaliśmy przez naszą aleję, a lisy zaczęły wtórować im żałosnym wyciem. Sanie wolno posuwały się naprzód – dalej i dalej. Szara poranna mgła z wolna zacierała mury mego kochanego domu. Serce we mnie zaczęło się tłuc jak w spłoszonym ptaku, zdawało się, że pęknie, że pozostanie na zawsze u progu rodzinnego domu gniazda. Ostry zimowy wiatr dławił mię, a w piersi zabrakło już tchu. Przed sobą nie widzę nic, nawet mamusi, która tuż siedziała. Tysiące różnych myśli zakotłowało się w mej zbolałej głowie... Nagle wyrwał mnie z głębokiego zamyślenia jakiś melodyjny szum. Podnoszę głowę i patrzę. I co widzę? – masę rozkrakanych wron. Krzyk ich był to ostatni i pożegnalny, ja je też pożegnałam, ale tylko spojrzeniem, pełnym żalu, i to im starczyło, zrozumiały mnie. [...] Staliśmy na stacji trzy dni, mogłam jeszcze przez małe kraty okna patrzeć na cud i piękno polskiej ziemi. Ale, o mój Jezu! Co słyszę, chrapliwy ryk zsapanej lokomotywy. Czy to sygnał na odjazd? Tak! – odpowiedział mi szlochem wiatr. Koła wagonów zaczęły syczeć. Ruszamy. Przy pierwszym szarpnięciu – krzyknęłam – O! To już!

Pożegnanie Polski (Ojczyzny)

Opasałaś mię błękitną szarfą Wiślaną,
Całą okryłaś mgły porannej welonem,
Kazałaś patrzeć w wodę rozpląsaną –
Śpiewać i śmiać się z wieczornym dzwonem.
Już słyszę na dworcu ciężkie sapanie,

tak, już czas. – Czas. Zaraz ruszamy.
A ty mię nie puszczasz, o dobra Pani,
Czemu płaczesz? Cicho! My wytrwamy!
Odchodzę... Dziewico, daj uścisnąć swe nogi!
Choć niech się przytulę – na pożegnanie,
Bo widzę przed sobą szare, ciernisté drogi.
Choć niech usłyszę Twojego, Ojczyzno, serca drgania.
Już się oddalam, ale słyszę Twe ciche łkanie.
Widzę, jak jeszcze, Polsko, płaczesz łez strugą,
Całuję jeszcze Twe piękno nocy – tak na pożegnanie,
a usta me szepcą gorąco – Cicho, to nie na długo!!!
[...]

ROSJA
[1940–1942]

Już zniknęłaś z oczu, Polsko, tak prędko jak sen, Ty zniknęłaś, ale pamięć o Tobie nigdy nie zniknie i nie zaginie. Wiedz, że opuszczają Ciebie Twoje dzieci ze zranionymi sercami. Zamiast Twojego jasnego, czystego nieba mamy nad sobą niebo blade, pokryte poszarpanymi chmurami. Domy są z rzadka rozrzucone, stoją pod lasem jak samotne mogiły. Zamiast Twojego uśmiechu, Polsko, mamy łzy i uśmiech niedoli. Zamiast twojego łagodnego, rozśpiewanego wiatru mamy wiatr jęczący, rozszlochany. Tak! Inny jest ten kraj, mam prawo nazwać go krajem łez lub krajem niedoli, rozpaczy.

Ściany wagonów pokrył śnieg z lodem, ja zaś bezwładnie oparłam z ulgą głowę i cicho płakałam (ciężkie westchnienia, jęki, skargi dzieci i starców ukołysały mię do snu). Straszne myśli podrywały mnie nieraz, jak ból, trzepałam ręką w powietrzu, odpędzałam je, zlizywałam brudny śnieg z desek, ale cierpiałam bez słowa. Nic mamusi nie powiedziałam, bo Ona w tej chwili przeżywała to samo co i ja. Leciałam gdzieś na dno jakiejś przepaści, widziałam swój przyszły „dom" i przyszłe łzy. O! Już widzę skrzydła snu nad głową. Usnęłam. Sen mi uśmiercił niepokojące myśli. Co chwilę budziły mnie jęki, ciężkie westchnienia i kaszel dzieci i starców... Pociąg wciąż mknie, dalej i dalej. Płaczę – zanoszę się od płaczu. [...]

Na ostatniej stacji (tj. w Opazynie) kazano nam wysiadać. Pisk, płacz i jęk zagłuszył ich rozkazy. Bo tam niedaleko widać było rozrzucone w lesie baraki dla nas, „posiołek" ów nazywał się Krystoforof. Po długiej, przeszłodwutygodniowej męczeńskiej podróży rozpocznie się nowe męczeńskie, niewolnicze, więzienne życie. [...]

Krystoforof

Po kilku dniach pędzono nas do pracy. Prace do wykonania były wszelkiego rodzaju, jak ścinanie drzew, grużenie wagonów, korowanie, odwalanie śniegu od linii kolejowej i szereg innych. Jeszcze na dworze było ciemno, kiedy dzieci, kobiety i mężczyźni z siekierami, łopatami lub pilnikami na ramionach dążyli do swoich miejsc. (Tak nam kazano).

Kiedy zbliża się pora obiadowa, długie ogonki stoją przy stołówce i magazynie. Mój Boże, o kilka gramów chleba i wodną zupę trzeba marznąć, cisnąć się pół dnia. Głód coraz bardziej jął zaglądać do obozu – jak cmentarz, powiększał się z każdym dniem. Nieraz kurzawa szalona zasypuje domy, przewraca ludźmi jak bezbronnymi ptakami, a wśród jej wiru stary ojciec, sam, dźwiga na plecach w trumience cór-

Rysunek z pamiętnika Wandy Basi

kę, by pochować na sybirskim cmentarzu. Już ma się ku końcowi trzeci miesiąc. Zima stała się nieco lżejsza...

[Śmierć małej dziewczynki]

Byłam nawet sama, i to po raz pierwszy w życiu, przy śmierci małej, około pięcioletniej dziewczynki. W obozie panowała głucha i czarna noc – w pokoju, gdzie leżała jeszcze ciężko chora Władzia, świeciła się bladym płomieniem lampa. Jęk jej matki – pchnął mnie do jej pokoju. Weszłam. Na białym łóżeczku leżała bladziutka jak kościelne obrusy mała Władzia. Oczka miała otwarte. Matka jej i starsza siostrzyczka Stasia klęczały prawie nieprzytomne przy jej łóżeczku. Gromnica coraz częściej przygasała, światło gromnicy skąpo padało na przyśmiertną Władzię. Władeczko! – jęknęła matka. – Cicho! – jak echo, ostatnim tchnieniem odpowiedziała najdroższa istotka matce. Gromnica zgasła. Słodki uśmiech przebłysł po raz ostatni po twarzy dziecka. Szelest anielskich skrzydeł zakłócił spokój. Matka była nieprzytomna. Władzia poszła z aniołem, a matkę pozostawiła w Tajdze Sybirskiej. I tak zdarzało się teraz każdego dnia. Z naszego pokoju była powołana p. Pytlarzowa. Pięcioro dzieci w jednej sekundzie pozostało sierotami. [...]

Tęsknota (1940 rok)

Czy słyszysz? Ktoś tak głośno płacze!
Czy widzisz? Ktoś żegna się, już na wieki odchodzi.
Słuchaj! – jak jakaś matka płacze.
O! Ktoś woła „idźmy" do Niej! Już czas – tułacze!
Słuchaj! – jak jakaś matka na samotnym grobie zawodzi.
Polsko! Zabieraj nas – bo my już jeść chcemy!
Albo chodź! Stłum nasze szlochanie!
Chodź! Spójrz na mogiły twych dzieci – jakie smutne i nieme.
A zobaczysz, jak żyją Polacy od Ciebie wygnani.
Idziesz. Widzimy, jak wyciągasz z drutu swe ręce.
Wołasz do nas, chodźcie, wygnańcy, już czas!

Razem żyć będziemy, w niewoli i męce!
Razem Zorza Wolności oświeci nas!
[...]

[Amnestia]

Jest rok 1941 – sierpień, i właśnie w sierpniu błysnął nam promyk nadziei. Otóż jeszcze 30 lipca 1941 r. gen. Sikorski zawarł umowę z rządem sowieckim. A dziś, w sierpniu, jakby Orzeł przeleciał nad tajgą i – wykrakał nam wolność. Tak, jest amnestia. Chyba prędko się to skończy. Rosjanie stali się przychylniejsi i życzliwsi Polakom. Ja natomiast myślałam, że nie przeżyję tego wieczoru, myślałam, że serce z radości mi pęknie. Cały obóz teraz był kołysany falami radości, falami wyzwolenia. Każda twarz podczas zebrania była uśmiechnięta i rozpromieniona szczęściem, po raz pierwszy po blisko dwóch latach. [...] Zdawało mi się, że u ramion mych słabych urosły skrzydła sokole, i z łoskotem pofrunęłam otworzyć piekielne więzienne bramy, że już wszyscy jesteśmy wolni. [...] Do późna w nocy nie spaliśmy, a tematem naszych rozmów to była tylko amnestia i szybki wyjazd. Zdawało się nam, że już wszystko smutne, przykre i złe minęło, że teraz (zacznie się nowe życie) życie nasze zmieni się definitywnie. Tak, i naprawdę, bramy więzienne zaczęły się otwierać, a gdzieś z Tajg tych syberyjskich zaczęły wyrastać sylwetki polskich bohaterów, polskich żołnierzy. [...]

[Droga do wolności – wiosna 1942 rok]

Po długiej podróży zatrzymaliśmy się na stacji Guzary. Tam mieliśmy pozostać do czasu 20 lut. W Guzarach kroki organizacyjne polskich placówek były już rozwinięte na wielką skalę. Miasto od stacji dzieliła mała odległość (3 km). [...] W Guzarach już było wiele komitetów stworzonych w celu opieki nad wysiedleńcami, jak Komitet Opieki Społecznej, Wydział Wykonawczy Funduszu Społecznego itp. Ofiarność żołnierzy dla nas była bardzo wielka. Dzielili się z nami, czym mogli, ale to niedługo – i im wyczerpywały się zapasy żywności. Niedaleko od nas – w małym domu – znajdowała się komisja poborowa. Domek ten był zawsze otoczony setkami rekrutów. Często kilometrowe kolejki stały po kilka dni. Wywożono z tego miejsca dziennie po kilkanaście trupów. Tyfus panował straszny. Nam niebezpieczeństwo również groziło, bowiem i nasza grupa zaczęła maleć. [...] Z Guzar i pobliskich kołchozów dziennie wywożono około 60 trupów. Oto na dalekiej azjatyckiej ziemi wyrosły setki polskich krzyży. Stąd Guzary zostały nazwane „doliną śmierci". Często widziałam, jak rzędem jechało po kilka furmanek, a na nich jeden na drugim nawalonych trupów. Odwozili na cmentarz... [...] Z końcem marca wreszcie ruszyliśmy z tej doliny śmierci. Ale tego szczęścia doczekała się tylko połowa, a druga połowa już nie. Trudno, tak chciał Bóg. Autami zawieziono nas na stację. Wagony już na nas czekały. Teraz dopiero czuliśmy się naprawdę szczęśliwi, gdyż wiedzieliśmy, że już opuszczamy kraj łez i niedoli, że jedziemy dalej na południe. Wieczorem ruszyliśmy, a na drugi dzień o tej samej porze zatrzymaliśmy się w porcie Krasnowodzku. [...]

[Krasnowodzk]

Morze Kaspijskie było spokojne. Przy brzegu stały dwa okręty, jeden towarowy, a drugi osobowy pod imieniem *Stalin*... Wiele wówczas matek i sióstr szukało w szeregach swoich synów, mężów i braci, tak też i wiele znalazło, a wiele też, dowiedziawszy się o śmierci najbliższych, wyrywając sobie włosy z głowy, nieprzytomnych padało na ziemię. Ja stałam wciąż wpatrzona w morze i odbite w nim światła miasta. Wcho-o-dzić! Jak grom padł rozkaz.

PERSJA
[1942–1945]

Pahlawi [marzec 1942 rok]

Pahlawi nazwę swoją otrzymała na cześć Szacha Reza Pahlawi. Jest to główny port Iranu nad Morzem Kaspijskim. Gęstość zaludnienia

Pahlawi wynosi około 37 000 mieszkańców. Ale nie tylko jest to główny port, lecz także miejsce obrotu towarami z ZSRR... Teraz przez ulice pięknego miasta ciągną niekończące się szeregi obdartych, bosych i wychudzonych „polskich wysiedleńców". [...] Prowadzono nas na miejsce wypoczynku. Ja byłam widokiem tym oszołomiona. Tak przecie niedawno widziałam długie kolejki przed każdym sklepem, a teraz wyrósł przede mną inny świat i stanęło przede mną jak z bajki „kryształowe miasto", i nie ma nigdzie ani jednej kolejki. W sercu mym zrodziły się nowe, piękne uczucia, a inna przyszłość, zdawało się, że lśni jak krople deszczu w nieprzeniknionej ciemności nocy, w złotych promieniach słońca. Miasto na dwie części przerzynała szeroka asfaltowa ulica, a po jej obu stronach kobierzec kwiatów mienił się tysiącem barw. Za nim ciągnęły się szeregi sklepów, pełnych owoców, nieco dalej liczne piekarnie, restauracje itp. Miasto jest schludne i utrzymane w najlepszym porządku. Nad naszymi głowami, na drzewach, lekko przyczepione wisiały duże pomarańcze. Ludność perska ze zdziwieniem i pożałowaniem patrzyła na nas, toteż ja kilka razy dostałam po plecach pomarańczami lub cytrynami. Często zbliżała się do mnie jakaś Persjanka przypominająca raczej widmo, okryta płachtą, czadrą, i podawała cukierki, ciastka, daktyle itp. Tak też przydarzało się prawie każdemu. Wkrótce wprowadzono nas na plażę, gdzie były rozłożone maty dla naszego wypoczynku. Plaża zaroiła się od setek ludzi. Zaraz po przybyciu kuchnia wojskowa dostarczyła nam „obiad". Boże, jaki on był dobry, inny, bo oto po dwóch latach jadłam słodką bułkę, czekoladę, jabłka itp. Następnie zaprowadzono nas do łaźni. [...] Wśród nas niezadługo znalazły się setki Persów ze swoim towarem. Na drugi dzień przed wieczorem na plaży przy samym morzu wyrosły jak spod ziemi stosy „waliz", worków i przeróżnych pakunków, które po kilku minutach zapłonęły. Spalono nam wszystko, co mieliśmy, a pozostało tylko to, co mieliśmy na sobie. Lecz nikt tego nie żałował. Szary dym z naszych rzeczy wolno uniósł się nad morze i rozścielił swój welon... We mnie teraz toczyła się walka radości ze smutkiem. Wkrótce cała kolumna perskich autobusów ruszyła w drogę...

Teheran [1942]

Teheran jest stolicą Persji od 1787 r. W roku 1940 zamieszkiwało Teheran 540 000 mieszkańców, z początkiem 1943 r., przy wydawaniu kart żywnościowych mieszkańcom, liczbę ludności oszacowano na 835 000. Teheran położony jest 1176 m nad poziomem morza. Zbudowany jest na żwirowiskach u stóp potężnych gór Elburs. Budynki mają styl bardziej azjatycki, część budynków natomiast pochodzi z XIX wieku. Miasto jest ładne i schludne, ale też to miasto śmierci Polaków. Nas ulokowano nieco za miastem, w obozie pod numerem „1". Nas, to jest junaczki, dano do bloku pierwszego – natomiast w bloku drugim mieścił się sierociniec i ludność cywilna, która również zamieszkiwała większą część naszego bloku. Opodal, za obozem, rozłożono szereg namiotów, które tworzyły szpital. Podłoga była zasłana olbrzymim i naturalnie pięknym dywanem, ponieważ łóżek nie miałyśmy. [...] Dzisiaj jest już piętnastego czerwca. Dzień ten jest trochę inny od dni minionych. Był to dzień przygotowania do dalszej podróży... Tak się też stało... Wiedziałam dobrze, że jedziemy do Isfahanu...

Isfahan [1942–1945]

Isfahan położony jest na 1554 m nad poziomem morza. Ludność jego sięga do 204 000 mieszkańców. Isfahan jest miastem starym i zabytkowym. Wiele budowli powstało w „złotym okresie" dziejów Persji. Za dynastii Safawidów Isfahan był stolicą Persji. Miasto to można nazwać „miastem meczetów". Posiada ono liczne pałace, mosty, grobowce, starą fortecę, kościoły ormiańskie, zabytkowe cmentarze, a przede wszystkim wielkie bazary. Sławne są również isfahańskie wyroby metalowe, ceramiczne i fajansowe. A teraz, z biegiem czasu, bliżej zapoznałam się z Isfahanem... Miasto Isfahan było o wiele bogatsze od Teheranu w drzewa. Toteż na pierwszy rzut oka zdawało mi się, że jest nawet od Teheranu o wiele piękniejsze. Minęliśmy miasto, a zatrzymaliśmy się w dzielnicy ormiańskiej, Dżulfie. Dzień już dogasał. My długą kolumną czwórkami ciągnęłyśmy teraz przez różne zaułki, w których nawet smutno mimo ruchu i ciemno. Dokoła otaczały nas wysokie, gliniane, powszechne w Persji mury. Wszystkie domy były nimi otoczone. Ludność ormiańska witała nas życzliwie. Po chwili weszłyśmy na podwórko pięknego budynku, zbudowanego w stylu romańskim. Tam już miałyśmy pozostać. Internat nasz nazwano „szóstką", ponieważ był pod numerem 6. Po kolacji rozesłano nas do dużych sal, gdzie czekały nas czyste łóżeczka. Wszystkie zmęczone podróżą z niewymowną radością upadłyśmy na nie i już nie pragnęłyśmy niczego. W sali panowała grobowa cisza, a dobroduszny sen chodzi na palcach. Ostatni szept Dżulfy – i twardy sen…

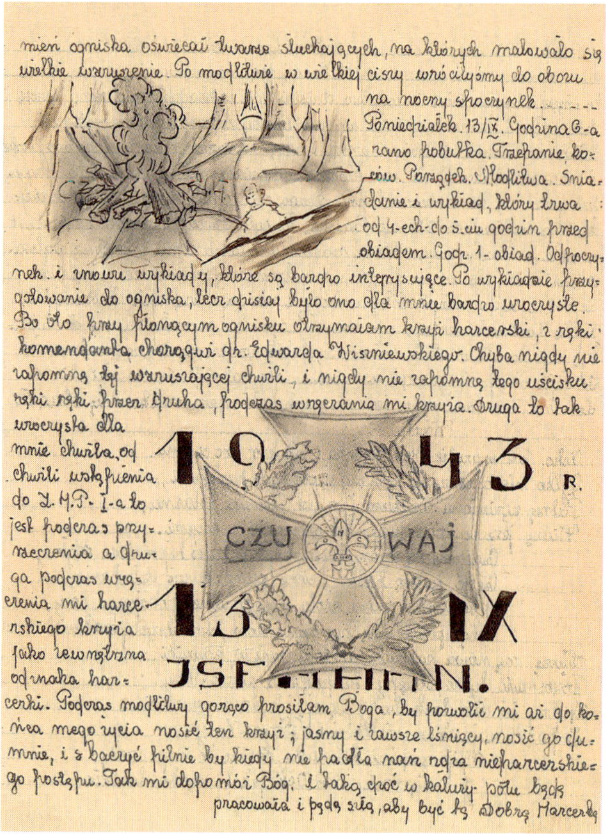
mień ogniska oświecał twarze słuchających, na których malowało się
wielkie wzruszenie. Po modlitwie w wielkiej ciszy wróciłyśmy do obozu
na nocny spoczynek. - - -
Poniedziałek. 13/IX. Godzina 6-a
rano pobudka. Trzepanie ko-
ców. Porządek. Modlitwa. Śnia-
danie i wykład, który trwa
od 4-ech-do 5-ciu godzin przed
obiadem. Godz. 1- obiad. Odpoczy-
nek i znowu wykłady, które są bardzo interesujące. Po wykładzie przy-
gotowanie do ogniska, lecz dzisiaj było ono dla mnie bardzo uroczyste.
Bo oto przy płonącym ognisku otrzymałam krzyż harcerski, z ręki
komendanta chorągwi dh. Edwarda Wiśniewskiego. Chyba nigdy nie
zapomnę tej wzruszającej chwili, i nigdy nie zapomnę tego uścisku
ręki ręki przez druha, podczas wręczania mi krzyża. Druga to tak
uroczysta dla
mnie chwila, od
chwili wstąpienia
do Z.H.P. I-a to
jest podczas przy-
rzeczenia a dru-
ga podczas wrę-
czenia mi harce-
rskiego krzyża
jako zewnętrzna
odznaka har-
cerki. Podczas modlitwy gorąco prosiłam Boga, by pozwolił mi aż do koń-
ca mego życia nosić ten krzyż; jasny i zawsze lśniący. nosić go du-
mnie, i strzec pilnie by kiedy nie padła nań zmaza nieharcerskie-
go postępu. Tak mi dopomóż Bóg. I [illegible]
pracowała [illegible], aby być tą Dobrą Harcerką

Strona z pamiętnika Wandy Basi

[Przyrzeczenie harcerskie]

[...] „Mam szczerą wolę całym życiem pełnić służbę Bogu i Polsce, być posłuszną prawu harcerskiemu i nieść chętną pomoc bliźnim!" [...]

W kolorowej Persji

Bardzo też zdumiewało mnie noszenie okropnych nieraz ciężarów na głowach (a szczególnie mężczyźni). Na wszystko patrzyłam zdumiona. Ale krótko. Cieszyłam się myślą, że z biegiem czasu będę miała możność bliżej poznać Isfahan.

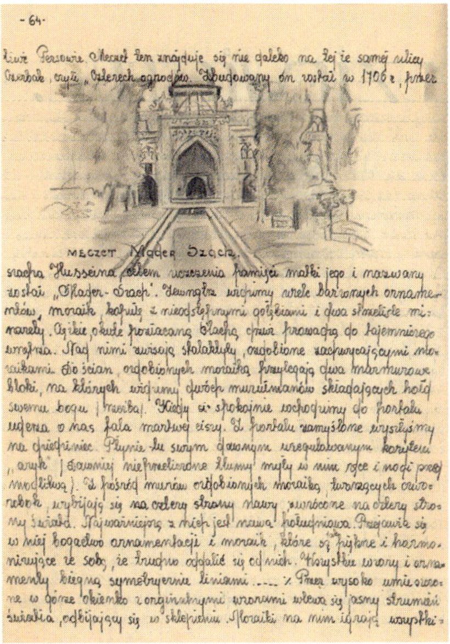

Strony z pamiętnika Wandy Basi

[Karawany]

Rano, około godziny trzeciej, zbudziły mnie znowu dzwonki karawany. Na ulicy ciemno jak w grobie. Wolno, lecz ciężko stąpają po asfal-

Rysunek z pamiętnika Wandy Basi

towej ulicy potężne wielbłądy. Głośne pokrzykiwania Persów drażnią mnie, ale zachwyca długa kolumna objuczonych zwierząt. Już cicho. Nie, jeszcze drga echo dzwonków. Znów cicho. Już skonała ich melodia na wpół fałszywa, a tęskna pieśń przewodnika karawany jeszcze cicho, cicho tańczyła po ulicy. Na ramiona znowu uwiesił mi się ciężki płaszcz tęsknoty i wzruszenia. Noc się kończy, ginie, topi się w rannym świecie. Schodzę na dół i słyszę jakiś szmer, ach, to drobny letni deszczyk szemrze i bawi się pieszczotliwie liśćmi drzew. Niezadługo dzwonek dał znak na pobudkę. Oto tak wyglądała jedna z wszystkich nocy, choć nie wszystkie są do siebie podobne i nie wszystkie się cieszą muzyką skrzypiec. Lecz dnie są jedne do drugich tak podobne jak bliźnięta…

[Polska zima – wspomnienia]

Wieczory – bywały piękne. Często nielitościwy mróz ściskał ziemię, która jakby zimna z bólu skarżyła się – pękała. Blade blaski księżyca zdawały się ją pocieszać. Śnieg lśni. Wyglądał jak przepiękna biała perła – przetykana złotem.

[Boże Narodzenie w Persji]

Wzruszona również byłam, kiedy patrzyłam na przepiękną szopkę. Patrzyłam szczególnie na podniesioną rączkę Pana Jezusa, wtedy, kiedy po kościele płynęła kolęda *Podnieś rączkę Boże Dziecię*. Tak, podnieś ją, Najsłodszy Jezu, i ucisz rozszalałą wojnę, ucisz jęki i płacze konających, zrób nią znak krzyża świętego nad męczonymi i nad walczącymi, a uśmiechnij się do nas wszystkich, rozsianych po całym świecie, i daj nam, byśmy następny raz już się łamali opłatkiem w prawdziwie wolnej i olśnionej chwałą Polsce. Pobłogosław nam w dalszej już powrotnej drodze, bo już zbliża się godzina wymiaru sprawiedliwości. Niechże te kończące nabożeństwo słowa „przed Twe ołtarze zanosim błaganie, Ojczyznę wolną racz nam wrócić, Panie" staną się jawą, niechże na drugi raz zaśpiewamy je już tam, na łonie stęsknionej i kochanej Ojczyzny.

Konstytucja 3 Maja

Nad Polską zawisł cień niewoli. Rosja, Austria i Prusy rzuciły się na Nią jak zgłodniałe kruki. Straszne widmo drugiego rozbioru przybli-

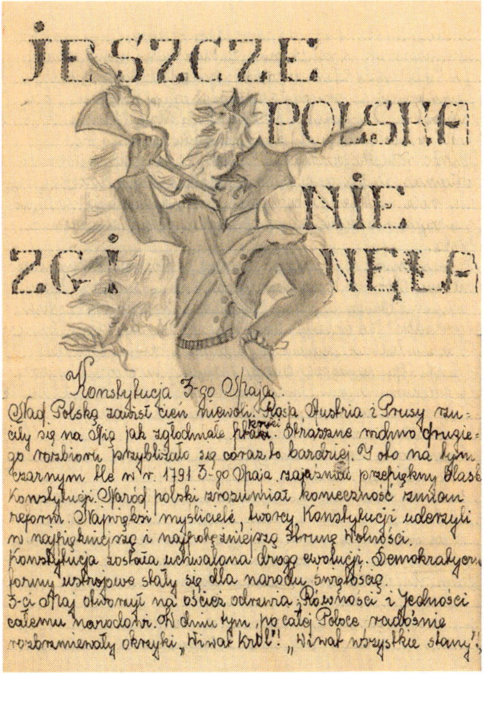

Konstytucja 3-go Maja.
Nad Polską zawisł cień niewoli. Rosja Austria i Prusy rzuciły się na Nią jak zgłodniałe ptaki kruki. Straszne widmo drugiego rozbioru przybliżało się coraz to bardziej. I oto na tym czarnym tle w r. 1791 3-go Maja zajaśniał przepiękny blask Konstytucji. Naród polski zrozumiał konieczność zmian reform. Najwięksi myśliciele, twórcy Konstytucji uderzyli w najpiękniejszą i najpotężniejszą struną Wolności. Konstytucja została uchwalona drogą ewolucji. Demokratyczne formy ustrojowe stały się dla narodu święłością. 3-ci Maj otworzył na oścież odrzwia Równości i Jedności całemu narodowi. W dniu tym, po całej Polsce radośnie rozbrzmiewały okrzyki „Wiwat król"! „Wiwat wszystkie stany"!

Strona z pamiętnika Wandy Basi

żało się coraz to bardziej. I oto na tym czarnym tle w r. 1791 3 maja zajaśniał przepiękny blask konstytucji. Naród polski zrozumiał konieczność zmian, reform. Najwięksi myśliciele, twórcy Konstytucji, uderzyli w najpiękniejszą i najpotężniejszą strunę Wolności. Konstytucja została uchwalona drogą ewolucji. Demokratyczne formy ustrojowe stały się dla narodu świętością. Trzeci Maj otworzył na oścież odrzwia Równości i Jedności całemu narodowi. W dniu tym po całej Polsce radośnie rozbrzmiewały okrzyki „Wiwat Król!", „Wiwat wszystkie stany!", a echa ich są nieśmiertelne, niemilknące, drgają jeszcze do dziś i będą wciąż drgały nad narodem polskim. Gdy przerzucamy karty minionych dziejów historycznych Polski, niejednokrotnie odczuwamy wielki podziw nad wielkością ducha polskiego. Pierwszym najlepszym tego świadectwem jest właśnie Konstytucja 3 Majowa. Stała się ona wskazówką prostej i właściwej drogi, po której winien iść naród. Równość i Wolność – to potęga Państwa.

Konstytucja ta należy do najpiękniejszych historycznych momentów Polski. Tegoroczne święto wypada nam w chwili strasznych zmagań nieomal całego świata. Dziś czcimy je w oddali od swej Ojczyzny. Droga nasza jest jeszcze trudna do przejścia, lecz my, Polacy, nie zważajmy na cierpienie i kolce – idźmy śmiało i dumnie, jak szli nasi przodkowie.

Zawołajmy radośnie: Trzeci Maj! Podnieśmy sztandar demokracji, o którą walczymy i dziś!!!

[Powstanie warszawskie, 1944]
[Komunikat radiowy]

1 października mija – Warszawa się wciąż broni, ale znajduje się w ciężkiej sytuacji. Oczy mi się kleją, sen dotyka mej rozpalonej głowy zimną swą ręką. Lecz cóż to, usnąć nie mogę. Coś mi szepce – pomódl się – ach, za tą biedną Warszawę. Uklękłam. Cała drżałam. Z ust wychodziły mi wolno słowa błagalnej modlitwy. Ze złożonymi rękami na piersi usnęłam. Rano obudziłam się nieco trzeźwiejsza i weselsza. Ciężki kamień wewnętrznego cierpienia stał się lżejszy. Dzień

Strona z pamiętnika Wandy Basi

był cichy – pogodny. Z niebywałą niecierpliwością czekałam na komunikat. Dzień z wolna zaczynał blednąć. Słońce krwawiło coraz to bardziej. Chyliło się za góry. Niebo płonęło. Wkrótce zaczęło blednąć, aż straciło swą czerwoność. Ciemnoszarawy welon czule otulał świat. W internacie naszym błysnęły lampy elektryczne. W świetlicy już młodzież i starsi siedzieli w milczeniu, czekając na komunikat. Stanęłam dziś sama, bez towarzystwa koleżanek. Pierwszym słowem komunikatu było: „Warszawa padła". Zdrętwiałam. Zimny dreszcz przeszył mi ciało. W świetlicy ozwały się ciche, bolesne szlochy. Czasem jakiś szept – to znowu milczenie. Słuchano wciąż dalej – słuchano tego, co mówiono o bohaterskiej Warszawie. Ja więcej nic nie słyszałam, tylko straszne: „Warszawa padła". Serce zaczęło mi mocno bić. W głowie powstał dziki szum. Wyszłam. W ogrodzie było cicho i ciemno. Stanęłam przy drzewie, wpatrując się w swą gwiazdę. Nagle jakiś straszny ból szarpnął mną. Bałam się głośno oddychać. Drżałam. Podniosłam głowę i uczułam, że po twarzy spływają mi duże ciepłe łzy. […]

[List do żołnierza Armii Krajowej, 1944]

Drogi Obrońco!

Piszę ten list, lecz nie wiem, czy dojdzie do celu.

Piszę ze wzruszeniem i radością...

Cichy, słoneczny dzień wiosenny wlecze się jakoś leniwie i na wpół sennie. Cały nasz internat pogrążony w ciszy. Drzewa w sadzie stoją milczące – bez szumu, jak martwe. Czasami tylko melancholijny szum zdawał się rozrywać ten niemy spokój. Nawet kwiaty jabłoni i pigw spadały na ziemię z jakimś jękiem, jak duże czyste łzy Cierpiącej Polski. Wiosna... Na sam dźwięk tego słowa przeszywa mnie bolesne wspomnienie. Coś mi szepcze, tak, wiosna, ale nie polska. Nie! Inna. Mój Boże, jakżeż wygląda teraz wiosna w Polsce... Już wiem... Nie, nie mogę o niej myśleć. Coś mi przeszkadza. W głowie powstaje dziki szum. Dlaczegoż dzień ten wydaje mi się piękniejszym od wielu innych? Ach, chyba dlatego, że oto piszę list do nieznanego żołnierza, który obecnie jest tam... w Polsce. Tak, i to tylko dlatego.

Och! Jakżebym była szczęśliwą, gdybym mogła teraz być tam, gdzie i Ty, Drogi Obrońco, i razem z Tobą cierpieć, jak i cierpi wielu innych. Niestety, los wypadł mi inny. Ale to nic, że my tutaj nie walczymy orężnie, że nie dźwigamy broni, pracujemy i tak dla dobra Ojczyzny z wielką ofiarnością. Wiem o tym doskonale, że moi rówieśnicy pracują ciężko, że poświęcają swe życie, umierając z uśmiechem na ustach, że mogą stać się ofiarą dla umęczonej Ojczyzny. Wiem to wszystko. Wiedz, Drogi Obrońco, że nie zapominamy o Was ani na chwilę. Nam zapomnieć nie wolno. O nie! Nigdy! Burza wojenna wstrząsnęła niemal całym światem, lecz największe spustoszenie pozostawiła w Polsce. Zadała Jej najwięcej najboleśniejszych ran. Pozostawiła tylko łzy. Mimo wszystko jednak nie zdołali ci szaleńcy hitlerowscy złamać ducha w narodzie polskim. Tak, pozostały łzy, ale prócz nich jeszcze coś więcej: oto Nadzieja i Wiara, to, na czym powstanie nowa, olśniona potęgą suwerenna Polska. [...]

Dzień kona. Nad Dżulfą rozkołysały się dzwony, wzywając wiernych na wieczorne błogosławieństwo.

Drogi Obrońco, może masz jakieś żale lub zmartwienia, to rzuć je na stos zapomnienia – niech spłoną, a jeśli Cię coś boli, to nie jęcz! Wiedz, że moja z wielu innych modlitwa uzdrowi Cię na pewno!

Patrz, oto zbliża się przecudna Bogini, której na imię Zwycięstwo. Uśmiechnij się!

Żegnam Cię, Najdroższy Obrońco.

Sodaliska – Wanda

[Kapitulacja Niemców]

[...] Dnia 8/V świat cały oblały fale radości. Niemcy skapitulowały, lecz dla nas, Polaków, nie był to czas uciechy, dla nas jeszcze nie nadszedł kres tułaczki. Dwa rządy – w Londynie i w Lublinie – który zwycięży? Nie wiadomo! Tyle radości, że ojcowie i bracia nasi zaprzestali walczyć. Na jak długo? Bóg wie!

Na wieść tą w Isfahanie uderzyły wszystkie serca dzwonów. Miasto wśród dźwięków szalało. Nad każdym sklepem i domem dumnie powiewały flagi państw sprzymierzonych. Dzwony biły bez przerwy. Słuchałam ich z rozkoszą. O tak! Koniec wojny, powrót do Kraju i szczęście... już prędko, prędko ziszczą się nasze marzenia. Już od tylu lat mój dom na mnie czeka – mój piesek Neruś, paw, kwiaty, pola, a ja nie wracam. Miasto tuliła coraz czulej Bogini niepohamowanej, dzikiej radości. Szkoła, wycieczki... i tyle, tyle szczęścia.

Po cóż mam szukać zaginionego echa.
Kiedyś, pamiętam, gdy dzieckiem byłam,
lubiłam ciągnąć srebrną nić lata babiego,
za białym motylkiem z rozkoszą ganiałam,
to było szczęście i wesele życia mojego.
Lubiłam zrywać lilie, astry, bławaty i róże,
pleść wianuszki, a potem je wkładać na włosy,
skubać płatki rumianku i z nich wróżyć
albo błądzić wśród zboża i liczyć kłosy.
Często melodyjnego szumu liści słuchałam,

łowiłam skrzypiec rozpłakanych tony cichnące,
patrząc na atramentowy ocean nieba, drżałam,
do milczącej zaś ziemi przykładałam ręce drżące.
Nocą mię świętojańskie robaczki bawiły,
dniem wstęgi słonecznych promieni łowiłam,
wieczorem słuchałam, jak dzwony radośnie biły,
a rankiem ze słów modlitwy wieńce wiłam.
A dziś tego nie mam. Wszystko bezpowrotnie minęło.
Teraz mam tylko słodkie i miłe wspomnienie,
gdzieś w przestworzach echo szczęścia zginęło,
a pozostały tylko szaro-blade cienie...

Dzwony wciąż szalały, jakoś tak trwożnie. Marzenia prysły, jak iskra w powietrzu, a na ich miejsce zaczęły wolno, majestatycznie spływać łzy cierpienia i rozczarowania. Muzyka miasta milkła.

LIBAN
[1946–1947]

Widziane z okna
[Zuk]

Dość już często w życiu byłam zdumiona cudem przyrody, lecz przecież tak niedawno patrzyłam jeszcze okiem dziecka, a dziś? Dziś dopiero w pełni zrozumiałam dobrze tu, w Libanie, tę dźwięczną melodię czaru natury i dziś stoję przed tymi górami i morzem, jak przed jakimś arcydziełem najpopularniejszego malarza. Cóż, kiedy tak mało umiem, bym mogła chociaż trochę opisać je. Brak mi słów. Boję się nawet myśleć teraz o tym. O nie, nie chcę zniekształcać tego malowidła.

Baalbek

Jedziemy do Baalbeku! Już chyba blisko! Jakżeż on wygląda? Nasuwało mi się pytanie jedno po drugim. W głowie powstał chaos i trudno

Rysunek z pamiętnika Wandy Basi

było mi wygrzebać z dna swych myśli jedną odpowiedź. Jechaliśmy coraz prędzej i prędzej. Wschód wciąż drzemał w swej szczerej pustce i smutku. Droga opadała coraz niżej, aż w dół, gdzie rozkładała się przepiękna dolina Bekaa. W autobusie od czasu do czasu dawały się słyszeć szepty „Baalbek już blisko!". I rzeczywiście – z zieleni wynurzyły się budynki Baalbeku. Miasto nie zrobiło na nas specjalnego wrażenia. Małe i niezbyt ładne, lecz jakieś inne od wszystkich. Może dlatego, że spowija je długa nić bajecznej przeszłości. Po chwili zjawił się przed nami komplet ruin. W pierwszej chwili owionął nas jakiś smutek, żal i głęboka zaduma. Nad resztkami świątyń unosiły się gęste opary melancholii. Przewodnik nasz szedł uważnie i powoli, wpatrzony w ruiny, i na ich tle opowiadał nam historię starożytnego Baalbeku. Trudno było słuchać uważnie objaśnień, kiedy dokoła wielokształtne ruiny, zasypane rozmaitymi wypukłorzeźbami, zdawało się, że zaczynały mówić. Na każdej ścianie, czy to powalonym gigancie kamiennym, można było znaleźć wyrzeźbione jajko – symbol życia, strzałę – symbol śmierci, i różę – symbol szczęścia. Poza tym rzucały się w oczy oryginalne wzory, ptaki, amorki, a ponad wszystko doskonale oddane postacie wszechwładnych bogów. W skupieniu weszliśmy po niezliczonych schodach do świątyni Bachusa – boga wina. Świątynię na zewnątrz zdobiły wspaniałe wypukłorzeźby, otaczał wieniec pojedynczej kolumnady. Kolumny budowane w stylu korynckim, wysokie, potężne, o kapitelach mających kształt liścia akantu. Niektóre zachowały się w zupełnie dobrym stanie. Delikatność, subtelność i precyzyjność poszczególnych wypukłorzeźb wzbudzała w nas niekłamany zachwyt. We wnętrzu leżały gruzy. Trudno było rozeznać twarze bogów. Wyraz ich pozacierały wieki. Sufitu wcale nie było. Było cicho, tak strasznie cicho.

Nikt nie chwalił Bachusa. Już nawet nie towarzyszyły swemu panu bachantki. Ucichły bezpowrotnie ich śpiewy i tańce. Pozostały tylko popękane ściany ze starości, pozostały ciche, lecz wielkie echa przebrzmiałej melodii. W górze gdzieś rozległ się szczebiot ptaka i nasze zdumienie. O, tyle masz dziś, potężna niegdyś świątynio!

Wychodzimy, a przed nami wyrastają kolumny. Jest ich sześć. Jedyna pozostałość świątyni Jowisza. Te złocone kolumny (19) to metrowe kolosy! Nie do pomyślenia! Jakżeż dumne te kamienie! Nagle urwała się cisza. Cóż to, czy ozwały się struny uśpionej liry Orfeusza? Czy to może szydercze śmiechy i złowieszcze szepty minionych stuleci? A może to się modlą dawni czciciele tych bogów?

Kolumny stoją okazałe i milczące.

Wszyscy stoją uparcie wpatrzeni w ogromne bloki kamienne. O! Ile to ludzi pochłonęło i ich pracy! Tak, tu niewątpliwie były niegdyś piękne świątynie, lecz oto dwukrotne trzęsienie ziemi zrujnowało tę wspaniałość, przygłuszając dźwięki potężnej pieśni świetlności – zasypując doszczętnie święty ogień, pilnie strzeżony przez westalki. Dziś tu tak smutno, szaro i zarazem dziwnie. Pilnie oglądając każdą wypukłorzeźbę, zatrzymaliśmy się przed ogromnym lwem. Z rozwartą paszczęką, rozjuszony, jakby już, już chciał skoczyć na nas, lecz myśmy stali spokojnie, tym uważniej przypatrując się gotowemu do skoku. Po zrobieniu kilku zdjęć odeszliśmy. Lew stał w tej samej niezmienionej pozie. Straszny, dziki, lecz sztywny, kamienny i o dziwo – wieczny!

Zebraliśmy się do wyjścia. Kilkakrotnie odwróciłam głowę. Zatrzymywały mnie różne legendy, baśnie, a przede wszystkim przedziwny czar tych martwych ruin. Gdzieś wysoko załopotały skrzydła ptaków albo ozwały się nawoływania Arabów, a potem już wszystko umilkło. Nad cmentarzyskiem przeszłości uniosła się szara mgła sennej ciszy.

Odjechaliśmy.

Kolumny Baalbeku

Wokół wznoszą się melancholii gęste opary,
Wśród uśpionych ruin cisza się snuje grobowa.
Przeszłość śpi i smutek wciąż wieje szary,
Obudź ją, ach, obudź! Liro Orfeuszowa!
Sześć jak siostry, jednakie milczące, zuchwałe,
Wysoko hen ku niebu pną się uparcie.
O wy, przeszłości dalekiej posągi wspaniałe!
Czy stoicie przy tych ruinach na warcie?!
Ach! Wszystko ucichło tysiące lat temu!
Już westalki nie strzegą swych płomieni.
Już ofiar tu nikt nie składa gromowładnemu!
Pozostały mu tylko kolumny i ich sześć cieni!
Ozwij się, harfo w wiekowych ruinach ukryta.
Rozdzwońcie się struny umilkłej melodii!
Bo dziś, przeszłości, jesteś w legendę spowita.
I dziś jest trudno słuchać nieznanej rapsodii.

...dziś naprawdę jest o czym myśleć – i marzyć. Bo jakże nie tęsknić za tym, co się utraciło, za tym, co się tak mało zna! Brr, jakże dziwnie wije się nić życia i jak bardzo się plącze. Jakże nieodgadnione jest nasze jutro, jutro całego narodu Polski. Tak mało znam życie, a już wiem, że jest ono ciężkie – bardzo ciężkie. [...]

Przerywane szkolnictwo, ciągłe zmiany pobytu. Ach! Boże, co za okrutna bezdomność. Dzieciństwo i młodość zostały zrabowane i pogrzebane.

[Ostatnia noc w Libanie]

W roku 1947 wyjechaliśmy z Libanu do Wielkiej Brytanii. Transport nasz wyjeżdżał w nocy. Oprócz profesorów przyszły żegnać mnie koleżanki i koledzy. Noc – ostatnia noc w Libanie, jasna i pełna tragedii – dla młodej dziewczyny. Jasna noc i chaos jakichś słów, przyrzeczenia, łzy, zapewnienia... Noc – słowa, pożegnanie i ciężki smutek. Listy, zdjęcia i tragiczna niemalże tęsknota za wszystkim – szkołą, profesorami, koleżankami – za życiem pełnym wrażeń, wstrząsów. Ale już się nie zmieni. Tak być musi. Życie jest właśnie takie.

Może się jeszcze zobaczymy, ale czy to nie będzie za późno?

[Port-Said, Egipt, grudzień 1947 rok]

Z dalekich wspomnień

Ale cóż, to są tylko wspomnienia – a prawda trysnęła. Gdzież się podziało to wszystko? Ach! To nic, to jeszcze wróci – wróci, ale wtedy nie będę już dzieckiem. Po cóż idę za tym dalekim echem? Czy do-

Rysunek z pamiętnika Wandy Basi

gonię je? Chyba nie! Fale wspomnień wciąż napływały. Obrazy przeszłości w oczach mi się piętrzyły, nabierając z każdą chwilą więcej, coraz to więcej kolorów, odcieni i uroków... Wspomnienia wkrótce stają się potokiem łez, lecz błędnym echem upadają w chwilową przepaść zapomnienia...

[Morze Śródziemne]

Morze – bezkresne, ciemne, smutne, a gdzieś jest wysepka – podobno cudownie zielona, przyprószona szarą mgłą. Wysepka – moja nowa ojczyzna – Anglia.

* * *

Wanda Barbara kończy spisywanie rozmyślań i wspomnień na roku 1947, tuż przed wyjazdem z Libanu do Anglii. Potem nigdy nic już w takiej formie nie zapisywała, nigdy nie prowadziła dziennika ani pamiętnika. A nawet już nigdy więcej w życiu nic nie rysowała ani nie malowała. Pamiętnika nie pokazywała nikomu. Ja jej przeszkodziłem...

Najwyraźniej zapisywanie myśli oraz relacji były potrzebne jej samej, wtedy kiedy osiągnięciem było, aby przeżyć. Pozwalały być może uporządkować tragiczny chaos, w jakim się znalazła. Musiała zapisywać sama dla siebie. Dwunasto-, trzynasto-, szesnastoletnia dziewczyna stawiała czoło zesłaniu i temu, co z niego wynikało. Musiała się zmierzyć z samotnością i nieprzeniknioną ciemnością, która skrywała przyszłość.

Na zapisywanych kartkach stwarzała otaczający ją nieludzki świat jeszcze raz, od nowa – okiełznany własnym uczuciem, przyporządkowaniem do wyniesionej z domu tradycji, przydzielała mu miejsce wedle odnajdywanych w sobie wartości. Zapewne w ten sposób przeciwstawiała się jego okrucieństwu, wykraczającemu poza ludzkie pojmowanie. Nie miała zapewne innej broni.

Potem, w Anglii, w Stanach Zjednoczonych, odbudowywała swoje życie według wpojonych w dzieciństwie norm. Wtedy zapisywanie nie było potrzebne, rzeczywistość bowiem nie zagrażała i nie trzeba było uru-

chamiać nieludzkiej siły, aby po prostu przetrwać. Ponieważ tożsamość ocalała.

Relacja z przejścia przez piekło stała się skarbem, chronionym. Jest teraz prawie jak kodeks na czas zły: świadectwo tego, że można przetrwać, i zapis, jak to uczynić.

Rozdział 11

Janina Rębisz
(Janina Osipowska)

Informacja wie, jak krążyć! Ma swoje tajemne drogi, niezależne od telefonów czy skrzynek pocztowych w komputerach. Potrafi docierać. Coraz więcej ludzi zna moją pasję zbierania historii wojennych dzieci i ich pamiętników. Odzywają się do mnie, piszą, przysyłają, pytają, opowiadają. Całe to zamieszanie odnowiło moją dawną znajomość z mieszkanką Szczecina, Barbarą Dominiczak. Dusza wrażliwa jak motyl, delikatna i kolorowa. Jest w pani Basi natchnienie, uniesienie, tkliwość i gołębie serce. Przyszła do mnie, niosąc dar. Przyniosła dwie opowieści o deportowanych dzieciach. Obie były miłym sercu prezentem. Obie były też niespodzianką, jedna inną od drugiej.

Pierwsza opowieść, tło dla dołączonego pięknego, dobrze zachowanego pamiętnika, zadziwiła mnie. Zwieńczenie losów bohaterki inne się okazało niż w pozostałych zgromadzonych przeze mnie historiach. A koniec opowieści-prezentu… niebywały! Tajemne drogi krążenia ludzkich historii po świecie zdumiewają! Otóż na końcu tej opowieści pojawia się… Wiesław Adamczyk! Ni mniej ni więcej pojawiam się w niej ja sam. Całkiem wówczas nieświadom, że za jakiś czas spotkam samego siebie w czyimś opowiadaniu. Ja onegdajszy, kiedy jeszcze nie wiedziałem, że zacznę zbierać historie deportowanych dzieci, ale już wiedziałem, że pewien chłopiec sprzed ponad sześćdziesięciu lat czegoś ode mnie chce, o coś prosi, czegoś się domaga…

Historia dziesięcioletniej Janeczki Rębisz zapisana przez Barbarę Dominiczak

Jest późne popołudnie, ale o tej porze roku za oknem zapada już zmierzch, towarzysząc spotkaniu przyjaciółek w mieszkaniu Janiny Rębisz. Z magnetofonu płynie muzyka. Wtórują jej słowa pieśni, utrwalanych w kręgu rodziny na wszystkich uroczystościach.

Bliskich, kochanych osób już dawno nie ma. Odeszli wszyscy po kolei, „po jednym krzyżu z sobą niosąc", ale dziś jest tu muzyka ich serc, które musiały znieść wiele cierpień, udręk i niespełnionych nadziei. Dźwięki muzyki sprawiają, że klepsydra czasu zacina się... a Janeczka Rębisz i Danusia Leśniewska, od lat mieszkanki tego samego domu, rzewnie wspominają:

– Jakie to były i są zawsze wzruszające te nasze polskie pieśni! Ile w nich mocy! W trudnych chwilach dodawały otuchy, wspierały, zwłaszcza na Syberii – stwierdza Janeczka.

– Były pokarmem dla duszy, nawet w dniach głodu i lęku – dodaje Danusia.

Biorę do ręki zniszczony pamiętniczek, składający się z kilkunastu kartek z zeszytu; zielona okładka zrobiona jest z trochę grubszego papieru. Leżał wśród listów od syberyjskich przyjaciół pani domu... Oglądam wpisy, wykonane niewprawną ręką przez dzieci, które ponad sześć lat nie chodziły do szkoły. Kolorowe rysunki zdradzają znamiona talentu. Daty – z ostatniego etapu na zesłaniu – 1946 rok.

– Mój pamiętnik nie jest estetyczny, jak te z okresu przedwojennego lub powojennego, ale dla mnie stanowi cenny dokument lat wspólnie przeżytych na zesłaniu – opowiada Janina. – Aby nie zapomnieć chwil pełnych cierpienia... i nadziei na lepszą przyszłość, wpisywali się w Tułunie chłopcy i dziewczęta opuszczający groźną Syberię. Wierszyki o tęsknocie, miłości, ojczyźnie i o pragnieniu, by pamiętać. Gdy transport repatriacyjny przybył do Poznania, ci, którzy mieli jakąś rodzinę, do pamiętników wpisywali adresy miejsc, do których jechali. Dzięki tym zapiskom nie utraciłam kontaktu z wieloma osobami z Sybiru! Zaczęliśmy składać sobie wizyty. Jeszcze żyją ostatni bliscy memu

Z pamiętnika Janiny Rębisz

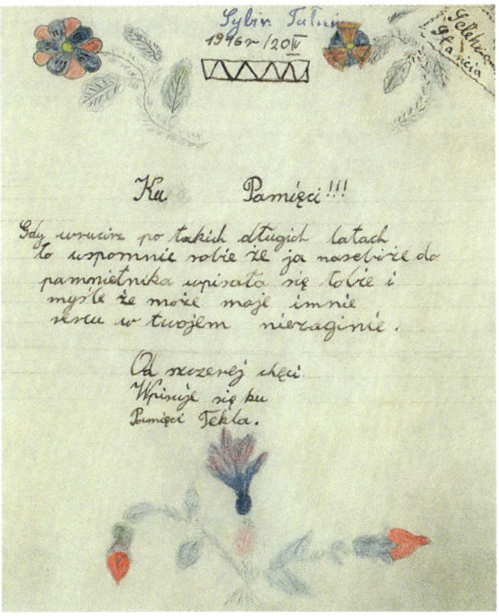

sercu ludzie z niezapomnianej, choć trudnej młodości. Kontaktujemy się teraz telefonicznie. Wczoraj jeden z kolegów poznanych na Sybirze zadzwonił do mnie, by zapytać, jak się czuję.

Dzieciństwo miałam szczęśliwe i radosne. Ojciec Jan Rębisz był leśnikiem w prywatnych lasach w Poddębcach pod Zaborzem, w województwie lwowskim. Mama, Józefa z domu Baran, i tata otaczali dzieci: Zosię, Tadzia i mnie, wielką miłością. Rozpieszczała nas także moja matka chrzestna. Każdego dnia bawiłam się w ogródku lub jeździłam z tatą do lasu, gdzie uczyłam się rozróżniać głosy ptaków.

U góry, od lewej: Józefa Rębisz, ciotka Michalina Wielgosz, Jan Rębisz. Na dole od lewej: Tadzio, Janeczka i Zosia

Miałam niecałe dziesięć lat, gdy pogodna atmosfera w leśniczówce została zakłócona. Późną jesienią 1939 roku, w nocy, mój dom rodzinny został splądrowany przez Sowietów szukających broni, którą – na szczęście – mój ojciec zdążył schować w skrzyniach i zakopać w lesie. Jak wielu leśników na Kresach Wschodnich, po wkroczeniu Armii Czerwonej 17 września przechowywał broń rozproszonych, zagubionych bez dowództwa żołnierzy. Podejrzany o współpracę z polskim wojskiem, był wielokrotnie wzywany przez NKWD na przesłuchania, a nieraz zatrzymywany na dzień lub dwa. Wtedy się bałam.

Ostatnia Wigilia w domu przed deportacją była na początku radosną uroczystością. Do leśniczówki przyjechali z Kowla i Lwowa wujkowie i ciocia, siostra mamy, z dziećmi. W leśnej chacie zrobiło się gwarno i wesoło. Pachniały ulubione potrawy i królowała rozświetlona choinka. Cudownie brzmiały kolędy śpiewane na głosy! Sowieci wpadli znienacka, pokrzykując. Zabrali od świątecznego stołu mojego tatę i wujków. Wszyscy trzej przesiedzieli całe święta w areszcie mieszczącym się w Rawie Ruskiej. Powodem aresztowania – jak mówiono – był zjazd polityczny. W domu już nie rozbrzmiewały tak lubiane przez nas radosne kolędy, lecz błagalne *Pod Twą obronę* oraz *Serdeczna Matko, opiekunko ludzi*. Po świętach ich wypuszczono.

10 lutego, w noc deportacji, żołnierze sowieccy, wpadając do domu z karabinami, wrzasnęli, iż mamy tylko pół godziny na zabranie najpotrzebniejszych rzeczy. Ojciec milcząco stał pod bronią agresorów, a mama, która wiedziała, co znaczą te słowa, bezsilnie osunęła się na podłogę zemdlona. Gdy wróciła jej przytomność, mało czasu już zostało na pakowanie. Rozdygotana zdjęła ze ściany obrazek Matki Boskiej Częstochowskiej – podarunek od mego ojca chrzestnego, i z tą pamiątką wyszliśmy z domu rodzinnego. Nie przeczuwałam, że go już nigdy nie zobaczę.

Sowieci wsadzili na sanie i powieźli do pociągu na stację Zielone rodziców, Tadzia i Zosię, czyli moje rodzeństwo, ciocię Michalinę Wielgosz, siostrę mamy, oraz mnie.

Atmosfera w wagonie była patriotyczna i pobożna. Ktoś intonował pieśni, dopóki rozwścieczony żołnierz sowiecki nie zaczął nas stra-

Pamiątka z domu rodzinnego Janki

szyć karabinem. Mimo to ktoś układał na poczekaniu wersy mówiące o deportacji i pożegnaniu ojczyzny, inny prędko dorabiał do nich melodię, a my śpiewaliśmy te pełne żalu pieśni, płacząc i złorzecząc naszym oprawcom. W pamięci utkwiła mi jedna z bardziej wymownych zwrotek:

Pamiętny będzie ten luty,
Jakeśmy dom opuszczali.
Ojców, matki, sieroty
Po świecie porozganiali.

W czasie podróży w bydlęcych wagonach na wschód rodzice myśleli, że Sowieci wiozą nas na stracenie. Wszyscy byliśmy wystraszeni. Dawał się we znaki brak wody i jedzenia. Przez szpary obrywaliśmy sople lodu z sadzą. Gdy pociąg po wielu godzinach dotarł do dawnej granicy Polski, ktoś zaintonował „Nie rzucim ziemi". Słowom *Roty* Marii Konopnickiej wtórował zbiorowy płacz.

W wagonach ludzie chorowali, umierali. Niektórzy byli starzy i słabi. Zmarłych zawijano w co się dało i podawano przez drzwi na stacji. Co się z nimi dalej działo, Bóg jeden wie... W pamięci utkwiły mi zbiorowe śpiewy. Znam słowa i melodie wielu pieśni syberyjskich, wszystkie dramatyczne, a najbardziej może ta:

Ojczyzno nasza, ziemio ukochana,
W trzydziestym dziewiątym cała krwią zalana.
Nie dość że Polskę na pół rozerwali,
To jeszcze Polaków na Sybir wygnali.
(...)
O Polsko! Ziemio nasza święta!
Gdzie Twoi synowie, gdzie Twoje orlęta?
Dzisiaj w sybirskie tajgi przyjechali.
Czy jeszcze będą Ciebie oglądali?

Gdy po miesiącu brudni, głodni i chorzy dojechaliśmy do irkuckiej *obłasti*, obcy krajobraz wydawał mi się straszny jak z groźnej baśni.

Tułun, leżący na północny zachód od Irkucka, był punktem zbiorczym, z którego rozwożono nas w różne miejsca. Ja z rodziną trafiłam do Arszanu, za rzekę Iję, do drewnianych baraków, oddalonych jeden od drugiego mniej więcej o kilometr. To była głęboka tajga, w której w chwili naszego przyjazdu, pod koniec marca, panowały czterdziestostopniowe mrozy. Gdy ktoś splunął, ślina dolatywała do ziemi w formie twardej kulki. Po przyjeździe długo leżałam bardzo chora. Nie było lekarza ani lekarstw. Głód zaglądał nam w oczy. Bardzo dużo osób rozchorowało się śmiertelnie w nieogrzewanych barakach. Ludzie umierali jeden po drugim, a ponieważ ziemia była zamarznięta, składano owinięte w prześcieradła zwłoki do komórki i dopiero wiosną, jak ziemia odtajała, chowano wszystkich razem za barakiem na wzgórzu. Puchliśmy z głodu i ślepli. Po zachodzie słońca już mało widzieliśmy. Nazywało się to kurzą ślepotą. Gdy nadeszła wiosna, żywiliśmy się lebiodą i pokrzywą. W tajdze rosła też czeremsza o smaku czosnku. Jedliśmy ją na surowo, bo Kazachowie uważali ją za lekarstwo na szkorbut. Na tę chorobę prawie wszyscy cierpieliśmy. Jedliśmy żurawiny i grzyby majowe, którymi się bardzo dużo zesłańców potruło.

Mama starała się dokonać jakiejkolwiek wymiany z miejscową ludnością. Pamiętam, że za fokowe futro dostała pół worka ziemniaków, a za złote kolczyki mamy ciocia otrzymała dla swoich maleństw 20 sztuk ziemniaków, 2 jajka i pół litra mleka. To i tak było dużo w tym trudnym czasie. Brat, który miał wówczas sześć lat, płakał z głodu i mówił: „Jak ja bym zjadł to, co jadł nasz Brysiu" (duży wilczur w leśniczówce). Było nas pięcioro dzieci, płaczących i wygłodzonych. Teraz, gdy sama jestem matką i prababcią, wyobrażam sobie, jak wielkie musiało być cierpienie naszej mamy i cioci, gdy bezradnie patrzyły na głodne potomstwo, a wokół śmierć kosiła i nie było na to ratunku.

Bałam się, że nigdy nie wydostaniemy się z tego tragicznego świata. Na przedwiośniu z gór zaczęły spływać wodospady wody, bo topił się śnieg i rzeka wylewała. Nie można było jej przepłynąć, aby zdobyć w leżącej na drugim brzegu wiosce cokolwiek do jedzenia. Czuliśmy się uwięzieni w nieprzyjaznej tajdze. Przez dwa tygodnie nie otrzymywaliśmy żadnego pożywienia.

Zwykle, gdy Ija płynęła spokojnie, środkiem transportu była łódka, ale nie można było jej użyć, gdy rwące wody stawały się niebezpieczne. Przekonała się o tym moja ciocia, kiedy z brzegu widziała śmierć ludzi, którzy wypadli z rozhuśtanej łodzi i porwał ich nurt rzeki. Wśród ofiar była siostra mojej przyjaciółki. Dziesięcioletnia Janka miała plecak załadowany żywnością, który, gdy łódka przechyliła się gwałtownie, pociągnął ją za burtę. Przewoźnik dwa razy próbował ją wciągnąć do łodzi, ale obciążona bagażem znów wpadała do wody. Zginęła.

Po paru miesiącach jej matka, piorąc nad rzeką ubrania, zobaczyła zwłoki w stanie rozkładu. Rozpoznała sukienkę córeczki. Przeżyła szok. Mną też ta tragedia wstrząsnęła. Bałam się samego myślenia o niej.

Straciłam również serdeczną koleżankę. Jej rodzice pracowali tak daleko w tajdze, że mogli odwiedzać córkę tylko raz w tygodniu. Ponieważ Wandzia długo chorowała, przychodziłam do niej. Gdy robiła się coraz słabsza, traciła apetyt. Wreszcie zaczęła zostawiać dla mnie swoją kromkę chleba… Trzymała ją pod poduszką. Zmarła, a ja nadal widzę jej bladą twarz. W Szczecinie na Cmentarzu Centralnym postawiono pomnik Sybiraków. W podzięce za te kromki chleba zamonto-

Z pamiętnika Janiny Rębisz, wpis Heli

wałam tabliczkę z wygrawerowanym imieniem i nazwiskiem: Wanda Konik, żeby został po niej jakikolwiek ślad. Podobną tabliczkę z nazwiskiem Janina Nieradka zainstalowała obok moja przyjaciółka Hela, siostra tej dziewczynki, która się utopiła. Obie pamiętamy o modlitwach i wypominkach.

Pewnego razu rozszalał się pożar. Najpierw zaczęła się palić tajga, a później ogień przerzucił się na baraki. Pamiętam szalony żywioł, przed którym ochroniła nas rzeka. Myślałam wtedy, że tak może być tylko w piekle, że to diabelski sabat.

Woda, na szczęście, była wtedy płytka. Staliśmy na środku rozlewiska, a po obu stronach wszystko trawiła pożoga. Modliliśmy się cały czas, dopóki żywioł się nie uspokoił, ale grube drzewa w lesie paliły się bardzo długo. Ponieważ spłonęły nasze baraki, zostaliśmy porozrzucani do różnych domów w Arszanie, a potem mieszkaliśmy w specjalnie dla nas zbudowanych małych dwurodzinnych domkach w osiedlu nazwanym *gorodok dla pieriesielencow*. Tam mieszkaliśmy przez rok.

W tajdze moi rodzice pracowali przy wyrębie drzewa. Mężczyźni piłami podcinali pnie, a gdy drzewa upadły, kobiety oczyszczały je z gałęzi i kory. W ten sposób przygotowane, transportowane były z gór na zamarzniętą rzekę, a kiedy wiosną lody ruszyły, były spławiane do wyznaczonych miejsc. Taty nie widziałam przez całe lato, bo pracował przy tym flisackim zajęciu. Wracał z wygnitymi dziurami w nogach. Aż dziw, że nie dostał gangreny, bo z tymi ranami pracował, stojąc w wodzie całe dnie, a brudne onuce prał bez mydła, tylko w zimnej wodzie. Do końca życia miał zabliźnione dziury w łydkach i wyschnięty szpik kostny. Chodził o lasce, ledwo powłócząc nogami. To była pamiątka z Sybiru, niejedna zresztą. A i tak miał szczęście, że dał radę je z sobą przywieźć!

Latem zbieraliśmy z rodzeństwem jagody i grzyby, a późną jesienią orzechy cedrowe; trudno się było do nich dostać, bo rosły wysoko na strzelistych drzewach. Chodziliśmy daleko w góry, a wracaliśmy z pełnymi wiadrami, by suszyć na zimę te dary natury. Przy zbieraniu jagód wisiały nad nami chmary muszek, właziły do kącików oczu, do uszu, nosa, otwartych na chwilę ust. Smarowaliśmy się dziegciem, a na głowę zakładaliśmy worki z siatką na twarz, aby można było widzieć. One też były nasączone dziegciem. Byliśmy czarni i straszni. Po przyjściu do domu trudno było się domyć. A myliśmy się ługiem. Tym środkiem posługiwała się też mama, piorąc nasze rzeczy.

Gdy z baraku zostaliśmy przeniesieni do kołchozu Perfiłów, mój ośmioletni brat został zmuszony do pracy jako pomocnik pastucha. Pasł bydło z kołchozu. Ciężkie to było zajęcie dla dziecka, zwłaszcza gdy giez użądlił któreś ze zwierząt – pędziło jak szalone przez pastwisko i trzeba było je gonić aż do utraty tchu.

Obie z siostrą wyznaczone zostałyśmy do pracy w polu. Szłyśmy do tej roboty, bo wtedy otrzymywało się większy kęs chleba. Czasem można było zjeść tam jakąś marchew czy brukiew. Lato było upalne, ale krótkie. W maju jeszcze leżał śnieg, a w październiku znów padał, więc trzeba się było spieszyć ze zbiorami. Pracownicy kołchozu nie mogli zdążyć z zagrabieniem ściernisk ani pozbierać reszty ziemniaków po wykopkach. Była to okazja, by zanieść rodzinie trochę kłosów czy kartofli. Surowo zakazywano nam tego. Za nieposłuszeństwo groziły poważne kary, ale wraz z siostrą skradałyśmy się i zbierałyśmy, co się dało, choć trzeba było pójść na to zakazane pole czasem kilkanaście kilometrów.

W następnych latach byłam zatrudniana jako służąca. Ciężka to była służba u starego Kazacha Muraszki we wsi Niura. Był stróżem w kołchozie. Pilnował nocą bydła przed wilkami, których nie brakowało w pobliżu. Wcześniej, jeszcze w Perfiłowie, też pomagałam mamie i mojej siostrze Zosi pilnować bydła. Paliłyśmy całą noc kilka ognisk, a mimo to podchodziły tak blisko, że widać było ich błyszczące ślepia. Przerażający widok. Bałyśmy się wilków. Na wszelki wypadek mama cały czas przygotowywała płonące żagwie, które mogły służyć jako broń w razie ich ataku.

Ponieważ syn starego Kazacha zginął na wojnie, a synowa pracowała jako sekretarka *priedsiedatiela** i nie było jej od rana do wieczora, na mojej głowie znalazł się cały dom. Troje dzieci musiałam umyć, ubrać, nakarmić i upilnować. Najstarszy, ośmioletni, chodził do szkoły i trzeba go było do niej każdego ranka przygotować, a sześciolatką i trzylatką opiekowałam się obok różnorakich domowych prac. Sprzątałam, prałam, cerowałam, gotowałam, szorowałam podłogi, doiłam krowy i nosiłam mleko do centryfugi na drugi koniec wioski.

Najgorzej było zimą. Mrozy niekiedy dochodziły do minus 60 stopni. Nie dawało się oddychać, a ja ciągle musiałam nosić wodę i przekopywać się przez śnieg. Woda zamarzała. Leżąc na brzuchu, dżaganem przebijałam lód w przerębli, by kubkiem naczerpać wody do wiader tyle, ile mogłam unieść. Byłam słaba, miałam wtedy trzynaście lat. Wodę nosiłam z rzeki na koromysłach. Ciężko było dźwigać dwa wiadra, zwłaszcza po głębokim śniegu. Nie mogłam płakać, bo łzy zamarzały na policzkach i bolało. Modliłam się i wyznaczałam kolejne miejsca

* *Priedsiedatiel* (ros.) – przewodniczący.

na krótki odpoczynek. Mówiłam: Boże, przyjmij tę udrękę jako ofiarę za uratowanie tatusia. Jak doniosę tę wodę, to spraw, Dobry Panie, niech tata wyjdzie z więzienia (w tym czasie był aresztowany i osadzony w więzieniu w piotrowskim posiołku). Resztkami sił szłam i znów wyznaczałam następny odcinek do kolejnego drzewa lub słupa. Musiałam nanieść dużo wody, nie tylko dla rodziny gospodarza, ale także dla krowy i owiec. Szłam z ciężarem, modląc się cały czas i mając nadzieję, że może chociaż Bóg przyjmie moją mękę jako ofiarę.

Musiałam też gotować w piecu chlebowym w czugunie, czyli saganie, wybrzuszonym garnku, który trzeba było ciągnąć specjalnymi widełkami, opierając na drążku. A w piecu najpierw samodzielnie napalić. Byłam mała, więc stawałam na stołku, aby sięgnąć. Ileż to było płaczu i strachu, gdy się czugun przechylił i jego zawartość wylała! Stary Kazach był srogi. Wściekał się na mnie, gdy coś zrobiłam źle. On sam ciężko pracował i tego samego wymagał od innych. Gdy w zimie chodziłam z nim do lasu, mróz był straszny i śnieg sięgał mi prawie do pasa. Rżnęliśmy gałęzie drzew na kawałki, aby było można załadować je na sanie. Wtedy starzec klepał mnie po ramieniu i mówił: „Maładiec diewuszka". To była jedyna forma pochwały, a zapłatą za półtora roku pracy była letnia sukienka po jego żonie i dwa wiadra ziemniaków. I, teraz myślę, być może to, że przeżyłam. Ale nad taką zapłatą chyba na pewno stary Kazach się nie zastanawiał…

Na służbie u starego człowieka było mi smutno i często płakałam. Nie mogłam jeść, bo myślałam o tacie, że jest głodny w więzieniu. Martwiłam się, że mama i rodzeństwo nie mają tego co ja. Zalewałam się łzami i gorąco modliłam, żebyśmy znów byli razem.

Tata w końcu wrócił z więzienia. Wcześniej był silnym, dobrze zbudowanym mężczyzną, a po powrocie wyglądał jak żywy szkielet. Skóra i kości. W więzieniu pracował przy tytoniu. Obok było kartoflisko. Wygłodzeni więźniowie nie mogli się oprzeć pokusie, podkopali kilka ziemniaków i upiekli. Za karę wsadzono ich do zimnego lochu, wypełnionego do połowy wodą. Raz na dzień dawano im trochę chleba i pitnej wody. Nie wiem, ile czasu tata miał spędzić w tym lochu, ale po tygodniu wynieśli go stamtąd na noszach. Gdy go zobaczyłam, rozpaczałam. Wydawało mi się, że zaraz umrze. Wszyscy modliliśmy się, aby przeżył i wrócił z nami kiedyś do domu.

Służyłam też u lekarzy, Haliny i Wasyla Szczerbakowów, prowadziłam cały dom. Gotowałam, sprzątałam, zajmowałam się dwuletnią Walą – ich córką, którą, trzeba przyznać, szczerze pokochałam. Go-

Halina Szczerbakow z córeczką Walą, Tułun, 1944 r.

spodyni była pediatrą, a jej mąż chirurgiem. Traktowali mnie dobrze. Mówili do mnie ciepło: „nasza Nineczka". Żaden kontakt z życzliwością człowieka na wolności nie dorównywał temu swoistemu olśnieniu, jakim było zetknięcie z ich serdecznością w sowieckim piekle.

Dla mnie najważniejszym źródłem wsparcia na zesłaniu była zawsze rodzina i koleżanki, w ogóle polska zesłana młodzież. Bez wiary, nadziei, przyjaźni i miłości, które niosły pociechę, nie dałoby się przeżyć. Objawy życzliwości ze strony znajomych, a też ze strony ludności tubylczej, były bezcenne. Ogromne znaczenie miały wyrazy pamięci. Ważna była również modlitwa. Stanowiła najbardziej rozpowszech-

Z pamiętnika Janiny Rębisz, wpis siostry Zofii

Poniżej: Strony z pamiętnika Janiny Rębisz

nioną formę ratunku zesłańców. Matka Boska Częstochowska, którą nazwaliśmy „Sybiraczką", była wsparciem. Do niej zanosiliśmy modły w chwilach rozpaczy i cierpienia oraz podziękowania w momentach nadziei i radości. We wspomnieniach widzę naszą rodzinę, która modli się przed zabranym przez mamę w dniu deportacji obrazkiem, który traktuję do dziś jak relikwię.

Zmuszona pracować, nie mogłam się uczyć. Brak szkoły odczuwałam długo potem. Rodzice uczyli nas wrażliwości na wszystko, co polskie. Utraciliśmy gniazdo rodzinne, ale nie duszę. Żyliśmy w warunkach nieludzkich, mieliśmy świadomość krzywdy, ale nie mieliśmy poczucia zagłady wartości.

Koło Tułuna mieszkała starsza pani, której przodkowie, Polacy, jeszcze za czasów carskich zostali skazani na zesłanie. Musieli być wielkimi patriotami, skoro ich córka mówiła pięknie po polsku i nas – polskie dzieci na Sybirze – uczyła śpiewać ojczyste pieśni i tańczyć krakowiaka, mazura, poloneza. Nigdy tego nie zapomnę. Nasza dobrodziejka była kiedyś aktorką i miała w swym domu wiele rekwizytów z dawniejszych lat. Ubierała nas do tańca w piękne ludowe polskie stroje. Organizowała z nami jasełka, szyjąc odpowiednie kostiumy dla jasełkowych postaci. Cóż to było za święto, gdy „trupa nieletnich aktorów", składająca się z samych zesłańców, występowała przed bliskimi, a także przed miejscową ludnością! Czułam się wtedy tak, jakby Polska przyszła w gościnę do wygnańców!

Cały czas na zesłaniu towarzyszyło nam marzenie o powrocie do domu. Mama wielokrotnie powtarzała: „Jakbyśmy wrócili do Polski, to mogę już umrzeć". I przyszedł czas, że marzenie o powrocie mogło się zrealizować. Był maj 1946 roku. W drugi dzień tego pięknego miesiąca o godzinie czternastej wyruszył transport z Tułuna do Polski. Były to znowu wagony towarowe, takie same jak sześć lat wcześniej, ale umajone kwiatami, drzwi miały niezaryglowane, a my... tryskaliśmy radością.

Wracaliśmy biedni, ale szczęśliwi, z piosenką i nadzieją na lepsze jutro. W czasie postojów na stacjach i w polu, gdy czekaliśmy, by przeszły transporty na wschód (jeszcze wtedy nie wiedzieliśmy, że w nich jadą polscy patrioci – kolejne ofiary sowieckiego totalitaryzmu), wychodziliśmy z wagonów. Tuliliśmy się do drzew, zrywaliśmy i całowaliśmy stokrotki. Biegliśmy radośni po trawie, która wydawała się nam piękniejsza niż dywany z baśni.

Pamiętam szczególnie jedną chwilę. Podczas kolejnego z owych wybuchów radości, kiedy cała nasza rodzina miała śmiejące się oczy i uradowane dusze, spostrzegłam wyraz twarzy dziewczynki, która sama wracała do Polski. Wszyscy jej bliscy umarli na Syberii. Moja rodzina należy do nielicznych, które mimo chorób i morderczej pracy przetrwały zesłanie. Wszyscy, chociaż schorowani, przeżyli. Może uchroniła nas i pozwoliła nam wrócić do Ojczyzny Matka Boska „Sybiraczka", do której zanosiliśmy nieustanne modły...? Nasz pociąg stał jakiś czas, bo przetaczały się pociągi na wschód. Nasza gromada zesłańców, przebranych już w schludne ubrania z UNRR-y, pobiegła do pobliskiego kościoła. Po raz pierwszy po przekroczeniu granicy znaleźliśmy się w kościele. Ksiądz rozpoznał, kim jesteśmy. Wygłosił do nas mowę powitalną, a ja, wzruszona bez miary, zanotowałam w pamięci scenę zbiorowego śpiewu, przerywanego łkaniem: „Boże, coś Polskę przez tak liczne wieki otaczał blaskiem potęgi i chwały". Druga fala wzruszenia ogarnęła mnie podczas pasterki w Sierakowie Wielkopolskim, gdy jako jedyna przystąpiłam do Pierwszej Komunii Świętej.

Janina Rębisz, Pierwsza Komunia Święta, Sieraków, 1946 r.

Z Sybiru wróciliśmy do Polski, ale nie było możliwości powrotu do rodzinnego domu. Docelową stacją transportu repatriantów, w którym się znaleźliśmy, był Poznań. Z tego miejsca zaczął się dwuletni czas tułaczki (Sieraków, Bielsko koło Międzychodu, Mokrz w Poznańskiem). Po utraceniu całego dorobku życia na Kresach Wschodnich rodzice mogli w końcu zamieszkać w ubogim, opuszczonym, zaniedbanym, położonym na nieurodzajnej glebie gospodarstwie. Pracowali jako rolnicy, ale w PRL nie powodziło im się dobrze.

Rodzina Rębiszów: u góry od lewej: Zofia, Janina, na dole od lewej: Józefa, Tadeusz i Jan, połowa lat 50.

Po latach przerwy z powodu deportacji bardzo chciałam wrócić do nauki. Nauka sprawiała mi radość. Ciekawiła mnie zwłaszcza historia. Aby jak najszybciej nadrobić ogromne zaległości, chodziłam równolegle do dwu szkół, z rana do szkoły średniej, a po południu kończyłam klasę siódmą szkoły podstawowej.

Zdjęcie Janki Rębisz z czasów szkolnych, Międzychód, 1950 r.

Byłam bardzo nieśmiała. Uciekałam od chłopców – ważniejsza była nauka. Był to czas, kiedy nie dostrzegano trudów i udręk Polaków, którzy utracili wszystko i nie mieli wsparcia po Syberii. Chciałam ulżyć rodzicom. Wyszłam za mąż, gdy już pracowałam, w 1952 roku, przyj-

Janina Rębisz, 1951 r.

mując nazwisko męża – Osipowska. Mam troje dzieci, pięcioro wnucząt i czworo prawnuków.

Od lewej: Maria Kaszubowska, Natalka Kaszubowska, Felicja Kaszubowska, Janina Rębisz-Osipowska z braciszkiem Natalki, Marta Kaszubowska, 2010 r.

Gdybym mogła wybierać szkołę, chciałabym pogłębiać artystyczne zamiłowania, ale to nie był czas na rozwijanie talentów. Trzeba było jak najszybciej pójść do pracy.

Na Syberii się zahartowałam i nauczyłam dbania o dzieci. Ojciec, gdy byłam ciężko chora i życie moje wisiało na włosku, codziennie przychodził do naszego baraku, chociaż ciężko pracował i miał długą drogę. Nosił mnie na rękach, a przecież nie byłam już mała. Zjawiał się, gdy zapadała noc, i odchodził, by zdążyć do pracy, zanim noc się skończy. Tak bardzo czułam tę jego miłość, że chciałam też mu coś dać. Uparłam się, żeby przeżyć. Udało się.

Myślę, że moc przekazanej ojcowskiej miłości wyrobiła we mnie taki instynkt, iż zawsze czuję, gdy coś złego dzieje się dzieciom. Kiedy Janek, mój syn, który jeszcze w okresie PRL-u wyjechał z Polski, rozchorował się ciężko, poprosiłam drugiego syna, który też się znalazł na emigracji w Danii, aby sprawdził, co się dzieje u brata. Krzysztof zastał Janka nieprzytomnego. Lekarz orzekł, że gdyby pomoc przybyła pięć minut później, mój syn być może by już nie żył. Pojechałam natychmiast do Danii, czuwałam przy nim, gdy przez trzy miesiące leżał w śpiączce, a później przez następne miesiące troskliwie się nim opiekowałam, aż wrócił do sił.

Od dawna wiedziałam, że Janina wykazuje dużą wrażliwość na cudze cierpienie. Ta cecha charakteru znalazła kontynuację w jej potomstwie. Wyraźnie to dostrzegałam w teatralnej roli jej ośmioletniej prawnuczki. Natalka, niewiele młodsza od samej Janiny z czasów deportacji, zdumiała szczecinian wzruszającą kreacją dziecka na Syberii w wystawionej w Szczecinie w 2010 roku sztuce, napisanej na motywach autobiograficznej powieści Wiesława Adamczyka *Kiedy Bóg odwrócił wzrok.*

Zawdzięczam swojej wnuczce niezwykłe przeżycie. Natalka podczas próby tak się wczuła w rolę cierpiącego chłopca, że płakała... Widziałam wzruszenie w oczach współautora sztuki. Wiesław Adamczyk specjalnie przyleciał z Chicago, aby zobaczyć inscenizację, w której sportretowana została jego rodzina. Byłam wzruszona i dumna, że prawnuczka wystąpiła w inscenizacji, ukazującej dramatyczny los polskiej rodziny na zesłaniu. Sztuka przedstawiła Wigilię skazanych na Sybir rodaków, skontrastowaną z sielankową sceną ostatniej Wigilii w domu przed deportacją. Przedstawienie nosiło tytuł *Dwie Wigilie.*

Skąd się brała w Natalce zdolność do odtwarzania emocji – cierpienia w scenie syberyjskiej i spontanicznej radości w scenie polskiej – nie wiem. Wnuczka swą grą wyzwalała łzy w oczach widzów – moich oczach również! Stworzyła sylwetkę chłopca na Kresach, a także na zesłaniu tak prawdziwą, że moi przyjaciele sybiracy widzieli w niej siebie. Siebie z tamtych ciężkich lat przywróconych, trwających.

Równie jak tym, co działo się przede mną na scenie, byłam przejęta sceną, która rozegrała się po spektaklu. Jakże to niespodziewana

Przedstawienie *Dwie Wigilie*, od lewej: Natalia Kaszubowska – Wiesio, Jerzy Lasak – Ojciec, Katarzyna Roszkowska – Matka, Marcin Jędra – Jurek, Kinga Rudy – Zosia, Szczecin, listopad 2010 r.

Od lewej: Katarzyna Roszkowska w roli matki Wiesia, Natalia Kaszubowska jako Wiesio, Kinga Rudy w roli siostry Wiesia, Zosi

i wzruszająca scena! Dziecko syberyjskie, które grała moja prawnuczka, otrzymało chleb od pana Adamczyka (a przecież to jego portret kreowała Natalka), który krótko przedtem dostał go niespodziewanie w podarku od szczecińskiego żołnierza. Pan Adamczyk przekazał małej aktorce chleb ze słowami: „Natalko, przed chwilą modliłaś się, aby Mikołaj przywiózł ci w dniu Wigilii bochenek chleba, i zobacz! Twoja prośba została wysłuchana! Widzisz, jaka jest siła modlitwy?”.

Teraźniejszość splotła się z przeszłością w tym geście oraz słowach. Ten moment oddawał doskonale prawdę o naszym życiu. Fala zda-

Wiesław Adamczyk wręcza chleb ofiarowany przez anonimowego żołnierza scenicznemu „sobowtórowi".

rzeń z sowieckiego piekła ściga, dopada gwałtownie, nie pozwala zapomnieć... A teraźniejszość łagodzi, próbuje ukoić.

Gdy się zbliża Święto Zmarłych, przypływają do mnie ze zdwojoną mocą portrety ukochanych nieobecnych. Ojciec. Był dobrym duchem,

Od lewej siedzą współautorzy sztuki *Dwie Wigilie*, Wiesław Adamczyk i Barbara Dominiczak, obok Danuta Leśniewska; stoi Janina Rębisz; na kolanach Wiesława siedzi Natalka.

który nie tylko nas, ale też innych zesłańców utwierdzał w przekonaniu, że niedola się skończy. Mama. Dla niej sensem życia na dalekiej Syberii stała się walka o przetrwanie dzieci. Tak jak tata, podtrzymywała w nas nadzieję i wiarę w poprawę losu i powrót do kraju. Teraz wiem, że lęk o bliskich mieszkał w niej nieustannie. Nie chciała się przyznać przed dziećmi, że ten strach przeniósł się na późniejszy czas i nawet po wielu latach wracał podczas bezsennych nocy. We mnie też mieszkał i do dziś straszy podobny lęk.

Choćbym chciała zapomnieć, moje myśli nieraz osacza „tamten świat", a ten kochany, utracony, sielanka dzieciństwa, odpływa... Pozostaje wspomnienie – smuga cienia po tamtym. Została nieugaszona tęsknota do krainy, w której się wychowałam. Do niej tęskniłam przez cały okres zesłania, a także przez wszystkie lata po powrocie. Widziałam ją niejednokrotnie... ale tylko w powtarzających się snach. Miłość do mojej małej ojczyzny na Kresach Wschodnich nigdy nie wygasła.

Ośmioletnia Natalka, spadkobierczyni miłości do ojczyzny dzieciństwa swej prababci, spadkobierczyni jej mądrości. Jak ona odebrała udział w przedstawieniu?

– Natalko, jak wspominasz swój udział w sztuce *Dwie Wigilie*?

– Gdybym mogła, zagrałabym jeszcze raz. Szkoda, że to się skończyło...

– Co ci się wydawało najciekawsze w tym przedstawieniu?

– Najciekawsza była Wigilia z całą rodziną przed wojną.

– Dlaczego?

– Bo wszyscy byliśmy wtedy tacy szczęśliwi i weseli!

– Ale ty też płakałaś?

– Płakałam, bo mi było żal Wiesia, gdy znalazł się na Syberii. Moja prababcia też tam była zesłana.

– Widziałam twoje łzy także na niektórych próbach.

– Bo to takie smutne. Było zimno i mama w czasie Wigilii na zesłaniu nie miała prawie nic do jedzenia dla dzieci.

– A jak wspominasz pana Wiesia, współautora sztuki, w której występowałaś?

– Bardzo dobrze. Był sympatyczny. I uczył mnie, jak mam grać w syberyjskiej scenie.

– Na co zwrócił uwagę?

– Na sposób poruszania się i głos. A moja prababcia, która pamiętała, jak było na Syberii, pokazała, jak ma się zachować mama Wiesia, gdy on wrócił do lepianki przemarznięty i głodny. Trzeba było zdrapać śnieg z okienka i nacierać buzię chłopca, żeby nie było odmrożenia.

Rozdział 12

Krzysztof Flizak
(Christopher Flizak)

Drugim niespodziewanym podarunkiem przyniesionym przez panią Barbarę Dominiczak jest historia najmłodszego żołnierza generała Andersa. Zaskoczenie! Jest to postać najmniej anonimowa z mojego zbioru, pisywały przecież o nim gazety, robiono mu zdjęcia, to bohater znany, uhonorowany wielu odznaczeniami i orderami, kapitan armii Stanów Zjednoczonych w stanie spoczynku, którego imieniem została nie tak dawno nazwana jedna ze szkół podstawowych w Polsce! Dlaczego więc ten podarunek uważam za niespodziewany, ba, nawet niezwykły? Ponieważ Chris Flizak, jak go wówczas nazywałem, był w chłopięcych latach moim serdecznym przyjacielem. Przyjaźniliśmy się podczas jednego z etapów mej własnej tułaczki – etapu, który spędziłem w Anglii. To właśnie z nim dzieliłem los młodych wygnanych, nieznana była nam wówczas nasza przyszłość, byliśmy obydwaj poranieni i bez domu. Nasze drogi się skrzyżowały, splotły. Ramię w ramię stawialiśmy czoło losowi.

Pani Barbara poznała Chrisa za moim pośrednictwem – ale jakąż wielką sprawiła mi radość, przekazując spisaną przez siebie historię Chrisa Flizaka! Na odchodnym zacytowała słowa Zofii Kossak-Szczuckiej, za które z całego serca jej dziękuję, bo to przecież motto dla mnie wymarzone: „Bóg po to pozwolił niektórym ludziom oglądać piekło za życia i wrócić, by dali świadectwo prawdzie”.

Historia dziewięcioletniego Krzysia Flizaka spisana przez Barbarę Dominiczak

W pierwszej połowie XIX wieku Adam Mickiewicz, który był świadkiem, a później sam stał się ofiarą wywózki studentów i gimnazjalistów polskich w głąb Rosji, pisał o zakutych w kajdany ofiarach carskiej przemocy: „Najmłodszy, dziesięć lat niebożę, / skarżył się, że łańcucha podźwignąć nie może. / I pokazywał nogę skrwawioną..."

W czasie II wojny światowej inny dziesięcioletni chłopiec, który przez dwa lata musiał, tak jak tysiące polskich dzieci, znosić „kajdany zesłania", rozpoczął długi marsz do wolności. To miała być droga do utraconej Ojczyzny.

Przyjaźni zawdzięczam, że otrzymałam bogate materiały, bezcenne. Uchyliły mi one drzwi do świata Polaka, który jako dziecko przeżył czas bezdomności i tułaczki. Jego wiek męski był przez pewien czas wiekiem niejednej klęski, ale także sukcesu... a jednak? Choć dziesiątki lat żył daleko od ojczystego kraju, nigdy nie zapomniał, jakie i gdzie są jego korzenie. Udowodnił sobie i światu, jacy potrafią być Polacy...

31 lipca 2011 roku na placu Krasińskich w Warszawie odbywa się uroczysty apel z okazji 67. rocznicy Powstania Warszawskiego. Słyszę przywoływanych bohaterów dawnych walk o Ojczyznę i powtarzane dobitnym wojskowym głosem słowa: „Stańcie do apelu!". Jednym z tych, którzy wstali na dźwięk komendy, jest kapitan armii USA z rzędami odznaczeń na klatce piersiowej. Takiego widziałam go na wielu fotografiach i tak o nim myślałam: „Amerykański żołnierz z polskim sercem". W wirach historii utracił swoją małą ojczyznę na Kresach Wschodnich.

Jednak były Sybirak ma potrzebę więzi z rodakami i polskim losem. Daje temu wyraz także dziś, gdy w deszczową pogodę składa hołd cieniom przodków walczących o wolność i dumny jest z poczucia duchowej przynależności do nich.

Kapitan wojsk USA dr Krzysztof Flizak, Cmentarz na Powązkach, Warszawa, 1 sierpnia 2011 r.

Następnego dnia, podczas uroczystości upamiętniającej rocznicę powstańczej godziny „W", pan Krzysztof znajduje się przy pomniku Sybiraków na Powązkach i tam, w czasie gdy zawyły syreny, oddaje honorowy salut. Stoję nieopodal, przy pomniku Gloria Victis.

Po tej pamiętnej chwili bohater mojej opowieści zaprasza mnie do restauracji i poświęca wiele godzin na rozmowę. Poznaję jego żonę i jej siostrę z mężem, którzy, jak się dowiedziałam, mieli znaczący wpływ na odzyskanie przez żołnierza – tułacza utraconej na dziesiątki lat ojczyzny.

Spisuję opowieść Krzysztofa Flizaka...

Mój ojciec, Tadeusz Flizak, który służył w Korpusie Ochrony Pogranicza, po ślubie z Wołynianką Olgą Martynowicz został służbowo przeniesiony do położonych nad Berezyną Dokszyc, na Wileńszczyźnie. Tam upłynęło dzieciństwo moje i młodszej o dwa lata siostry Jolanty. Tuż przed wybuchem wojny tata został mianowany komendantem polsko-sowieckiej strażnicy granicznej. Po wkroczeniu Sowietów na te tereny został aresztowany przez NKWD i trafił do niewoli w obozie jeńców wojennych pod Smoleńskiem.

Mama, świadoma niebezpieczeństwa, jakie groziło rodzinie wojskowego, wypełniając wolę męża, udała się ze mną i Jolą do leżących na południu Lwowa Dąbków, gdzie gościnnie przyjął nas kuzyn ojca, osadnik ze znanej góralskiej rodziny z okolic Mszany Dolnej. Stamtąd 29 czerwca 1940 roku Sowieci deportowali nas na Sybir.

Po sześciu tygodniach podróży pociągiem towarowym na wschód znaleźliśmy się w tundrze, w rejonie rzeki Tawdy, w azjatyckiej części olbrzymiego kraju zwanego Syberią. Kilkakrotnie przesiedlani, dotarliśmy w okolice Nowosybirska.

W tamtych latach pamiętam, jak dręczyło mnie wszelkiego rodzaju robactwo, najczęściej wszy, pchły i pluskwy, które oprócz bolesnych ukąszeń roznosiły zarazki chorób zakaźnych. Dokuczał nam ciągły głód, a w lecie przerażały chmary agresywnych komarów. Udręką była częsta dyzenteria. Dzisiaj, po latach, uważam, że najtrudniejsza z całej niedoli była jednak obawa, że nie będę mógł powrócić do domu. Sowieci wmawiali nam, że „Polszy niet i nie budiet". Ciągle myślałem o tym, czy odnajdę ojca, czy on żyje i co mnie czeka w tym dalekim, groźnym kraju. Podczas pierwszej zimy rozchorowałem się na szkarlatynę i w wysokiej gorączce majaczyłem prawie miesiąc, ale mój organizm okazał się na szczęście dość silny, by pokonać chorobę. Lekarstw i opieki lekarskiej nie było. Długo i ciężko chorowała też moja siostra, ale i ona miała szczęście przetrwać.

Pocieszeniem była obecność mamy i jej perswazja, chociaż mało przekonująca, że wydostaniemy się z sowieckiego piekła. Wyzwalało to we mnie wolę życia, wyciszało lęk i budziło nadzieję, że zło przeminie. Gdy było szczególnie ciężko, próbowałem odwrócić uwagę od tego, co się dzieje na nieludzkiej ziemi. Snułem marzenia. Ta umiejętność pomagała przeciwstawić się rzeczywistości. Marząc, znajdowałem realizację wielu niezaznanych na zesłaniu radości. Wyobrażałem sobie stoły świąteczne pełne jedzenia i ulubione miejsca zabawy. Tak usilnie je sobie wyobrażałem, że zaczynały istnieć dla mnie naprawdę. W marzeniach wracałem zawsze do takiego domu, jak go pamiętałem i podziwiałem krajobraz z tęczą.

Do zapadłej syberyjskiej wioski, czyli naszego „nowego" świata, wiadomość o amnestii dotarła późno, chyba dopiero w grudniu 1941 roku. Rozmroziła moje udręczone serce. Pojawiła się dla nas szansa. Tworząca się armia polska w południowych republikach ZSRR to był najmilszy temat rozmów z mamą i siostrą, dający nadzieję, że tam będzie mój ojciec. Byłem mały, ale już wtedy czułem radość, że nasi dwaj wrogowie rozpoczęli wojnę między sobą! Życzyłem im, aby się pozabijali. Te wieści przygasiły trwogę, że z sowieckiego piekła nie ma wyjścia. Uwierzyłem, że odnajdę tatę, opuszczę tę mroźną krainę i otworzy się przede mną i moją rodziną droga do wolności.

W czasie wędrówki widzieliśmy opuszczone po utracie rodziców polskie dzieci. Wyglądały jak obleczone skórą szkielety. Schorowane, zamorzone głodem znajdowały wsparcie u naszych wynędzniałych łagrami żołnierzy, którzy dzielili się z nimi bardzo skromnymi racjami żywnościowymi. Serca żołnierzy krwawiły na widok tych sierot. Otaczali je czułością i troską, z myślą o własnej gdzieś daleko zagubionej rodzinie. Widziałem też na ulicach umarłych rodaków, którzy po amnestii szli do wojska generała Andersa, ale po drodze spotkała ich śmierć z wycieńczenia i szalejącej epidemii tyfusu. Te drastyczne obrazy i obce miejsca, przez które przechodziłem, w rzeczy samej przypominały piekło. Z lękiem patrzyłem na martwe ciała; drżałem na myśl, czy czasem nie rozpoznam wśród nich ojca.

Ojca ostatecznie cudem chyba odnalazłem, wprost nie do uwierzenia, jak to się stało. Wyruszyłem na jego poszukiwania – potrzebowaliśmy jego pomocy, by skorzystać z amnestii. Po długiej drodze znalazłem się w Kermine, w Uzbekistanie, gdzie mieściła się główna komenda tworzącej się 7. Dywizji Piechoty. W tym samym miejscu

Mały sybirak szuka ojca, 1942 r.

i czasie pojawił się tam również mój ojciec! Przybył do obozu polskiego wojska po poświadczenie tożsamości, które spodziewał się uzyskać od kolegi sprzed wojny. Sybiracy, zwalniani z obozów, często nie mieli żadnych dokumentów. Sowieci odbierali je im, a często sami zesłańcy je niszczyli, by ukryć przed NKWD swoje dane. Odnalezieni znajomi mogli pomóc w odzyskaniu poprawnego prawnie statusu i tym samym w umożliwieniu legalnego podróżowania. Gdy pojawiłem się w łachmanach, ojciec mnie nie poznał, ale po chwili, gdy doszło do mojej i jego świadomości, że się znaleźliśmy po tak długiej rozłące, radości nie było końca. Z łkaniem, które rozrywało mi klatkę piersiową, rzuciłem się w ramiona taty. Długo mnie trzymał w objęciach, a ja wylewałem z siebie tłumiony dotychczas żal i cierpienie, płacząc. Miałem przecież dopiero dziesięć lat. Niestety, szczęście trwało krótko. Ojciec musiał wrócić do jednostki wojskowej i znowu go utraciłem, ale przynajmniej mógł się zająć organizowaniem dla mamy potrzebnych do wyjazdu papierów. Mnie natomiast udało się dostać do tworzonej kompanii młodzieżowej II Korpusu.

Zaraz potem mama i siostra, dzięki staraniom ojca i jego przyjaciela, wyjechały z ZSRR przez Morze Kaspijskie do Persji. Ja zostałem przygarnięty przez wojsko. Dopiero po wojnie, gdy byłem w Anglii, dowiedziałem się, że przeszły kwarantannę w obozie przejściowym w Pahlawi i zostały skierowane do polskiego ośrodka w Teheranie. Tam mama zachorowała na tyfus i trafiła do szpitala. Na szczęście wyszła z choroby i resztę wojny przeżyła z moją siostrą w polskim obozie dla uchodźców w Masindi (w Ugandzie, w Afryce Wschodniej).

Ludzie patrzą na mnie z podziwem: najmłodszy żołnierz... ale ja chciałbym zapomnieć wszystko. Starałem się przez resztę mojego życia wymazać z pamięci cały ten okrutny czas, to jednak było niemożliwe. Mogłem tylko się bronić marzeniami i fantazjami. A potem musiałem zbudować mentalny mur, który mnie chronił od wspominania czasu pogardy, gdy byłem dzieckiem. Starałem się nie przekraczać tego muru i nie przeżywać od nowa tragicznej przeszłości.

Nie zawsze to się udawało. Nieznośna jest pamięć o codziennej syberyjskiej udręce. Długo męczyły mnie powracające wspomnienia i sny. Zdarzały się halucynacje wzrokowe, słuchowe lub węchowe, koszmary senne, natrętne myśli, którym towarzyszyło kołatanie serca, ucisk w piersiach, potliwość, uczucie duszności. Myśli oplątywało wspomnienie głodu, mrozu i lęku, ataku pluskiew, pcheł i wszy. To ostatnie wspomnienie było szczególnie natarczywe. Na Sybirze, jak wszyscy zesłańcy, od ukąszeń ciągle, do krwi, się drapałem. Nieustannym zajęciem było wyszukiwanie w odzieży insektów i zgniatanie ich, nawet wówczas, gdy palce marzły od mrozu. Chciałbym zapomnieć! Zapomnieć, że to było. Ale były też chwile radosne...

Ludzie pytają, jak to się stało, że mając dziesięć lat, zostałem nazwany najmłodszym żołnierzem Andersa...

Przy tworzącym się na terenie ZSRR Wojsku Polskim powstały obozy, w których opiekę znalazła osierocona młodzież, przybywająca kolejnymi transportami z różnych części olbrzymiej Syberii. Najmłodsze dzieci bez rodziców trafiały do sierocińców lub ochronek. Nie chciałem się tam znaleźć. Aby się dostać do tworzonej przy Wojsku Polskim kompanii młodzieżowej, trzeba było mieć ukończone dwanaście lat, więc podałem zawyżoną o dwa lata datę swoich urodzin. Z jednym z tych oddziałów wyjechałem przez Morze Kaspijskie do Pahlawi. Na Wielkanoc 1942 roku byłem już na wolnej ziemi, a przeklęty kraj na zawsze pozostał za mną.

Poczułem się szczęśliwy, gdy zostałem uczniem powstałej z rozkazu generała Andersa wojskowej szkoły zorganizowanej przy II Korpusie Polskim. Wojsko stanowiło ekwiwalent utraconej rodziny. Po trudnym cza-

Mały Krzyś stoi przed generałem, Irak, 1942 r.

sie pobytu na Sybirze, przez pięć lat w Ziemi Świętej i na ziemi faraonów, przeżywałem młodość względnie normalnie. Wielu z moich kolegów nie miało rodziców, a moi też, chociaż przeżyli sowiecką katorgę i tak jak ja, cudem wydostali się spod sowieckiego jarzma NKWD, byli gdzieś daleko. Nie mając rodzin, byliśmy więc dla siebie jedną wielką rodziną. Wojsko było dla mnie szkołą młodzieńczej solidarności. Korpus Junackiej Szkoły Kadetów (JSK) został stworzony na wzór przedwojennego Korpusu Kadetów II Rzeczypospolitej. W latach 1942–1947 był pod opieką 3. Dywizji Karpackiej II Korpusu Polskiego. Broń, którą posługiwałem się podczas ćwiczeń, była brytyjska, także sposób salutowania, lecz obowiązywały polskie komendy wojskowe. To był okruch Ojczyzny.

Tak jak wszyscy Kadeci, nosiłem brytyjski mundur. Oprócz naramienników z JSK na rękawie miałem odznakę POLAND i choinkę na biało-czerwonej tarczy. Była to odznaka 3. Dywizji Strzelców Karpackich już z chlubną historią obrony Tobruku. W lecie nosiłem brytyjski mundur tropikalny z polskimi odznakami. Czułem się bardzo dumny, zwłaszcza w kwietniu 1942 roku, gdy w gazetce polowej umieszczono moje zdjęcie z angielskim podpisem. Zdjęcie przedstawiało mnie, kiedy melduję się swojemu szefowi kompanii, sierżantowi Bronisławowi Dereniowi, w obozie Wojska Polskiego, nad jeziorem Habbanija, na pustyni w Iraku.

Duma rozpierała mnie także, gdy w żołnierskim mundurze trzy-

Wycinek z angielskiej wojskowej prasy z podpisem: Najmłodszy żołnierz 2. Korpusu Polskiego Generała Andersa Krzysztof (Christopher) Flizak, Irak, 1942

małem kwiaty przeznaczone dla generała Sosnkowskiego, który objął naczelne dowództwo Polskich Sił Zbrojnych na Zachodzie i wizytował polskie obozy po tragicznej śmierci generała Sikorskiego w Gibraltarze.

Generał Sosnkowski podczas wizytacji oddziałów Wojska Polskiego na Środkowym Wschodzie, Generał Anders stoi tuż za Naczelnym Wodzem, Nazaret, 1943 r.

Miałem wtedy dziesięć lat i wszystko bardzo emocjonalnie przeżywałem. Z rozmów żołnierzy wyczuwałem, że zaczął się nowy, kolorowy, pełen słońca i nadziei etap wędrówki. Przechowuję pamiątki z tamtych lat: wypłowiały już przez lata naramiennik JSK, który otrzymałem na Święto Kadeta 29 listopada 1946 od majora Winiarskiego, dowódcy Junackiej Szkoły Kadetów. Wciąż pamiętam hymn kadetów:

Poprzez tajgi, step, biel śniegów,
Przez cierpienia, nędzę, głód
Szli najmłodsi do szeregów,
By żołnierski podjąć trud.
[...]

W znojnej drodze padło wielu,
Lecz Kadetom w sercu tkwi
Twardy rozkaz: dojść do celu,
Choć ofiarą życia, krwi.

Wielu kolegów odeszło, dwunastu zginęło w bitwach o Monte Cassino, Loreto, Ankonę i Bolonię. Wszyscy mieli po siedemnaście lat. Tysiące innych moich rówieśników nie doszło do upragnionej Ojczyzny. Spoczęli w syberyjskiej, mchem pokrytej, wiecznie zamarzniętej ziemi. Na ich groby „nikt płakać nie przychodzi, tylko brzozy płaczą...". Co po nich zostało? Może stara fotografia, choć to mało prawdopodobne. Może jakiś wpis do pamiętnika... Została pamięć o nich, dopóki żyjemy.

To wielkie szczęście, że nie podzieliłem ich losu. Życie zawdzięczam Władysławowi Andersowi – uratował mnie z katorgi syberyjskiej, wywiózł na wolność, zadbał o moje na włosku wiszące zdrowie. Generał dał mi wszystko: rodzinę – polską armię, która mnie wyleczyła i wychowała w przebogatej kulturze. Szkoła kadetów naprawdę zastępowała rodzinę – szczególnie kiedy się było dzieckiem. Uczyła mnie, jak

Młody Kadet Krzysztof Flizak obchodzi z kolegami ojca święto Bożego Narodzenia w obozie Wojska Polskiego w El Kantara (Egipt), 1946 r.

zachować pamięć o tradycjach kultywowanych w polskich domach. Wtedy nauczyłem się czytać poezję, co się przerodziło w trwające do dzisiaj zamiłowanie do niej. Poznawałem historię Polski, a dzięki temu zrozumiałem, że nawet tracąc ojczyznę, można pozostać jej synem.

Pamiętam powtarzaną przez profesora popularną sentencję: „Albo nauczysz się pływać, albo utoniesz". Była ona dla wszystkich Junaków receptą na życie. Dla mnie jest nią nadal. Więc pływam.

Nie utonąłem na Syberii, nie utonąłem później w Korei... I w jeszcze kilku oceanach!

Kiedy korpus został zdemobilizowany, wielu z nas wyemigrowało, niewielu wróciło do Polski. Po zakończeniu wojny armia zadbała o to, aby Kadeci mogli zdobyć wykształcenie i łatwiej odnaleźć się w cywilu. Zaliczyłem dwa lata inżynierii, odnalazłem rodzinę. Krótko byłem z nimi. Szukając większych możliwości, wyemigrowałem do Stanów Zjednoczonych; rodzice nie mieli pieniędzy na bilet ani paszportu. Pamiętam pożegnanie z ojcem. Opuszczając Europę na pokładzie statku *Queen Mary* w roku 1951, miałem niecałe dziewiętnaście lat.

Na amerykańskim brzegu stanąłem zaopatrzony w siedem dolarów oraz dwie ciężkie walizki, w których były... same książki.

W dalekim kraju przeżywałem udrękę wykorzenienia, nie znałem nikogo, kto mógłby mi pomóc. Było ciężko. I znowu... Uratowała mnie Armia Stanów Zjednoczonych, wzywając do służby obowiązkowej. W wojsku czułem się w swoim żywiole. Ukończyłem szkołę oficerską oraz szkołę skoczków spadochronowych i zostałem przydzielony do 187. Powietrznodesantowego Pułkowego Zespołu Bojowego w 101. Dywizji Spadochronowej „Screaming Eagles", który został wysłany na wojnę do Korei. Marzyłem, że zostanę generałem, to było moją siłą napędową. Ojciec od małego szkolił mnie na żołnierza...

25 maja 1953 roku, dwa miesiące przed zakończeniem działań militarnych, zostałem ciężko ranny w masowej nocnej ofensywie wojsk komunistycznych. Podczas długotrwałej rehabilitacji podjąłem studia, a na ich koniec przygotowałem obronę pracy doktorskiej.

W tym czasie zmarła moja młodziutka, cudowna i ukochana żona Helena. Odsunąłem się od życia i ludzi. Nie znajdowałem dla siebie

Christopher Flizak, żołnierz Armii Amerykańskiej

Kpt. Christopher Flizak otrzymuje odznaczenie Purple Heart. Odznaka Purple Heart – Purpurowe Serce, amerykańskie odznaczenie wojskowe, przyznawane w imieniu prezydenta Stanów Zjednoczonych tym, którzy zostali ranni w czasie służby wojskowej w Armii Stanów Zjednoczonych

Helena Flizak

miejsca… Azylem stał się dla mnie świat książek oraz – powtórnie! – kraina wyobraźni i marzeń. Dzięki wyobraźni mogłem realizować pragnienia, których zaspokojenie w realnym świecie nie było możliwe, mogłem tworzyć dla siebie rejony, w które udawało mi się uciec.

Była jeszcze jedna rzecz… bajka. A właściwie: *Bajka*. Tam się najskuteczniej chroniłem i szukałem harmonii ze światem i sobą samym, ze swoją przeszłością i bieżącym życiem. *Bajka* to był jacht, to ja nadałem mu takie imię. On był bajką, której nikt mi nie opowiadał, gdy byłem dzieckiem – był bajką, którą ja sam dla siebie stworzyłem, by siebie ukoić. Marzyłem, że kiedyś popłynę na nim w daleki, baśniowy świat, w którym horyzont się nie kończy. W tej morskiej łupinie skumulowały się moje dwa marzenia o przygodzie i o ucieczce od świata, w którym rządzą okrutne prawa odwróconego dekalogu i nie mniej okrutny los. *Bajka* miała mi dać zapomnienie o bólu psychicznym i izolację od ludzi, bo wtedy jeszcze nie nauczyłem się dzielić z nikim swoich udręk czy fobii.

Z *Bajką* starałem się opanować lęk przed wielką wodą i spróbować własnych sił w walce z żywiołem. Spędziłem na pokładzie dwa i pół roku. Po wielu latach kupiłem kolejny jacht i nazwałem go tak samo. Tylko „j” zmieniłem na „i”, ponieważ raził mnie sposób wymawiania tego słowa przez Amerykanów. Dla mnie była to jednak wciąż ta sama

Flagi na masztach jachtu *Bajka*

Drugi jacht, *Baika*

bajka… skazanego na wieloletnią tułaczkę bez rodziców, przeżywającego rozterki, wyizolowanego.

Kiedy spotkałem Mariolę Matuszewską, późniejszą żonę, zacząłem pojmować, że istnieje i dla mnie miejsce na ziemi. Pół roku spędzane w ojczystym kraju z rodziną żony i polskimi przyjaciółmi w Warszawie, Krakowie, Poznaniu i Lesznie to słoneczna karta w życiu byłego sybiraka. Mimo to nie czuję się jak rycerz, który może się obronić przed napastnikiem, bo chroni go tarcza, choć tarczą przed wieloma burzami są ci, których kocham, i ci, z którymi się przyjaźnię. Powracające wspomnienia, sny, przebłyski pamięci, w których powtarzają się groźne syberyjskie zdarzenia, to napastnik, z którym każdy, kto przeżył Syberię, musi samotnie toczyć bój do końca życia. Jako psycholog ostrzegam, aby ludzie nie lekceważyli urazów z czasu dzieciństwa i młodości. Nikogo nie wyleczy pracoholizm ani odwracanie uwagi od przeszłości. Ból psychiczny sam nie przemija.

Krzysztof Flizak z żoną Mariolą, Warszawa, 2011 r.

Ja uwolniłem się od niego, kiedy zrozumiałem, że piekło za życia to jeszcze nie koniec doli człowieka. Trzeba wierzyć, że dopóki istniejemy i nie tracimy nadziei, mamy szansę na odrodzenie, na poprawę swego losu, na rekonstrukcję utraconego gniazda, ale nie zapomnijmy, gdzie są nasze korzenie.

Pamiętajmy, skąd jesteśmy i jacy jesteśmy…

Przypominam sobie jacht Krzysztofa, Bajkę. *Niektórzy się uśmiechali, taka naiwna nazwa… Mnie nigdy nie było do śmiechu. Czułem, że Chris poza wizerunkiem doskonale zorganizowanego profesjonalisty ma drugie oblicze – obszar osobistych porachunków z życiem. Nie miał mu kto opowiadać bajek, kiedy był dzieckiem. Jako mały chłopak pracował ramię w ramię z dorosłymi, silnymi flisakami, przeskakiwał z pnia na*

Krzysztof Flizak, fundator nagrody dla zwycięzcy międzyszkolnego konkursu historycznego pod hasłem „Generał Anders – Wielki Polak XX wieku", jako honorowy gość uroczystości wręcza dyplomy zwycięzcom, Łomża, 2011 r.

pień, manewrował długą żerdzią, kiedy indziej zbierał bawełnę, przemierzał pociągami na gapę Rosję Radziecką, poszukując ojca – wszystko przed dziesiątym rokiem życia. Później pozostawał głównie w męskim, żołnierskim gronie przez lata dojrzewania. Niewiele tam było miejsca na bajki. Nie prowadził pamiętnika. Nie rysował bajkowych krajobrazów dla koleżanek. A dziecko przecież musi przejść przez krainę wiary w nieziemskie, kolorowe, magiczne. Musi czuć, że można zakląć rzeczywistość. Christopher przechodził zawsze trochę obok krainy bajek, rozmijał się z nią. Taki był jego los. Tworzył w sobie fantazyjne światy, ale co się wytworzyło samemu, ma mniejszą moc magiczną. Potrzebował bajki prawdziwej, więc ruszył Bajką*... Co umknęło mojej pamięci albo i wiedzy, to że drugi jacht nazwał* Baika*... Jakże wiele to mówi o Krzysztofie!! I czy aby nie można tego samego powiedzieć o nas wszystkich...? To miała być – polska bajka. Bez przeinaczeń.* Fairytale *nie załatwiłoby tu sprawy. To musiała być polska bajka – polska na* *wskroś, nie zniekształcona, lecz brzmiąca polsko i z polskim godłem... Bo tylko pod takim żaglem Christopher potrafił wziąć ster w swoje ręce. Jak i reszta z nas...*

Chciał nie chciał, taki los.